Erfolgreich studieren

Ein Handbuch für Wirtschafts- und Sozialwissenschaftler

Bei Pearson Studium werden nur Bücher veröffentlicht, die wissenschaftliche Lehrinhalte durch eine Vielzahl von Fallstudien, Beispielen und Übungen veranschaulichen. Wir bringen moderne Gestaltung, wohlüberlegte Didaktik und besonders qualifizierte Autoren zusammen, um Studenten zeitgemäße Lehrbücher zu bieten. Sie finden in unseren Büchern den Prüfungsstoff in direktem Bezug zur Praxis und späterem Berufsleben.

Bisher sind im wirtschaftswissenschaftlichen Lehrbuchprogramm folgende Titel erschienen:

VWL

Blanchard/Illing (2003): *Makroökonomie, 3. Auflage*

Bofinger (2003): *Grundzüge der Volkswirtschaftslehre*

Forster/Klüh/Sauer (2004): *Übungen zur Makroökonomie*

Krugman/Obstfeld (2003): *Internationale Wirtschaft, 6. Auflage*

Pindyck/Rubinfeld (2003): *Mikroökonomie, 5. Auflage*

BWL

Albaum et al. (2001): *Internationales Marketing und Exportmanagement*

Chaffey et al. (2001): *Internet-Marketing*

Fill (2001): *Marketingkommunikation*

Freter (2004): *Marketing*

Kotler et al. (2002): *Grundlagen des Marketing, 3. Auflage*

Möller/Hüfner (2004): *Betriebswirtschaftliches Rechnungswesen*

Solomon et al. (2001): *Konsumentenverhalten*

Spoun/Domnik (2004): *Erfolgreich studieren*

Zantow (2004): *Finanzierung*

Quantitative Verfahren

Hackl (2004): *Einführung in die Ökonometrie*

Moosmüller (2004): *Methoden der empirischen Wirtschaftsforschung*

Schira (2003): *Statistische Methoden der VWL und BWL*

Sydsæter/Hammond (2003): *Mathematik für Wirtschaftswissenschaftler*

Zöfel (2003): *Statistik für Wirtschaftswissenschaftler*

Weitere Informationen zu diesen Titeln und unseren Neuerscheinungen finden Sie unter *www.pearson-studium.de*

Sascha Spoun
Dominik Battiste Domnik

Erfolgreich studieren

Ein Handbuch für Wirtschafts- und Sozialwissenschaftler

ein Imprint von Pearson Education
München • Boston • San Francisco • Harlow, England
Don Mills, Ontario • Sydney • Mexico City
Madrid • Amsterdam

Bibliografische Information Der Deutschen Bibliothek

Die Deutsche Bibliothek verzeichnet diese Publikation in der Deutschen Nationalbibliografie;
detaillierte bibliografische Daten sind im Internet über *http://dnb.ddb.de* abrufbar.

10 9 8 7 6 5

10 09 08

ISBN 978-3-8273-7129-4

© 2004 Pearson Studium
ein Imprint der Pearson Education Deutschland GmbH,
Martin-Kollar-Straße 10-12, D-81829 München/Germany
Alle Rechte vorbehalten
www.pearson-studium.de
Lektorat: Mailin Bremer, mbremer@pearson.de
Korrektorat: Team Dr. Sascha Spoun
Einbandgestaltung: adesso 21, Thomas Arlt, München
Titelbild: Getty Images
Herstellung: Elisabeth Prümm, epruemm@pearson.de
Satz: mediaService, Siegen (www.media-service.tv)
Druck und Verarbeitung: Kösel, Krugzell (www.KoeselBuch.de)

Printed in Germany

Inhaltsübersicht

	Vorwort	9
Kapitel 1	Selbstorganisation	11
Kapitel 2	Lesen	23
Kapitel 3	Quellen und ihre Nutzung: Recherchieren	37
Kapitel 4	Forschen als Student	69
Kapitel 5	Argumentieren	99
Kapitel 6	Wirkungsvoll präsentieren und verständlich visualisieren	135
Kapitel 7	Lernen und Lerntechniken	167
Kapitel 8	Teamarbeit: eine wichtige Arbeitsmethode	185
	Sachregister	197

Inhaltsverzeichnis

Vorwort   9

Kapitel 1 Selbstorganisation   11

  1.1 Prinzipien der Selbstorganisation   11
  1.2 Techniken der Selbstorganisation   14
  1.3 Literatur   22

Kapitel 2 Lesen   23

  2.1 Lesetechnik   24
  2.2 Hermeneutik als Verfahren des Verstehens   31
  2.3 Literatur   36

Kapitel 3 Quellen und ihre Nutzung: Recherchieren   37

  3.1 Typen von Quellen   38
  3.2 Qualität von Quellen   40
  3.3 Quellensuche   46
  3.4 Quellenauswertung   57
  3.5 Verarbeitung von Quellen im eigenen Text: Zitieren   61
  3.6 Literatur   65

Kapitel 4 Forschen als Student   69

  4.1 Idee der Forschung   70
  4.2 Arbeitsschritte des Forschens in Form des
       wissenschaftlichen Schreibens   71
  4.3 Zwei Formen des Erkenntnisstrebens   74
  4.4 Wissenschaftstheoretische Grundpositionen   78
  4.5 Entwicklung der Forschungsfrage   85
  4.6 Forschungsfrage und Methoden   94
  4.7 Literatur   96

Kapitel 5 Argumentieren   99

  5.1 Arbeitshaltung   99
  5.2 Argument   102
  5.3 Struktur   109
  5.4 Schreibprozess   118
  5.5 Bewertungskriterien wissenschaftlicher Arbeiten   126
  5.6 Literatur   131

Kapitel 6   Wirkungsvoll präsentieren und verständlich visualisieren   135

     6.1   Wirkungsvoll präsentieren   136
     6.2   Verständlich visualisieren   147
     6.3   Checkliste   162
     6.4   Literatur   165

Kapitel 7   Lernen und Lerntechniken   167

     7.1   Innere Voraussetzungen   168
     7.2   Planungsmethode   173
     7.3   Idealtypischer Lernprozess   178
     7.4   Literatur   183

Kapitel 8   Teamarbeit: eine wichtige Arbeitsmethode   185

     8.1   Sinn und Zweck der Teamarbeit   185
     8.2   Sozialer Bezugspunkt Team   187
     8.3   Eigentliche Zusammenarbeit   188
     8.4   Typische Probleme und ihre Gegenmittel   193
     8.5   Literatur   195

           Sachregister   197

Vorwort

Dieses Handbuch möchte Ihnen **ein selbstständiges Studium erleichtern** und gezielte Impulse setzen, den eigenen Arbeitsstil zu verbessern. Die Leserin und der Leser halten entsprechend weder fertige Rezepte noch ein wissenschaftliches Fachbuch über Lehr- und Lernmethoden in den Händen, sondern die Quintessenz einer systematischen Analyse der Arbeitsprozesse im Studium, insbesondere wie sie sich in **Bachelor- und Masterstudiengängen** darstellen. Es geht um die für ein erfolgreiches Studium notwendigen Methoden und Anstöße zur Reflexion. Ziel ist die Bewältigung auch großer Arbeitsmengen und hoher Anforderungen durch Sie.

Die Themen entsprechen den Arbeitsschritten eines selbstorganisierten wissenschaftlichen Arbeitens. Jedes Kapitel stellt eine abgeschlossene Einheit dar, wobei jeweils die verwendete Literatur angegeben wird. Unter der Webadresse www.hk.unisg.ch finden Sie eine begleitende Webseite mit ausführlichen Bibliographien und weiterführenden Hinweisen zu den Formen und Methoden des wissenschaftlichen Arbeitens, disziplinübergreifenden Methoden, berufspraktischen Fähigkeiten, sozialen Kompetenzen, Leadership und Selbstverantwortung.

Meinem Koautor Dominik B. Domnik danke ich sehr herzlich für den Enthusiasmus und die Zuverlässigkeit, die er für das Vorantreiben und Redigieren dieses Buchs aufgebracht hat. Studierende verschiedener Semester haben im Laufe des Entstehens wertvolle Beiträge geleistet, wobei ich besonders Volker Bernhardt, Hannes Grassegger, Romeo Frega, Caroline Jutzi und Kai Spiekermann nennen möchte. Professor Werner Wunderlich als erfahrener Kollege sowie Dr. Christel Brüggenbrock und Dr. Rupert Kalkofen als genaue Lektoren haben wichtige Kritik und Anregungen gegeben. Besonders danke ich auch Dennis Brunotte, der mit hoher Professionalität und immer sehr freundlich in guter Zusammenarbeit auf der Seite des Verlages Pearson Studium dieses Buch begleitet hat. Sie als Leser sind zu allen Hinweisen zur Verbesserung und Ergänzung herzlich eingeladen (E-Mail-Adresse: hk@unisg.ch). Auf diesen Dialog freue ich mich!

St. Gallen, im Juni 2004

Sascha Spoun

Kapitel
1   Selbstorganisation

Das erste Kapitel (1.1) behandelt in seinem ersten Abschnitt die Prinzipien der Selbstorganisation, die jedem erfolgreichen Studium zugrunde liegen. Es geht um den Habitus eines Studierenden und wie man sinnvoll mit diesem Buch umgeht, d.h. es handelt sich um eine Leseanleitung. Anschließend (1.2) werden mit Zeitplanung, (Selbst-)Beobachtung und Führen eines Journals drei Techniken behandelt, die die Selbstorganisation wesentlich vereinfachen.

1.1   Prinzipien der Selbstorganisation

Zunächst mag es ungewöhnlich sein, ein Buch über erfolgreiches Studieren mit einer so allgemeinen und grundsätzlichen Frage wie derjenigen der Selbstorganisation zu beginnen. Versteht man jedoch die Bedeutung eines Studiums in vollem Umfang und betrachtet die verschiedenen studentischen Lebensmodelle, kommt man zwangsläufig zu der Einsicht, dass es beim Studium um mehr geht als die Vorbereitung einer zukünftigen Berufstätigkeit. Es geht um eine eigenständige Lebensphase, um intellektuelle wie persönliche Entwicklung.

Das Verbum „studere" bedeutet so viel wie „sich ernsthaft um etwas bemühen". Das Studium erfordert kein passives Aufnehmen, wie wir es etwa vom Fernsehen kennen, sondern aktive Gestaltung: intellektuelle wie emotionale Präsenz und die damit verbundene Selbstorganisation. Schule, Lehre oder die Ausübung einer Berufstätigkeit sind dagegen inhaltlich, methodisch und hinsichtlich des Ablaufs stark vorstrukturiert und oft reglementiert durch genau spezifizierte Richtlinien. Das Studium bietet mehr Entfaltungsspielraum und Flexibilität. Diese Freiheit ist Segen und Fluch zugleich. Sie werden es schätzen lernen, Ihre eigenen Präferenzen zu setzen und Ihren Vorlieben nachzugehen, wenn Sie Ihre Taktung selbst bestimmen können. Andererseits erfordert diese Freiheit auch Nachdenken über sich selbst (Selbstreflexion) und entsprechende Selbstverantwortung, um eine erfolgreiche Selbstorganisation verwirklichen zu können.

Wir müssen jeweils Unternehmer in eigener Sache werden. Deshalb wird es Ihre Aufgabe sein, Chancen und Risiken zu identifizieren, Alternativen abzuwägen und Entscheidungen zu treffen. Dies nicht nur, um erfolgreich zu studieren, sondern auch, um selbstbestimmt ein eigenes Profil zu entwickeln. Die Metapher des Lebensunternehmers hilft dabei, die Tragweite dieser Erkenntnis zu begreifen. Möglichkeiten und Chancen stehen jedem offen, man muss sie indes nutzen. Ein erfolgreiches Studium, das über den Erwerb eines Abschlusszertifikats hinausgeht, verlangt, sein fachliches Profil (Fach- und Methodenkompetenz, Schwerpunkte etc.), sein internationales Profil (Fremdsprachenkenntnisse, Auslandserfahrung, Kulturbewusstsein), sein praktisches Profil (Arbeitserfahrung, Sozialdienste, Praktika) und sein persönliches Profil (sozialer Umgang, Interessen, Werte) zu entwickeln. Letztlich ist es eine Frage der Selbstverantwortung, inwiefern man diese Rolle des Unternehmers oder der Unternehmerin anerkennt und annimmt sowie Bereitschaft verspürt, an sich selbst zu arbeiten. Voraussetzung und Grundlage der Selbstverantwortung ist die Selbstreflexion, die Selbsterkenntnis („*Gnōthi Seautōn*" – „Erkenne dich selbst").[1]

Abbildung 1.1: Selbstorganisation

Der hier skizzierte Habitus eines selbstständigen und selbstverantwortlichen Studenten geht von einem autonomen Individuum aus und bedingt auch die Auseinandersetzung mit Maximen, die das wissenschaftliche Leben und Arbeiten bestimmen. Dies mag manchem zu pathetisch erscheinen, erweist sich jedoch in jeder Hinsicht als aktuell und notwendig: In der Wissenschaft und somit auch im Studium suchen wir nach Wahrheit. Die Suche nach der Wahrheit ist die Quelle der Wissenschaft. Sie treibt an, setzt Energien frei, moti-

---

[1]   Am Tempel des Apoll in Delphi soll folgendes Motto gestanden haben: „*Gnōthi Seautōn*" – „Erkenne dich selbst". Es beantwortete Sokrates' Frage an die Phytia nach dem eigenen Lebensziel.

viert und spendet Identität oder gibt gar manchem Lebenssinn. Eine so definierte Neugier entsteht aus Interesse am Gegenstand und eben nicht aus einer wie auch immer gearteten Relevanz für die Praxis. Die Suche nach der Wahrheit impliziert Redlichkeit in Bezug auf die eigenen Methoden und im Umgang mit den Ideen anderer. Sie erfordert Respekt dem Untersuchungsgegenstand selbst und den Kollegen gegenüber. Als Mitglied der Wissenschaftsgemeinschaft ist man bescheiden. Bescheidenheit besteht in der Fähigkeit, die eigene Begrenztheit anzuerkennen und ein Gespür für die Realität zu entwickeln. Diese Fähigkeit äußert sich in der Einordnung des eigenen Schaffens und des eigenen Beitrags sowie in der Anerkennung der Leistungen anderer, selbst wenn manche Dinge leicht und banal erscheinen und man selbst bislang Erfolg hatte.

Für ein die Maximen wissenschaftlichen Arbeitens reflektierendes, sich selbst kritisch hinterfragendes, der Selbstverantwortung verpflichtetes Studieren bietet dieses Buch einige Methoden an, weil eine gute Selbstorganisation erfolgreiche von nicht oder wenig erfolgreichen Studierenden unterscheidet. Die getroffene Auswahl und die Empfehlungen basieren auf einer fünfjährigen Beschäftigung mit Studienkonzepten und auf Beobachtung der Arbeitsprozesse von über 2.500 Studierenden in einem Zeitraum von drei Jahren. Das Buch dient Ihnen als Unterstützung, für Sie selbst und eigenständig das Vorgehen zu finden, mit dem Sie die größten (Lern-)Forschritte machen und letztlich auch mit höherer Wahrscheinlichkeit zum Erfolg finden werden. Hierbei verstehen wir Erfolg nicht nur als Kompetenzerwerb und gut bestandenen Studienabschluss, sondern vor allem als Entwicklung eines persönlichen Profils basierend auf einer überlegten Arbeitsmethode. Sie sollen sich für Ihre Arbeitsweise bewusst entscheiden und diese verwenden können, indem Sie Alternativen prüfen und ausprobieren, die Methoden variieren und über die Zeit anpassen. Sie werden nun schrittweise die Selbstorganisation der wichtigsten Aktivitäten im Studium erlernen, zu denen diese Graphik eine Übersicht gibt:

Abbildung 1.2: Aufbau des Buches

Der einführende Text dieses Kapitels zur Selbstorganisation (1) stellt den Ausgangs- und Bezugspunkt der nachfolgenden sieben Kapitel dar: Lesen (2), Recherchieren (3), Forschen (4), Argumentieren (5), Präsentieren (6), Lernen (7) und im Team arbeiten (8). Diese sind die unserer Ansicht nach wichtigsten „Handlungen" des Studierens und bilden insofern ein Ganzes. Sie stellen den Prozess des Studierens dar.

Die Kapitel können auch unabhängig voneinander genutzt werden und Sie bei einer spezifischen Arbeit und über eine ganze Lernphase begleiten. Sie können das Buch folglich als Referenz bei auftauchenden Fragen oder Schwierigkeiten verwenden oder, was dringend empfohlen sei, zur Überprüfung und Anpassung der eigenen Praxis gebrauchen und somit Ansatzpunkte für eine Weiterentwicklung finden. Gerade wenn Sie nur einzelne Kapitel lesen, mögen Sie wissen, dass es sich um eine idealtypische Trennung der Teile des Studienprozesses aus Gründen der Didaktik und der Veranschaulichung handelt. Wenn Sie beispielsweise einen Zeitschriftenartikel lesen, werden Sie diesen immer auch vorher mit einer Recherche identifiziert und aufgefunden haben und bei der Lektüre etwas dazulernen.

Der Leser wird zu einigen oder allen der behandelten Inhalte ein implizites oder explizites Vorwissen mitbringen. Insofern offeriert das vorliegende Werk nichts kategorisch Neues. Doch hilft es immer, sich über die eigene Studienpraxis Gedanken zu machen. Der Neuigkeitsgehalt liegt ergo in seiner Wirkung auf die individuelle Auseinandersetzung mit dieser Tätigkeit und nicht in der inhaltlichen Aussage.

Vielleicht mag nach der Lektüre der Prinzipien der Eindruck entstehen, die Autoren seien weltfremd und hätten eine unrealistische Vorstellung von „studieren". Doch gehen wir dieses Risiko bewusst ein, da gerade in der Selbstorganisation und der damit verbundenen Haltung der Unterschied zwischen erfolgreichen und weniger erfolgreichen Studienverläufen liegt. Als zusätzliche Herausforderung zeigt sich, dass wir die Einsicht für etwas vermitteln möchten, das dem Leser noch unbekannt ist und in seiner Bedeutung und Relevanz erst später zugänglich wird. Ein Vertrauensvorschuss ist dafür notwendig. Die Erfahrung aus dem universitären Kontext zeigt, dass man natürlich bereits einen Nutzen aus der technischen Anwendung der Inhalte ziehen kann. Das volle Potenzial dagegen kann sich nur entfalten, wenn Sie sich auf eine systematische und reflektierte Selbstorganisation einlassen.

1.2   Techniken der Selbstorganisation

Der nun folgende Teil behandelt drei Techniken der Selbstorganisation.

1.2.1   Zeitplanung aufstellen

Eine Zeitplanung ermöglicht es, über ein und mehrere Semester verteilt Aufgaben, Aktivitäten, Termine, Freizeit und Prüfungen zu erfassen und zu planen. Neben der Übersicht, welche verhindert, dass Sie Termine verpassen, hat dieses Vorgehen den Zweck, eine höhere Dringlichkeit für wichtige Arbeiten im Studium, die zeitlich noch entfernter liegen, zu schaffen. Diese Dringlichkeit ist notwendig, um die Motivation zum „Studieren", d.h. konsequenten Arbeiten und Lernen, zu erhöhen. Ganz konkret ausgedrückt, geht es z.B. um die Aufgabe, sich im November zu motivieren, für eine Prüfung im März zu lernen.

Die Universität geht in der Regel bei einer Studienkonzeption davon aus, dass das Studium eine Vollzeitbeschäftigung ist, d.h. alle verfügbare Zeit und Kraft darauf verwendet und die übrige Zeit zur Erholung genutzt wird, um neue Studienleistungen erbringen zu können. Es empfiehlt sich deswegen, neben dem Studium weniger parallel als vielmehr sequenziell andere Dinge zu tun. Auf eine konzentrierte Studienphase kann eine „geblockte" Arbeitsphase, z.B. in Form eines Praktikums, folgen. Wenn Sie sich für ein Studium entscheiden, konzentrieren Sie sich darauf und lassen Bisheriges – soweit möglich – auslaufen. Das Gesagte trifft beispielsweise auf die Assessment-Stufe der Universität St.Gallen zu, denn hier wird in einem Jahr eine volle Jahresstudienleistung gefordert.

Ein Studienjahr umfasst in Europa an allen Universitäten, die das European Credit Point System (ECTS) verwenden, etwa 1.800 Arbeitsstunden. Dies bedeutet 40 Wochen zu je 45 Stunden reine Arbeitszeit für einen durchschnittlich begabten Studenten, um eine ausreichende Studienleistung zu erbringen. Diese Arbeitszeit gilt es auf die einzelnen Studienfächer und Studienleistungen aufzuteilen, wobei die jeweils vergebenen Creditpoints (CP) als Maßstab herangezogen werden, so dass ein Creditpoint etwa 30 Stunden Arbeitszeit entspricht. Für ein Fach bzw. eine Studienleistung von 4 CPs sind folglich 120 Stunden oder zwei bis drei Arbeitswochen anzusetzen. Im Studienjahr werden entsprechend 60 Creditpoints à jeweils ca. 30 Stunden Arbeitszeit erworben. Dies ist jedoch lediglich eine grobe Richtlinie, deren Sinn und Angemessenheit für eine Universität durchaus kritisch gesehen werden muss,[2] denn sie wird der Idee der Universität als einer vertrauensvollen Gemeinschaft von Lehrenden und Lernenden, die nur der Suche nach Wahrheit verpflichtet ist, kaum gerecht. Vielmehr besteht das Risiko einer Bürokratisierung und einer unangebrachten Arbeitnehmermentalität. Die eigentliche Arbeitszeit hängt von folgenden Faktoren ab:

- dem Vorwissen,
- der Arbeitsmethode und Studienerfahrung, d.h. der Studiengeschwindigkeit,
- den Ambitionen,
- den Ansprüchen der Universität, des jeweiligen Programms und der Dozierenden sowie
- den Kommilitonen; wenn Sie beispielsweise mit leistungsfähigen und motivierten Kollegen zusammenarbeiten, werden Sie nicht nur besser, sondern auch effektiver sein.

---

[2] Vgl. Wolfgang Kemp, „Die Selbstfesselung der deutschen Universität. Eine Evaluation", *Merkur: Deutsche Zeitschrift für europäisches Denken* 58.4 (2004): 294-305.

Nachfolgend der erste Schritt einer fachlichen Studienplanung anhand des Beispiels der Assessment-Stufe (erstes Studienjahr) der Universität St.Gallen:

Fach	Arbeitszeit		Aufteilung	
	Gewichtung in Creditpoints (CP) zu je 30 Stunden Arbeitszeit	Zeitvorgabe CP x 30 h	Unterrichtszeit SWS x Wochen/ Semester x 2 (Semester/Jahr)	Selbstständiges Arbeiten Zeitvorgabe – Unterrichtszeit
Fach 1: BWL	13	390 h	3 SWS x 12 x 2 = 72 h	318 h
Fach 2: VWL	11	330 h	3 SWS x 12 x 2 = 72 h	258 h
Fach 3: Recht	11	330 h	3 SWS x 12 x 2 = 72 h	258 h
Fach 4: Mathe	7	210 h	3 SWS x 12 x 2 = 72 h	138 h
Fach 5: LWA	3	90 h	4 SWS x 6 = 24 h	66 h
Fach 6: IPL	2	60 h	2 SWS x 6 = 12 h	48 h
Fach 7: RK Philosophie	2	60 h	2 SWS x 12 = 24 h	36 h
Fach 8: RK Soziologie	2	60 h	2 SWS x 12 = 24 h	36 h
Fach 9: Fremdsprache	4	120 h	2 SWS x 12 x 2 = 48 h	72 h
Hausarbeit	5	150 h	0 h	150 h
Summen	60	1.800 h	36 SWS x 12 = 432 h	1.368 h

Dies macht deutlich, dass 75% aller Studienleistungen, immerhin 1.368 Stunden von 1.800 Stunden, durch selbstständiges Arbeiten erbracht werden. Anders ausgedrückt: Nur ein Viertel Ihrer Arbeitszeit ist vorstrukturiert durch Unterricht, wobei Sie für viele Ihrer Veranstaltungen, insbesondere Vorlesungen, noch die Freiheit haben, auch diese strukturierte Arbeitszeit durch eigenes Arbeiten zu ersetzen. Wenn Sie allerdings auch nur einen Monat lang die nicht strukturierte Zeit als Freizeit interpretieren und nutzen, werden Sie rasch in große Bedrängnis kommen. In manchen Fächern, zum Beispiel in den drei Kernfächern BWL, VWL und Recht, wird Ihnen noch für einen Teil ein strukturiertes Selbststudium mit verschiedenen Unterstützungsmaßnahmen (Lernplattform, Tutorien, Kick-off-Veranstaltung etc.) angeboten.

Mögliche Konsequenzen dieser Aufstellung:

- Wenn Sie beispielsweise im Fach 3 keinen oder kaum Unterricht besuchen, müssten Sie im Wintersemester und im Sommersemester je drei volle Wochen eigenständig nur an diesem Fach arbeiten, was angesichts anderer Anforderungen kaum möglich sein wird.

- Wenn Sie im Fach 1 z.B. aufgrund seiner Anforderungen (Gruppenarbeit, Seminarpapiere) vor allem während des Semesters arbeiten wollten, müssten Sie zwölf Stunden in jeder der zwölf regulären Semesterwochen neben dem Unterricht investieren, z.B. Montag-, Dienstag- und Donnerstagabend von 19.00 bis 24.00 Uhr mit einigen Pausen.

- Wenn Fach 5 beispielsweise nur während der ersten Semesterhälfte unterrichtet wird, bedeutet dies neben vier Stunden Veranstaltung in der Woche je zehn Stunden eigenständige Arbeit. Alternativ könnten Sie z.B. Dienstagnachmittag sowie den Sonntag investieren sowie einige zusätzliche Wiederholungen vor einer angenommenen Prüfung.

Es sollte klar werden, dass es zwar Organisationsoptionen gibt, aber die zur Verfügung stehende Zeit recht knapp und Freizeit ein rares Gut ist. Natürlich sind diese Zeitangaben nur Anhaltspunkte, denn sie hängen von den eingangs genannten Faktoren ab, was konkret bedeutet: Haben Sie z.B. nur wenige der für das Studium notwendigen Vorkenntnisse, müssen Sie Stoff mittels Propädeutikangeboten, d.h. Vorkenntnisse vermittelnden Angeboten, nachholen und werden mehr selbstständig arbeiten müssen. Hatten Sie beispielsweise alte Sprachen und Philosophie im Gymnasium, werden Sie sich beim wissenschaftlichen Arbeiten und im Recht vermutlich leichter tun. Kommen Sie vom Wirtschaftsgymnasium, so bringen Sie begriffliche Vorkenntnisse in der BWL mit, haben aber vielleicht mit dem Verfassen von schriftlichen Arbeiten mehr Mühe. Generell spielt die Spezialisierung in der Schule aber oft eine weniger große Rolle als gemeinhin angenommen. Wichtiger ist, dass Sie Ihre schulischen Leistungen hinterfragen und in Relation zu universitären Aufgaben setzen. Wundern Sie sich also nicht über drastische Abweichungen in Ihrem Zeitbedarf. Dazu kommt, dass viele Dinge des Studienalltags beim ersten Mal sehr viel Zeit in Anspruch nehmen und – wie etwa die Bibliotheksrecherche – mühsam sind; sie gehen später leichter und schneller von der Hand. Und auch Ihre persönlichen Ambitionen bestimmen Ihre Agenda. Wollen Sie gute Noten erreichen oder eine neue Sprache lernen, so müssen Sie sich auf einen Zusatzaufwand einstellen.

In einem zweiten Schritt strukturieren Sie die einzelnen Fächer in einem Studienplan für die einzelnen Wochen mit Etappenzielen und arbeiten diesen in einen Wochenplan ein. Sehen Sie neben der Unterrichtszeit feste Arbeitszeiten für einzelne Fächer, Themen und Aufgaben (Partnerschaft, Familie, Sport, Selbstreflexion) vor. Räumen Sie Prüfungs- und Abgabeterminen Priorität ein und erfüllen Sie die jeweiligen Aufgaben vor Ablauf der Frist, denn dann können Sie leichter arbeiten und geraten nicht in Bedrängnis. Setzen Sie Schwerpunkte, jeweils ein Fach während einer Zeitperiode, damit Sie tief genug einsteigen können und Fortschritte spüren. Aus Fortschritten und damit verbundenen Erfolgserlebnissen entsteht in der Regel intrinsische Motivation („flow"), also Begeisterung, die einen zu weiterer Arbeiten antreibt. Es gilt jedoch zu berücksichtigen, dass man nicht immer allen Anforderungen gerecht werden und nicht alles leisten kann. Als pragmatisches Kredo gilt: Stärken stärken, also Neigung und Interesse nachgehen, andere Pflichten ausreichend erfüllen.

Wie ein solcher Wochenplan aussehen könnte, entnehmen Sie der nachfolgenden Abbildung:

Zeit	Montag	Dienstag	Mittwoch	Donnerstag	Freitag	Samstag	Sonntag
6	Morgenaktivität	Morgenaktivität	Morgenaktivität	Morgenaktivität	Morgenaktivität	Morgenaktivität	
7	Frühstück, Fahrt	Frühstück, Fahrt	Frühstück, Fahrt	Frühstück, Fahrt	Frühstück, Fahrt	Frühstück, Fahrt	frei
8	Lektüre BWL	Vorlesung BWL	Vorlesung VWL	Vorlesung Recht	Übung BWL	Vorlesung Buchhaltung	
9							
10	Lektüre Philosophie	Vorlesung LwA	Vorlesung Philosophie	Russisch	Übung Recht		
11						Lektüre LwA	
12	Mittagessen mit BWL-Gruppe, Vorbesprechung Präsentation	Mittagessen	Mittagessen	Mittagessen	Übung LwA, kleiner Imbiss		
13		Bibliothek: Notizen nachbearbeiten	Bibliothek: Notizen nachbearbeiten	Bibliothek: Notizen nachbearbeiten		Mittagessen	
14	Erstellung Präsentation	Lektüre Recht	mit BWL-Gruppe Präsentation vorbereiten	Übung Mathe	Literaturrecherche Seminararbeit	Notizen nachbearbeiten	
15						Nachbereitung Übungen	Lektüre für folgende Woche, schriftliche Arbeiten
16	Briefentwurf für Praktikum	Vorlesung Mathe	mit BWL-Gruppe Präsentation vorbereiten				
17				Sport/Freizeit		Journal führen/ Selbstreflexion	
18	Abendessen	kleiner Imbiss, Notizen nachbearbeiten	Abendessen		Abendessen	frei	
19	Journal führen/ Selbstreflexion	Sport	Journal führen/ Selbstreflexion		Mathe lernen		
20	Russisch lernen						
21		Lektüre VWL	Lektüre Philosophie				
22							

Abbildung 1.3:　Stundenplan

Viele werden jetzt erschreckt sein aufgrund der Arbeitsmenge, der „technischen" Planung, der wenigen Freizeit, des frühen Beginns und aus weiteren Gründen. Dies ist verständlich, hilft aber nichts. Für ein volles Studium wird derartiges Arbeiten notwendig. Rhythmus und Regelmäßigkeit helfen, mit weniger Energie seine Aufgaben zu erfüllen. Deshalb wurde der Tagesbeginn gleichmäßig auf sechs Uhr früh und das Ende auf 22 Uhr gelegt. Die Morgenaktivität kann aus ganz verschiedenen Tätigkeiten bestehen, z.B. aus Wiederholung von Notizen, Korrektur von eigenen Schreibarbeiten, Vokabeln lernen für die Fremdsprache, Sport etc. Sie nutzt das erste Hoch des Tages und fußt auf alten Traditionen in Klöstern. Die übrigen Aktivitäten planen Sie selbstständig aufgrund des Lehrangebots, der geforderten Arbeits- bzw. Prüfungsleistungen und Ihrer Ziele.

Man weiß, dass zwischen Erfolg in Form von Noten und Arbeitseinsatz keine lineare Beziehung besteht. Gründe dafür liegen in den eigenen Voraussetzungen, der Unterrichtsgestaltung der Dozierenden oder in der Tagesform. Außerdem ist der Sprung zwischen einer ausreichenden auf eine befriedigende Note geringer als der numerisch gleiche zwischen einer guten und einer sehr guten Zensur. Ab einem bestimmten Zeiteinsatz werden Sie relativ zum Aufwand nur noch geringfügige Steigerungsraten erreichen. In der Sprache der

Ökonomen würde man vom abnehmenden Grenznutzen jeder weiter investierten Stunde sprechen. Wir empfehlen Ihnen dennoch, auf die Bestnote zu setzen, da Sie durch die intensivere Beschäftigung – auch mit vermeintlich weniger nützlichem Stoff – zusätzliche Einsichten gewinnen. Zum anderen entwickeln Sie so Ihre Methode der Selbstorganisation weiter. Und wer nach einem beruflichen Argument sucht: Zensuren sind als Auswahlkriterium immer noch sehr verbreitet.

Eine derartige Zeitplanung muss in einem insgesamt größeren Kontext (z.B. für das Studium als Ganzes) stehen und regelmäßig überprüft werden, damit sich Idee und Wirklichkeit auch einigermaßen entsprechen. Jetzt wäre es an Ihnen, solche Planungen für Ihr Studium, das nächste Studienjahr, die kommenden Wochen etc. aufzustellen, ohne dabei die Freude an der Sache und am Leben zu verlieren.

1.2.2   Sich selbst beobachten

Um sich in seinem Studienprozess zu verbessern, muss man sich nicht nur einige der in diesem Buch aufgeführten Techniken aneignen, sondern vor allem sich selbst genau beobachten, diese Beobachtungen festhalten, über sie nachdenken, sie mit den hier beschriebenen und anderen idealtypischen Prozessen vergleichen, sie gegen die Erfahrungen von Kommilitonen abwägen und Schlussfolgerungen für das nachfolgende Arbeiten ziehen.[3]

Hier einige Fragen zur Eigenbeobachtung:[4]

- Bin ich mir meiner Gedankenflüsse, Ideen, Urteile, Bilder und Handlungsimpulse bewusst, erkenne ich sie und kann ich sie einordnen?
- Verarbeite ich meine Eindrücke bewusst, suche ich nach zugrunde liegenden Motiven und Mustern?
- Kann ich meine Energie fokussieren und steigern, d.h. zwischen Konzentration und Entspannung wechseln und mich selbst motivieren?
- Wie habe ich mich beim Studieren und Schreiben gefühlt? Die Frage nach der Befindlichkeit ist wichtig, weil Sie in einem ausgeglichenen, ausgeschlafenen und konzentrierten Zustand körperlichen Wohlbefindens effektiver und nachhaltiger arbeiten können.
- Übersetze ich meine kognitiven Einsichten in ein ausgeglichenes Leben (Konzentration auf das Studium, intensive Lernphasen, genügend Schlaf) und in mein Handeln? Welche Unterschiede bestehen? Warum bestehen sie?
- Verspüre ich Freude am Gegenwärtigen (hic et nunc), an meiner Entwicklung und am Leben insgesamt?

---

[3]   Ausführlichere Hinweise zur Gestaltung eines ausgeglichenen Lebensstils finden Sie in der Ratgeberliteratur, wie z.B. bei Kai Romhardt, *Slow down your life* (München: Econ, 2004).

[4]   Die psychologischen Grundlagen zu diesen Fragen finden Sie bei Philip G. Zimbardo and Richard J. Gerrig, *Psychology and Life* (New York: Longman, 1999) sowie bei Hans-Peter Nolting und Peter Paulus, *Psychologie lernen* (Weilheim, Basel: Beltz, 1999). Beachten Sie insbesondere die intuitiv erschließbare Zusammenfassung in ihrem integrativen Modell: 98-100.

- Wie, d.h. in welchem physischen Zustand, mit welchem Interesse, mit welcher Motivation und welcher Wahl der Zeiten, beginne ich meine Arbeiten?

- Warum habe ich dieses und jenes weggelassen?

- Bin ich mir bewusst, dass Könnerschaft in einem Gebiet kaum vom Himmel fällt, sondern schrittweise durch Übung erarbeitet werden muss? Es gibt folglich kaum einen Grund, mit zu kleinen Fortschritten zu hadern und sein Selbstbewusstsein darüber zu verlieren.

- Wie stark hat sich meine Leistung durch Wiederholungen des Stoffs, meine Zusammenfassungen, Lernkarten, Mindmaps und sonstige Lernhilfen verbessert?

- Wann habe ich beim Schreiben von Texten den ersten Übergang vom Vorbereiten zu eigenständigen Gedanken geschafft?

- Wie stark wurde ein Text durch Überarbeitungen verbessert?

Diese Fragen helfen, sich produktiv mit seinem eigenen Sein und Handeln zu befassen und dieses zu verbessern.

1.2.3   Journal führen

Wenn Sie sich eine sichtbare Verbesserung Ihrer Studierfähigkeit und Selbstreflexion erarbeiten wollen, sollten Sie daran denken, ein Journal zu führen. Sie benötigen dazu etwa 2% bis 5% Ihrer wöchentlichen Arbeitszeit. Die wissenschaftliche Schreibforschung hat hierzu herausgefunden, dass die Beherrschung des Schreibprozesses an sich von großer Bedeutung ist und dass Menschen durch Niederschreiben häufig besser lernen.[5] Jean-Jacques Rousseau, ein Epoche prägender Genfer Philosoph, Sigmund Freud, ein nicht ganz unkreativer Psychologe, Albert Einstein, der in der Physik Wichtiges geleistet hat, Edward Weston, durch seine Fotos zu Ruhm gekommen, oder auch Albert Camus, viel gefeierter Literat, verbindet, dass sie alle Journale, Tagebücher, Logbücher oder Notizbücher geführt haben,[6] um ihr Leben und ihre Themen festzuhalten und darüber nachdenken zu können. Manchem mögen diese Personen und deren Leistungen ein Vorbild sein.

Das Journal ist breiter und weniger persönlich als ein Tagebuch und persönlicher und breiter als eine Unterrichtsmitschrift. Es kann zu allen persönlich wichtigen Fragen oder zu ausgewählten Themen und Interessen geführt werden, je nachdem, was man selbst für angemessen hält. Ein Journal dient der Bewusstmachung, der Reflexion, der Steuerung von Ressourcen, der Ehrlichkeit gegenüber sich selbst. Es beinhaltet persönliche Erfahrungen und Gedanken, aber auch öffentliche Ideen und Konzepte aus dem Unterricht, den Medien oder anderen Quellen. Nahe Liegendes und Banales können genauso Inhalt sein wie fern Liegendes und Grundsätzliches. Ideal ist ein Journal als Projektionsfläche für

---

[5]   Vgl. James Moffett, *Teaching the Universe of Discourse* (Portsmouth: Boynton/Cook Publishers, 1987).

[6]   Toby, Fulwiler, „Führen eines Journals", *Schreib-Guide Geschichte*, Hrsg. Wolfgang Schmale (Wien/Köln/Weimar: Böhlau, 1999) 36-58, 37.

Ideen, an denen weitergearbeitet wird. Deswegen werden folgende Themen häufig zu Gegenständen des Journals:[7]

- Erstens Beobachtungen, d.h. Beschreibungen von Sinneseindrücken während des Unterrichts, bei der Lektüre von Texten, Beschreibungen des Verhaltens von Kommilitonen, von Diskussionen beim Abendessen, von neu erschienenen Büchern und von politischen Ereignissen, die jeweils mit konkreten Beispielen, Analogien, Empfindungen etc. festgehalten werden.

- Zweitens kommen Spekulationen hinzu, wilde Ideen, Gedankenspiele, Experimente und Hypothesen.

- Drittens dient das Journal dazu, Fragen festzuhalten, über diese nachzudenken und sie auch in Teilen zu beantworten, z.B.: Was dachte der Autor beim Schreiben dieser unverständlichen Textstelle? Was interessiert den Dozenten beim Aspekt X? Warum fühle ich mich derzeit unter Prüfungsdruck? Warum habe ich heute Morgen nichts kommentiert, sondern nur akzeptiert? Wie kam es dazu, dass Y passierte? Was soll ich mit Z anfangen? Worin besteht der Unterschied zwischen A und B wirklich? Warum ist dies dem Dozenten offensichtlich so wichtig, mir aber nicht? Warum interessiert mich C nicht, aber D so stark? Es geht darum, Unsicherheiten, Ungleichgewichte und Zweifel bewusst zu erkennen und festzuhalten.

- Viertens kann man das Journal auch nutzen, um größere Themen systematisch vorzustrukturieren oder, im Sinne eines Forschungslogbuchs, zur laufenden Erfassung von Daten, die sich bereits ergeben, und Fakten, die sich bereits ereignet haben, wenn Sie z.B. eine umfangreichere Seminararbeit verfassen. Eine umfassende Themenbeschreibung beinhaltet Aussagen zur Handlung, zu den Akteuren, zum Schauplatz und zum Zweck. Hinsichtlich des Inhalts soll gefragt werden: Was ist der zu untersuchende Gegenstand? Was ereignet sich? Was hat sich ereignet? Was hat sich nicht ereignet? Was wird sich ereignen? Was könnte sich ereignen? Hinsichtlich der Akteure lässt sich fragen: Wer handelt? Wer handelt nicht? Durch wen wurde Handlung herbeigeführt, verursacht, ausgeführt, weiter forciert oder verteilt? Wie wird gehandelt? Welche Motive stecken dahinter? Zum Schauplatz: Wo fand bzw. findet ein Ereignis statt? Wann hat es begonnen, wann wurde/wird es beendet? Warum fand es unter diesen zeitlichen, örtlichen, kulturellen Bedingungen statt und nicht unter anderen? Wo hätte es sich auch ereignen können? Und schließlich kann dem Zweck nachgegangen werden: Warum fand das Ereignis statt? Welche Bedingungen machten es möglich? Ist es wiederholbar? Warum?

- Fünftens können im Journal eigene Entwicklungsprozesse niedergeschrieben werden: Was lese ich? Was habe ich heute gelernt? Was hätte ich lernen sollen? Wie gut bin ich in der Materie X schon? Wo will ich mich verbessern? Was hat der Stoff mit meiner Welt, mit der Welt meines Studiums, mit meiner prospektiven Berufswelt zu tun? Warum will ich wissenschaftlich arbeiten (oder auch: warum nicht)? Welche Urteile kann ich selbstständig gut begründen? In welchen Punkten verändert sich mein Selbst-

---

[7]   Siehe dazu auch Lutz von Werder, *Lehrbuch des wissenschaftlichen Schreibens* (Berlin/Milow: Schibri-Verlag, 1993) 139-168, der sehr konkrete Anweisungen zur eigenen Journalführung abgibt; ferner D.M. Murray, *Shoptalk: Learning to Write with Writers* (Portsmouth: Boynton, 1990).

und Weltbild? Warum? In welche Richtung? Gegenstand der Einträge sind also Einschätzungen des eigenen Standorts, der Ziele, der Etappen und möglicher Gründe der persönlichen Lebensentwicklung.

- Sechstens und letztens gibt es die Möglichkeit, Kommentare zu schon vorhandenen Einträgen abzugeben: inwieweit Sie immer noch dieser Meinung sind, ob inzwischen Antworten gefunden wurden, ob andere Fragen gestellt werden müssen, ob sich Prioritäten, Ansichten verschoben haben etc.

Der Stil eines Journals ist nicht festgelegt, er muss nur zu Ihnen als Autor passen. Die einen schreiben betont korrekt, andere locker, manche mit Humor, andere mit viel Kritik und Lob; einige bemühen sich um akademischen Stil, andere pflegen einen journalistischen, einige arbeiten mit Stichworten und Skizzen, andere formulieren sorgfältig aus. Letztendlich muss es Ihnen und Ihrer Entwicklung dienen.

1.3 Literatur

Kemp, Wolfgang. „Die Selbstfesselung der deutschen Universität. Eine Evaluation", *Merkur: Deutsche Zeitschrift für europäisches Denken* 58.4 (2004), 294-305.

Moffett, James. *Teaching the Universe of Discourse*. Portsmouth: Boynton/Cook Publishers, 1987.

Murray, D.M. *Shoptalk: Learning to Write with Writers*. Portmouth: Boynton, 1990.

Nolting, Hans-Peter und Peter Paulus. *Psychologie lernen*. Weinheim/Basel: Beltz, 1999.

Romhardt, Kai. *Slow down your life*. München: Econ, 2004.

Toby, Fulwiler. „Führen eines Journals". *Schreib-Guide Geschichte*. Hrsg. Wolfgang Schmale. Wien/Köln/Weimar: Böhlau, 1999, 36-58.

von Werder, Lutz. *Lehrbuch des wissenschaftlichen Schreibens*. Berlin/Milow: Schibri-Verlag, 1993.

Zimbardo, Philip G. and Richard J. Gerrig. *Psychology and Life*. 15th ed. New York: Longman, 1999.

Zimbardo, Philip G. und Richard J. Gerrig. *Psychologie*. 16., aktualisierte Auflage. München: Pearson Studium, 2004.

Kapitel
2 Lesen

Es mag überflüssig erscheinen, sich im Rahmen der Vorbereitung auf wissenschaftliches Arbeiten mit dem als selbstverständlich empfundenen Lesen auseinander zu setzen. Jeder liest schließlich tagaus tagein – wenigstens das Titelblatt oder die Überschriften einer Tageszeitung, die Fußballergebnisse im Teletext, E-Mails oder einige Neuigkeiten im Internet. Ziel dieses Kapitels ist selbstverständlich nicht, das Lesen als solches neu zu erklären. Der Leser soll vielmehr dafür sensibilisiert werden, dass Lesen im Studium über das alltägliche Lesen hinausgeht. Zum einen wird man insbesondere in den ersten Semestern des Studiums mit einer ungeahnten Menge an Lektüre umgehen müssen, zum anderen muss man die beim Lesen stattfindende Informationsgewinnung geeignet gestalten. Informationen müssen gezielt erfasst, gespeichert und verarbeitet werden, damit sie aktiv auf Aufgabenstellungen (insbesondere in Prüfungen) angewandt werden können und langfristig verfügbar sind. Dieses Kapitel will im ersten Teil (2.1) deutlich machen, worauf es beim Lesen als Grundlage der Informationsgewinnung bzw. als Fähigkeit, Informationen aufzunehmen, im Studium ankommt. Der zweite Teil (2.2) bietet die Möglichkeit, sich auch mit den philosophischen Grundlagen des Textverständnisses und der Theorie der Textauslegung – der so genannten Hermeneutik – vertraut zu machen.

2.1 Lesetechnik

Wenn man aus Spaß, zur Unterhaltung oder zur Entspannung liest, vergeht die Zeit meist wie im Flug. Ein gutes Buch etwa liest man „in einem Zug aus". Dabei macht man sich weder Gedanken über den Umfang des Buchs und die zum Lesen benötigte Zeit, noch entwickelt man irgendwelche „Bewältigungsstrategien". Anders sieht es aus, wenn man im Studium einen eher mühsamen, wenig ansprechenden und schwierig geschriebenen Fachtext lesen muss. Man geht zunächst noch motiviert und konzentriert an die Aufgabe heran, doch der Text wird von Zeile zu Zeile ermüdender, und die Gedanken schweifen ab. Irgendwann erwacht man zum eigenen Schrecken inmitten einer völlig unbekannten Passage, die man eigentlich – der Position der Augen nach – bereits gelesen haben müsste. Man ertappt sich dabei, wie man ein und dieselbe Stelle mehrmals gelesen hat, ohne dass sich einem der Sinn erschlossen hätte. Zermürbt schaut man nach, wie viele Seiten man noch lesen muss bzw. wie viele man bisher bewältigt hat.

Um solche Situationen zu verhindern, gilt es, nicht einfach draufloszulesen, sondern die Lektüre in eine zweckmäßige Vor- und Nachbereitung einzubinden. In den USA wurde hierfür die **Fünf-Punkte-Lesemethode SQ3R** (Survey, Question, Read, Recite, Review) entwickelt.[1] Ausreichend ist aber auch eine Teilung des gesamten Leseprozesses in drei Phasen: Leseeinstieg, Lektüre (das eigentliche Lesen) und Lesenachbereitung.[2]

2.1.1 Leseeinstieg

In der Leseeinstiegsphase geht es darum, sich einen Überblick über den Inhalt und den jeweiligen Kontext einer Textquelle zu verschaffen. Man kann diesen Vorgang auch mit dem ersten „Lesen" einer Landkarte vergleichen. Eine Landkarte sollte man einordnen und das betreffende Gebiet, die markantesten landschaftlichen oder baulichen Objekte sowie deren Architektur identifizieren können. Bei einer Textquelle bedeutet dies, den kontextuellen Zusammenhang, den groben Aufbau und den inhaltlichen Kern erkennen zu können.[3] Markante Punkte eines Textes sind meist: Autor, Titel, Untertitel, Inhaltsverzeichnis, Abstract, Vorwort, Abbildungen, Zusammenfassungen, Literaturverzeichnis und Anmerkungen. Diese Punkte sollte man überfliegen, um sich einen Gesamteindruck zu verschaffen und sich mit dem Autor, seinen Zielen, seiner Vorgehensweise und seinem Sprachgebrauch vertraut zu machen. In dieser Vorbereitungsphase kann man überdies weitere Vorkehrungen für den Ablauf des Leseprozesses treffen: Man sollte sich einen

---

[1] Vgl. Francis P. Robinson, *Effective Study* (New York: Harper and Row, 1961).

[2] Vgl. Christoph Metzger, *Lern- und Arbeitsstrategien. Ein Fachbuch für Studierende an Universitäten und Fachhochschulen*, 5. Aufl. (Aarau: Sauerländer, 2002) 74.

[3] Booth, Colomb und Williams sprechen in diesem Zusammenhang von „Become familiar with the geography of the source". Vgl. Wayne C. Booth, Gregory G. Colomb and Joseph M. Williams, *The Craft of Research*, 2nd ed. (Chicago: University of Chicago Press, 2003) 106.

Zeitrahmen setzen (siehe Lesegeschwindigkeit) und sich das Lesepensum in sinnvolle Abschnitte einteilen. Schon in der Leseeinstiegsphase lässt sich entscheiden, ob ein genaues Lesen der Quelle in der jeweiligen Studiensituation sinnvoll ist. Bei der Literatursuche für eine Seminararbeit fällt eine solche Entscheidung, ob und inwieweit die jeweilige Textquelle in Bezug auf das Thema der Seminararbeit weiterführend ist, in der ersten Phase des Leseprozesses innerhalb von wenigen Minuten. Bei der Lektüre zur Prüfungsvorbereitung ist allenfalls ein länger dauernder Leseeinstieg notwendig, um sicherer zu werden und auszuschließen, etwas Neues übersehen zu haben. Im Studienalltag werden Sie sehr oft diese vorbereitende Phase durchlaufen, so dass Sie bald Routine darin haben und sie Ihnen gar nicht mehr auffällt.

2.1.2   Textlektüre

Intensität entscheidet

Bei der eigentlichen Textlektüre geht es darum, die Textquelle konzentriert und aufmerksam zu lesen sowie mitzudenken. Entscheidend für die Textlektüre ist die Tiefe der Durchdringung, d.h. wie stark die Ideen des Textes mit den eigenen Gedanken verbunden werden können. Dabei hilft es, so banal es klingen mag, Thema und Aussagen des Texts als relevant anzusehen und sich ernsthaft damit auseinander zu setzen. Darüber hinaus gilt es, den Text für die jeweiligen Verwendungszwecke vor- und aufzubereiten. Geignet dafür ist Markieren, Unterstreichen und/oder Exzerpieren. Bleistiftnotizen am Textrand bzw. Exzerpte auf separaten Blättern sind sehr zu empfehlen, da man sich zu einem späteren Zeitpunkt über die eigenen Notizen – im Gegensatz zu reinen Markierungen – schneller an die eigenen Gedanken zum Text erinnern kann. Ernsthaftes Auseinandersetzen heißt nicht, „Markierstift-Freund" zu werden: Alles scheinbar Relevante wird mit einer Leuchtfarbe unterlegt, so dass das Wesentliche wieder verloren geht. Ramage und Bean bringen das Unheil von Textmarkern auf den Punkt: „Relying on those yellow highlighters makes you too passive. Next time you get the urge to highlight a passage, write in the margin why you think it's important. […] Use the margins to summarize the text, protest vehemently, ask questions, give assent – but don't just color the pages."[4] Markieren Sie die Struktur(wörter) und allenfalls wichtige Aspekte: Im Idealfall sollten weniger als 10% des Textes markiert werden.

---

[4]   John D. Ramage and John C. Bean, *Writing Arguments: A Rhetoric with Readings*, 4th ed. (Boston: Allyn and Bacon, 1998): 25; außerdem Metzger 78.

Um die Intensität des Lesens gerade bei fremd erscheinenden Fachtexten zu steigern, empfehlen Ramage und Bean ausserdem: „Get the dictionary habit.“[5] Demnach sollte man sich angewöhnen, Wörter bzw. Bedeutungen, die man aus dem Lesekontext nicht unmittelbar verstehen kann, in geeigneten Werken (Wörterbücher, Synonymwörterbücher etc.) nachzuschlagen. Häufiges Nachschlagen ist kein Zeichen von Unerfahrenheit oder Unkenntnis, sondern vielmehr ein Zeichen für Konzentration und sorgfältiges Arbeiten, weil man idealerweise den zentralen Begriffen vertieft nachgeht.

Stellung beziehen

Neben den Techniken, mit denen man den Text bearbeitet, spielen auch die Zugänge zum Text bzw. die persönlichen Voreinstellungen und die Lesehaltung eine ernst zu nehmende Rolle. Einen Text kann man mit verschiedenen Grundhaltungen lesen. Versuchen Sie probeweise, die Textquelle einmal bewusst affirmativ zu lesen – also dem Autor zu glauben und Informationen direkt aufzunehmen – und ein weiteres Mal den Text bewusst skeptisch, also in einer kritischen Haltung, durchzuarbeiten. Danach sollen die einzelnen Standpunkte gegeneinander abgewogen werden. Bewusst in verschiedenen Haltungen an einen Text heranzugehen, erweist sich insbesondere dann als besonders sinnvoll, wenn man in einer späteren Zusammenfassung oder in einem Referat nicht nur seine eigene Meinung zum Ausdruck bringen, sondern differenziert über mögliche Sichtweisen und Einstellungen im und zum Text berichten möchte.

Lesegeschwindigkeit variiert

Die Lesegeschwindigkeit hängt von verschiedenen sachlichen und persönlichen Umständen (Vorkenntnis, Konzentration, Sprache etc.) ab. Normalerweise kann man davon ausgehen, dass von einem Sach- oder Fachbuch in der Muttersprache etwa drei bis fünf Seiten in zehn Minuten gelesen werden können. Das entspricht ungefähr 20 Seiten pro Stunde inklusive der Zeit für das Einprägen und Strukturieren des jeweiligen Sachverhalts. In einer wissenschaftlichen Zeitschrift auf Englisch sind etwa zwei Seiten in zehn Minuten zu lesen bzw. zehn Seiten pro Stunde, wenn man kleinere Pausen und vereinzeltes Nachschlagen im Lexikon mit berücksichtigt. Diese Angaben sind lediglich Erfahrungswerte. Relativ hohe Abweichungen nach oben und unten sind nicht beängstigend, sondern kommen häufig vor, weil sie auf den unterschiedlichen Voraussetzungen beruhen, die Sie als Leserinnen und Leser mitbringen.

Das eigene geistige Potenzial wird beim Lesen wohl kaum je ausgeschöpft. Dies bedeutet, dass man lernen kann, die eigene Lesegeschwindigkeit zu erhöhen. Eine Steigerung des Lesetempos bedeutet nicht, dass die Merkfähigkeit abnimmt. Vielmehr ist der Versickerungseffekt der aufgenommenen Information bei geringerem Lesetempo wesentlich größer, da das höhere Tempo mehr Konzentration erfordert, man weniger abschweift und deshalb

---

[5]   Ramage and Bean 25.

mehr behält.[6] Menschen gleiten beim Lesen nicht gleichmäßig über die Zeilen, sondern die Augen springen in kurzen, ruckartigen Abständen. Dabei hält man 0.2 bis 0.3 Sekunden inne. Enge Fixationspunkte sind ein großes Hindernis für schnelles Lesen. Deshalb sollte man üben, das Fixationsfeld zu vergrößern und die ruckartigen Augenbewegungen zu vermindern. Oft sprechen Menschen auch innerlich mit, wenn sie lesen. Auch dies beeinträchtigt das Schnelllesen, weil man in diesem Fall nur so schnell lesen kann, wie man spricht.[7] Beobachten Sie Ihre Lesegewohnheiten und suchen sich geeignetere.

Die Eignung von Schnelllesetechniken ist umstritten, da für deren Einübung beträchtlicher Aufwand betrieben werden muss. Wer sich mit seiner bisherigen Lesetechnik wohl fühlt, sollte vielleicht eher versuchen, diese hinsichtlich Geschwindigkeit und Auffassungsgabe zu optimieren. Sind Sie jedoch bereit, einen geistigen Wechsel zu vollziehen, dann eignet sich als Einstiegsübung zum Schnelllesen folgende Aufgabe (nach Kunz 1986):

Lesen Sie sich den folgenden Übungstext aufmerksam durch und notieren Sie die Zeit, die Sie dafür gebraucht haben. Aus der nachstehenden Tabelle können Sie Ihre Lesegeschwindigkeit entnehmen. Ein Durchschnittsleser erreicht bei einem mittelschweren Text wie dem vorliegenden etwa 150 Wörter pro Minute. Man kann bei entsprechender Übung 400 Wörter pro Minute lesen. J.F. Kennedy soll zum Beispiel 900 Wörter pro Minute erreicht haben.

Nach Lesen des Übungstextes beantworten Sie die Fragen, um festzustellen, ob Sie auch den wesentlichen Inhalt erfasst haben. Ihre derzeitige Leseleistung ermitteln Sie dann nach der Formel:

Wörter pro Minute (wpm) x Textverständnis = Leseleistung (z.B. 230 wpm x 80% = Leseleistung 184).

Das ist für einen ungeübten Leser schon ein relativ guter Wert. Sie sollten aber sehen, dass Sie auf etwa 400 Wörter pro Minute kommen und somit eine Leseleistung (bei gleichem Textverständnis von 80%) von 320 erreichen.

---

[6] Sven Litzcke, „Arbeits- und Lerntechniken – wie man sich perfekt organisiert", *olev: Online Verwaltungslexikon* (2003) 15.

[7] Litzcke 16. Eine andere Fachmeinung zum Thema des innerlichen Mitlesens, Subvokalisation genannt, besagt, dass diese Angewohnheit, welche im Kindesalter erlernt und später automatisiert wurde, zur gezielteren Visualisierung von Texten dient. Der Leser hatte in seiner bisherigen „Lesergeschichte" die Möglichkeit, Klangbilder zu entwickeln, wie beispielsweise die innere Betonung von Sätzen und Satzzeichen. Während des Lesens sucht er diese Bilder unterschwellig im Text. Durch Subvokalisation tastet sich der Leser somit von Klangbild zu Klangbild und schafft sich so im Text einen individuellen Leseleitfaden. Zu den psychologischen und biologischen Grundlagen des Lesens finden Sie ausführliche Ausführungen bei Ursula Christmann und Norbert Groeben, „Psychologie des Lesens", *Handbuch Lesen*, Hrsg. Bodo Franzmann (München: Saur, 1999) 145-223 sowie Marc Wittmann und Ernst Pöppel: „Neurobiologie des Lesens", *Handbuch Lesen*, Hrsg. Bodo Franzmann (München: Saur, 1999) 224-239.

Leseübung: (Zeit notieren!)[8]

„Lesen und Lernen sind nicht voneinander zu trennen.

Das Problem des Lesens ist nicht neu. Schon Goethe soll seinem Vertrauten Eckermann gesagt haben, dass es ihn zunächst viel Mühe und Zeit gekostet habe, lesen zu lernen. Er habe schließlich 80 Jahre dazu gebraucht und könne es immer noch nicht.

In den USA gibt es seit vielen Jahren Leseschulen zur Verbesserung der Lesefertigkeit. Selbst an Hochschulen gibt es Lesetrainer, bei denen Studenten eine effizientere Lesetechnik erlernen können. In Deutschland galt systematisches Schnelllesen bis in die 50er Jahre als nutzlose Spielerei.

Ende der 50er Jahre untersuchte das Deutsche Institut für Betriebswirtschaftslehre e.V. im Auftrag des Bundeswirtschaftsministeriums, ob eine bessere Lesetechnik im deutschen Sprachraum möglich ist. Gleichzeitig entwickelte Wolfgang Zielke eine mittlerweile anerkannte Methode, die er ständig verbesserte. Die Lesegeschwindigkeit wird in Wörtern pro Minute („wpm") gemessen. Zur Messung der Effizienz der Leseleistung, d.h. zur Nachprüfung, was vom Gelesenen behalten worden ist, werden Kontrollfragen gestellt.

Auch in Zeiten einer fast perfektionierten Telekommunikation ist das geschriebene Wort immer noch der wichtigste Wissensübermittler.

Man schätzt, dass zur Zeit Gutenbergs im 15. Jahrhundert jährlich etwa 1.000 neue Titel in Europa erschienen. Im Jahre 1950 waren es etwa 120.000. Mitte der 60er Jahre erschienen täglich auf der ganzen Welt 1.000 neue Bücher. Allein die wissenschaftliche Literatur wächst jährlich um etwa 60 Millionen Druckseiten. In vielen wissenschaftlichen Disziplinen verdoppelt sich das Wissen in weniger als fünf Jahren.

Die Weltproduktion an Büchern beträgt gegenwärtig über eine halbe Million Titel; auf den deutschen Sprachraum entfallen davon über 50.000. Die Produktion an Büchern ist immer noch steigend. Seit 1951 hat sie sich mehr als verdreifacht. Alles deutet darauf hin, dass dieser Trend anhält. Diese Zahlen belegen, dass wir von einer Flut gedruckten Materials überschüttet werden. Dabei haben wir nicht einmal die unzähligen Briefe, Drucksachen und sonstigen schriftlichen Materialien berücksichtigt, die uns täglich ins Haus flattern. Mit herkömmlichen Lesemethoden lässt sich das nicht bewältigen.

Es gibt kaum einen Menschen, der sein Lesen nicht effektiver gestalten könnte, durch Steigerung sowohl des Lesetempos als auch der Merkfähigkeit. Effektiveres Lesen bedeutet nämlich gleichzeitig besseres Behalten. Der Durchschnittsleser kann in kurzer Zeit sein Lesetempo verdoppeln. Er muss üben und die hier vorgestellten Techniken konsequent anwenden. Eine Verdopplung der Lesegeschwindigkeit ist allemal erreichbar.

---

8   Leseübung, Tabelle zur Ermittlung der Lesegeschwindigkeit und Fragen entnommen aus Armin Kunz, *Der Weg zum erfolgreichen Studium. Studenten lernen studieren – Organisation und Methoden geistiger Arbeit* (Heidelberg: R. v. Decker, 1986) 124-126.

Der Durchschnittsleser liest zwischen 150 und 200 Wörtern pro Minute. Bei einer Verdopplung der Lesegeschwindigkeit bedeutet das eine Zeitersparnis um 50% oder die Möglichkeit, 50% mehr Informationen aufzunehmen."

Achtung: Zeit stoppen!

Die Lesegeschwindigkeiten können Sie aus folgender Tabelle entnehmen:

Gemessene Lesezeit	Lesetempo (wpm)	Gemessene Lesezeit	Lesetempo (wpm)
0 min 15 sek	= 1600	1 min 30 sek	= 265
0 min 20 sek	= 1200	1 min 35 sek	= 250
0 min 25 sek	= 960	1 min 40 sek	= 240
0 min 30 sek	= 800	1 min 45 sek	= 230
0 min 35 sek	= 685	1 min 50 sek	= 220
0 min 40 sek	= 600	2 min 55 sek	= 210
0 min 45 sek	= 535	2 min 00 sek	= 200
0 min 50 sek	= 480	2 min 05 sek	= 192
0 min 55 sek	= 435	2 min 10 sek	= 184
1 min 00 sek	= 400	2 min 15 sek	= 178
1 min 05 sek	= 370	2 min 20 sek	= 172
1 min 10 sek	= 340	2 min 25sek	= 166
1 min 15 sek	= 320	2 min 30 sek	= 160
1 min 20 sek	= 300	2 min 35 sek	= 155
1 min 25 sek	= 280	2 min 40 sek	= 150

Zur Selbstkontrolle, ob Sie das Wesentliche des Textes auch erfasst haben, und zur Feststellung Ihrer tatsächlichen Leseleistung beantworten Sie folgende Fragen:[9]

(Halten Sie die Reihenfolge der Fragen genau ein!)

1. Lesen und (?) ... sind nicht voneinander zu trennen.   5%

2. Über die Mühe des Lesens hat schon (?) ... seinem Vertrauten geklagt.   5%

3. Wo gibt es schon lange Leseschulen?   5%

4. Wie lange galt in Deutschland systematisches Schnelllesen als Spielerei?   5%

5. Bei welcher Einrichtung wurden die ersten Untersuchungen über eine
   bessere Lesetechnik im deutschen Sprachraum durchgeführt?   10%

6. Wer entwickelte eine anerkannte Methode?   10%

---

[9] Die Prozentangabe zur Rechten benennt jeweils die Gewichtung der Frage in der Gesamtauswertung.

7.   Wie wird die Leistungsgeschwindigkeit gemessen (Abkürzung!)?   5%

8.   Der wichtigste Wissensübermittler im Zeitalter der Telekommunikation ist?   5%

9.   Wie viele Bücher erschienen jährlich in Europa zu Zeiten Gutenbergs?   10%

10. Wie viele waren es im Jahre 1950?   10%

11. Wie viele erscheinen z.Z. jährlich auf der ganzen Welt?   10%

12. Die Merkfähigkeit steigt/steigt nicht mit zunehmender Lesegeschwindigkeit.   5%

13. Die Durchschnittsgeschwindigkeit beträgt (?) ... Wörter in der Minute.   5%

14. Durch Training kann allemal (?) ... erreicht werden.   5%

15. Um wie viel ist die Produktion an Büchern seit 1951 gestiegen?   5%

Summe =

Addieren Sie die Prozentanteile der richtig beantworteten Fragen!

Meine Leseleistung beträgt z. Z. (laut Tabelle)   ... wpm

Vom Text habe ich richtig erfasst: ... %

Meine derzeitige Leseleistung beträgt (wpm x Textverständnis)   ...
(Beispiel: 230 wpm x 80% beantworteter Fragen = Leseleistung 184)

2.1.3　　Lesenachbereitung

Damit die während der Durchführung gewonnene Information nicht verloren geht und man möglichst viel aus dem Leseprozess langfristig behält, ist eine Nachbereitung notwendig. Während die Vorbereitung das gezielte Aufnehmen der Information ermöglichen soll, hilft die Nachbearbeitung bei der gezielten Speicherung des Aufgenommenen.

Der erste Schritt einer Nachbereitung besteht in der mündlichen Wiedergabe der wesentlichen Punkte. Der Vorteil einer laut ausgesprochenen Wiedergabe[10] besteht in dem Zwang, grammatikalisch korrekte und inhaltlich sinnvolle Sätze zu bilden. Meist merkt man auf diese Art und Weise schnell, welche Punkte des Textes man nicht behalten oder nicht verstanden hat und welche Aspekte nochmals nachzulesen sind. Entscheidend ist indes: Selbst Formuliertes (besser noch Praktiziertes) kann man sich viel besser merken als nur Gehörtes oder Gesehenes. In einem zweiten Schritt sollte insbesondere bei umfangreichen Texten eine handschriftliche Zusammenfassung des Gelesenen erstellt werden.

---

[10] Angeregt werden solche wiederholenden Selbstgespräche in einigen Lehrbüchern. So etwa auch im VWL-Lehrbuch *Principles of Economics* von Mankiw, wo dem Leser etappenweise ein so genanntes „Quick Quiz" präsentiert wird, dessen Zweck das Wiedergeben eines Textes ist.

Viele Studierende können handschriftlich Niedergeschriebenes aktiver verarbeiten als bloß Gedachtes und laut Ausformuliertes. Zudem hilft eine Zusammenfassung insbesondere bei der Prüfungsvorbereitung, weil vor dem Prüfungstermin nicht mehr die Zeit ist, ganze Texte zu lesen. Zusammenfassungen können handschriftlich auf Papier, als Karteikarten oder elektronisch angelegt werden. Bei dem Erstellen einer Zusammenfassung sollte stets darauf geachtet werden, dass sie ihrem Namen auch wirklich gerecht wird. Eine gute Zusammenfassung ist knapp, enthält das Wesentliche und zeichnet sich durch klare und kurze Formulierungen aus. Eine qualifizierte Zusammenfassung ist eine Frage der Übung. Bei schwierigen Texten gelingt es den wenigsten auf Anhieb, das Wesentliche eines Textes zu erfassen, weil z.B. zu viel neu ist. Hier kann insbesondere Team- und Gruppenarbeit hilfreich sein. Wenn man sich in einer Gruppe auf einige Punkte einigen kann, so ist die Wahrscheinlichkeit groß, dass es sich dabei auch um die wesentlichen Punkte eines Textes handelt. In einer gut vorbereiteten Gruppendiskussion stellt sich oft heraus, welche Schwerpunkte zu setzen sind.

2.2 Hermeneutik als Verfahren des Verstehens

Dieser Abschnitt dient der Vertiefung und zeigt, wie man sich das Verstehen eines Textes vorstellen kann. Er widmet sich der Hermeneutik. Kenntnisse der Hermeneutik helfen Ihnen, Texterschließung und Textverständnis besser zu bewältigen.

2.2.1 Geschichte der Hermeneutik

Der ursprüngliche Anwendungsbereich der Hermeneutik war die Interpretation biblischer Texte. In der Kirche galt die Hermeneutik als Methode, zur „Wahrheit" der biblischen Texte vorzudringen. Schon hier kam eine wesentliche Aussage der Hermeneutik zum Tragen: Textausschnitte müssen immer vor dem Hintergrund des Textganzen interpretiert werden. Das Einzelne ist nur mit Blick auf das Ganze zu verstehen. Die Hermeneutik löste sich von der wortwörtlichen Interpretation der Bibel und ließ allegorische Interpretationen zu. Es ging – oftmals in einem durchaus mythischen Verstehensansatz – um einen ganzheitlichen Zugang zu den biblischen Schriften. Die Hermeneutik entwickelte sich zu einer regelrechten Methodik der Auslegung.

Während es dieser Hermeneutik um die Erschließung der „Wahrheit" in den „heiligen Schriften" ging, löste sich die Hermeneutik mit Friedrich Schleiermacher um 1800 von diesem Anspruch. Schleiermacher sah die Hermeneutik als Methode, sich dem Denken und Empfinden des Autors zu nähern. Zum Verstehen eines Textes ist nach Schleiermacher ein Prozess der Einfühlung notwendig. Hierzu versucht der Interpret, sich mit dem Umfeld des Autors, mit seinem Leben, seiner Haltung oder Weltsicht und seinem Gesamtwerk auseinander zu setzen, um nachzufühlen, welche Aussage der Autor in seinen Text gelegt hat. Schleiermacher fundiert seine Auffassung von Hermeneutik mit einer metaphysischen Theorie, nach der sowohl Verfasser als auch Leser an einem überindividuellen Leben (Geist) teilhaben.

Diese metaphysische Theorie wurde in der zweiten Hälfte des 19. Jahrhunderts wieder aufgegeben. Hermeneutik war nun vor allem eine Methode, um Texte mittels Einfühlung in die psychischen Zustände der Autoren zu interpretieren. Es ging darum, über den buchstäblich vorliegenden Text, die subjektive Situation des Autors zu erfassen und für die Interpretation fruchtbar zu machen. Dazu bedurfte es keiner metaphysischen Erklärung mehr. Das Interesse an einer adäquaten Interpretation genügte als Motivation.

Wilhelm Dilthey sah die Hermeneutik als Methode der Geisteswissenschaften an. Ziel der Hermeneutik und der Geisteswissenschaften sei das Verstehen, die Naturwissenschaften wollten dagegen erklären. Die Naturwissenschaften wählen, so Dilthey, eine objektive Methode, indem sie sich von außen ihren Gegenständen nähern. Sie beobachten und suchen nach Gesetzen, die die Welt erklären. Die Geisteswissenschaft dagegen blickt von innen auf ihre Untersuchungsgegenstände, will nicht bloß objektiv beobachten, sondern sich der subjektiven Erfahrung öffnen, ohne dabei selbst völlig subjektiv zu werden; es geht um eine möglichst objektive Erschließung der Texte mittels einer Einfühlung in die subjektiven Zustände des Autors. Ergo zielt die Geisteswissenschaft auf ein Verstehen, nicht auf ein Erklären. Die Hermeneutik ist für Dilthey die geeignete Methode, um dieses Verstehen von innen her zu leisten. Mit diesen Überlegungen wurde Dilthey zum Vater der modernen Hermeneutik. Seit Dilthey lassen sich drei Funktionen der Hermeneutik ausmachen:

- Begründung einer spezifisch geisteswissenschaftlichen Methode, die sich von den Methoden der Naturwissenschaften unterscheidet,
- Betonung der Verwurzelung des Menschen in seiner Geschichte und in seiner Lebenswelt,
- Untersuchung von Zeugnissen (Kunst, Literatur, usw.) des Menschen im Hinblick auf sein Umfeld, seinen Horizont und seine Weltanschauung.

Martin Heidegger und später Hans-Georg Gadamer öffneten den Anwendungsbereich der Hermeneutik noch weiter. Beide Autoren sahen die Hermeneutik nicht nur als Methode zur Textinterpretation, sondern als geeignete philosophische Methode schlechthin, die als wissenschaftliche Vorgehensweise in vielerlei Zusammenhängen von Bedeutung ist. Der Hermeneutik geht es um das Verstehen von Sinnzusammenhängen in Lebensäußerungen aller Art. Sie zielt auf die Gewinnung von Erkenntnissen ab.[11]

---

[11] Weiterführende Ausführungen zum Thema finden Sie bei:
Heinrich Anz, Hrsg., *Hermeneutische Positionen: Schleiermacher, Dilthey, Heidegger, Gadamer* (Göttingen: Vandenhoeck & Ruprecht, 1982).
Hans-Georg Gadamer, *Hermeneutische Entwürfe: Vorträge und Aufsätze* (Tübingen: Mohr, 2000).
Matthias Jung, *Dilthey zur Einführung* (Hamburg: Junius, 1996).
Ernst Wolfgang Orth, Hrsg., *Dilthey und die Philosophie der Gegenwart* (Freiburg i.Br.: Alber, 1985).

2.2.2 Hermeneutischer Zirkel

Es ist nicht die Aufgabe der Hermeneutik, zu objektiver Erkenntnis zu führen; wichtigstes Ziel ist das bessere Verstehen. Zur Erfassung von Sachverhalten muss man sich selbst beim Lesen drei Fragen stellen:

1. Welche Bedeutung verband der Autor mit seinem Werk bzw. mit seinem Text?

2. In welchem Bedeutungszusammenhang steht das zu Verstehende, d.h. der Text, das Bild, die Melodie etc.?

3. Welche Zielsetzung war damit beabsichtigt?

Die Hermeneutik gibt das Ziel der Objektivität jedoch keinesfalls auf. Verstehen heißt nicht beliebiges Verstehen, sondern es geht um eine möglichst objektive Annäherung an Zeit, Umstände und Beweggründe des Autors. Dabei wird nicht primär nach Ursachen und Gründen (Erklärungen), sondern nach der Bedeutung gefragt.

Der hermeneutische Zirkel verdeutlicht die praktische Anwendung der hermeneutischen Methode. Der Zirkel symbolisiert den Prozess des Verstehens: Aus dem Verständnis eines Einzelzusammenhangs ergibt sich ein verbessertes Verständnis des Gesamtzusammenhangs. Das bessere Verständnis des Gesamtzusammenhangs ermöglicht wiederum ein besseres Verständnis einzelner Zusammenhänge usw. Im Grunde handelt es sich hier allerdings nicht um einen zirkelförmigen, sondern um einen spiralförmigen Weg: Durch die wiederkehrende Analyse des Einzelnen mit Blick auf das Ganze verbessert sich die Interpretation mit jeder Kreisbewegung. Beim Lesen von Texten wird dies besonders deutlich: Wiederholtes Lesen eines Textes führt zu einem besseren Detailverständnis, das zu einem besseren Gesamtverständnis führt, das zu einem besseren Detailverständnis führt usw. Mit jedem Lesen verbessert sich das Verständnis des Textes als Ganzem und in seinen einzelnen Aussagen.

Man kann den hermeneutischen Zirkel auf zweifache Weise auslegen: Beim hermeneutischen Zirkel I (siehe Abbildung 2.1) geht es um das Verhältnis von Vorverständnis und Textverständnis.

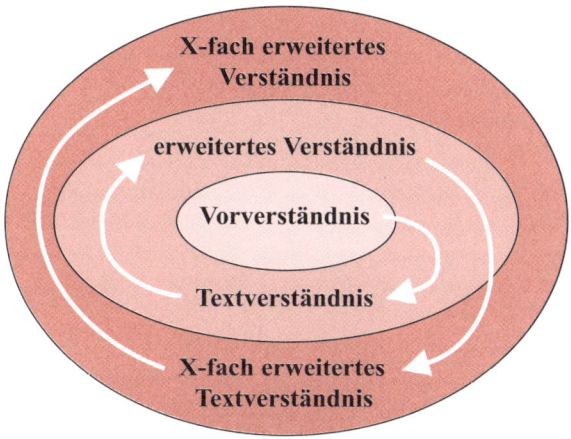

Abbildung 2.1: Hermeneutischer Zirkel I

Er verdeutlicht ein Paradoxon: Verstehen ist immer nur mit einem gewissen Vorverständnis möglich: Es gibt kein kontextloses Verstehen. Mit jedem Durchschreiten des Zirkels ergibt sich ein besseres Vorverständnis und damit auch ein besseres Textverständnis. Dadurch verringert sich die hermeneutische Differenz zwischen ursprünglicher Intention des Autors und dem Verständnis des Lesers.

Der hermeneutische Zirkel II beleuchtet das Verhältnis zwischen dem Besonderen und dem Allgemeinen oder den Teilen und dem Ganzen. Erst ein Verständnis des Einzelnen ermöglicht ein Verständnis des Ganzen, aber das Einzelne ist nur vor dem Hintergrund des Ganzen zu verstehen. Auch dieses Paradox wird durch die Anwendung des Zirkels aufgelöst. Mit der Bewegung auf dem Zirkel mindert sich auch hier die hermeneutische Differenz.

Abbildung 2.2: Hermeneutischer Zirkel II

2.2.3 Hermeneutik und Positivismus

Die Bedeutung der Hermeneutik reicht weit über eine reine Interpretationstechnik hinaus. Wie erwähnt, ist seit Heidegger und Gadamer ein philosophisches Programm erkennbar, das sich gegen einen reinen Empirismus und Positivismus wendet. Empiristische, positivistische Positionen streben nach[12]

- völliger Objektivität und Vergleichbarkeit. Die Ergebnisse sollen völlig unabhängig von dem Forscher sein. Deshalb wird eine Distanz zu den Forschungsgegenständen gefordert.
- Erklärungen, d.h. kausalen Gesetzlichkeiten.

---

[12] Vgl. Hans Poser, *Wissenschaftstheorie* (Stuttgart: Philipp Reclam jun., 2001) 42-72; außerdem Richard von Mises, *Kleines Lehrbuch des Positivismus* (Frankfurt am Main: Suhrkamp, 1990) oder Carl Gustav Hempel, *Aspects of Scientific Explanation and Other Essays in the Philosophy of Science* (New York: Free Press, 1965).

- einem Forschen, das ohne inhaltliche Voraussetzungen stattfindet. Der Forscher soll nicht durch ein Vorverständnis in seiner Objektivität gestört werden.

- Werturteilsfreiheit.

- einem Forschungsprogramm, das sich in Teilprojekte zerlegen lässt, die unabhängig voneinander zu behandeln sind.

Die Hermeneutik dagegen sieht andere Bedingungen des Forschens:[13]

- Völlige Objektivität kann nicht garantiert werden, weil der zum Verstehen notwendige innere Blick immer auch von den Einstellungen des Forschers abhängig ist. Es kann daher auch keine völlige Intersubjektivität gefordert werden. Ständige Distanz zu den Forschungsgegenständen ist nicht sinnvoll, weil man die innere Perspektive gewinnen muss, um verstehen zu können.

- Die Hermeneutik strebt nicht nach Kausalerklärungen und Gesetzen. Sie sieht ihre Forschungsgegenstände tendenziell als singulär und einmalig an.

- Es gehört zu den Grundaussagen der Hermeneutik, dass Forschung immer unter einem Vorverständnis stattfindet – ja sogar stattfinden muss. Ohne ein Vorverständnis ist gar kein Einstieg in den Forschungsgegenstand möglich. Voraussetzungsloses Forschen gibt es nach Ansicht der Hermeneutiker nicht.

- Hinter den Voraussetzungen, unter denen man forscht, stehen implizite oder explizite Werturteile. Deshalb ist Werturteilsfreiheit in der Hermeneutik nicht möglich.

- Die Hermeneutik legt Wert auf das Ganze, ohne dass ein Verständnis des Einzelnen nicht möglich ist. Es ist aus hermeneutischer Sicht zumindest fraglich, ob sich Forschungsprojekte beliebig teilen und in einzelne Fragen zerlegen lassen.

Der Konflikt zwischen Hermeneutik und positivistisch-empiristischen Positionen bleibt unproblematisch, solange sich die Positivisten auf den naturwissenschaftlichen Bereich, die Hermeneutiker auf den geisteswissenschaftlichen Bereich beschränken. Allerdings haben beide theoretischen Richtungen oft einen höheren Anspruch erhoben: Positivisten weisen darauf hin, dass sich jede Wissenschaft auf Beobachtungen zu stützen habe. Diese Beobachtungen sollten intersubjektiv zugänglich sein. Wer sich diesem Standard entziehe, betreibe letztlich keine seriöse Forschung, sondern Spekulation – auch in den Geisteswissenschaften. Die Hermeneutiker meinen dagegen, dass es sich beim Forschungsprogramm des Positivismus um eine Illusion handele. Auch in den Naturwissenschaften sei kein voraussetzungsloses Forschen denkbar, weil man ohne Sprache, ohne vorherige Theorien überhaupt nicht forschen und nichts verstehen könne. Deshalb finde auch naturwissenschaftliche Forschung unter gewissen Wertannahmen statt.

Die Auseinandersetzung zwischen den Empiristen/Positivisten und den Hermeneutikern berührt den Werturteilsstreit und bildet den Hintergrund für den so genannten Positivismusstreit. Diese drei Fragen sind „große" Themen der Wissenschaftstheorie und werden in Kapitel 4.4 wieder aufgegriffen und diskutiert.

---

[13] Vgl. statt vieler: Heinrich Anz, Hrsg., *Hermeneutische Positionen: Schleiermacher, Dilthey, Heidegger, Gadamer* (Göttingen: Vandenhoeck & Ruprecht, 1982), insbesondere die Einführung, sowie Hans Poser, *Wissenschaftstheorie* (Stuttgart: Philipp Reclam jun., 2001) 209-234.

2.3   Literatur

Anz, Heinrich, Hrsg. *Hermeneutische Positionen: Schleiermacher, Dilthey, Heidegger, Gadamer*. Göttingen: Vandenhoeck & Ruprecht, 1982.

Booth, Wayne C., Gregory G. Colomb and Joseph M. Williams. *The Craft of Research*. 2nd ed. Chicago: University of Chicago Press, 2003.

Christmann, Ursula und Norbert Groeben. „Psychologie des Lesens". *Handbuch Lesen*. Hrsg. Bodo Franzmann, München: Saur, 1999, 145-223.

Gadamer, Hans-Georg. *Wahrheit und Methode: Grundzüge einer philosophischen Hermeneutik*. 3. erweit. Aufl. Tübingen: Mohr (Siebeck), 1972.

Gadamer, Hans-Georg. *Hermeneutische Entwürfe: Vorträge und Aufsätze*. Tübingen: Mohr, 2000.

Hempel, Carl Gustav. *Aspects of Scientific Explanation and Other Essays in the Philosophy of Science*. New York: Free Press, 1965.

Jung, Matthias. *Dilthey zur Einführung*. Hamburg: Junius, 1996.

Kunz, Armin. *Der Weg zum erfolgreichen Studium. Studenten lernen studieren – Organisation und Methoden geistiger Arbeit*. Heidelberg: R. v. Decker, 1986.

Litzcke, Sven. „Arbeits- und Lerntechniken – wie man sich perfekt organisiert". *olev: Online Verwaltungslexikon* (2003), 17. Juli 2003 http://www.olev.de/publikationen/ Litzcke_AuLT.pdf.

Mankiw, N. Gregory. *Principles of economics*. 2nd ed. Fort Worth: Harcourt College Publishers, 2001.

Metzger, Christoph. *Lern- und Arbeitsstrategien. Ein Fachbuch für Studierende an Universitäten und Fachhochschulen*. 5. Aufl. Aarau: Sauerländer, 2002.

Orth, Ernst Wolfgang, Hrsg. *Dilthey und die Philosophie der Gegenwart*. Freiburg i.Br.: Alber, 1985.

Poser, Hans. *Wissenschaftstheorie: Eine philosophische Einführung*. Stuttgart: Philipp Reclam jun., 2001.

Ramage, John D. and John C. Bean. *Writing Arguments: A Rhetoric with Readings*. 4th ed. Boston: Allyn and Bacon, 1998.

Robinson, Francis P. *Effective Study*. New York: Harper and Row, 1961.

Wittmann, Marc und Ernst Pöppel. „Neurobiologie des Lesens" *Handbuch Lesen*, Hrsg. Bodo Franzmann, München: Saur, 1999, 224-239.

von Mises, Richard. *Kleines Lehrbuch des Positivismus*. Frankfurt am Main: Suhrkamp, 1990.

3 Quellen und ihre Nutzung: Recherchieren

Während im Kapitel über das Lesen von bereits vorliegenden Texten ausgegangen wurde, stellt sich nun die Frage nach dem Auffinden, Beschaffen, Einordnen und Verwenden fremder Texte. Für den ersten Zugang zu einem bestimmten Themengebiet ist ein möglichst schneller und effizienter Einstieg wichtig, damit man sich nicht in unwesentlichen Aspekten verfängt oder außerhalb der herrschenden Meinung, Qualität und wissenschaftlichen Verwendbarkeit bewegt.[1] Allerdings sollten Sie ein Gespür für Minderheitsmeinungen entwickeln und in einem zweiten Schritt Ihr Vorgehen sowie Ihre Auswahl überdenken und Ihren Quellenfundus auf (zumutbare) Vollständigkeit prüfen. Dem Leser werden hier Kriterien an die Hand gegeben, um verschiedene Typen (3.1) und Qualitäten (3.2) von Quellen benennen sowie verlässliche Literatur und Daten identifizieren (3.3) und bewerten (3.4) zu können. Abschließend werden noch zwei geläufige internationale Zitierstandards angesprochen (3.5).

---

[1] Man mag dies als einen unsachlichen, denkfeindlichen und letztlich autoritären Standpunkt betrachten. Die hier gewählte Perspektive ist aber die des Studierenden, der in sehr begrenzter Zeit z.B. eine Seminararbeit anfertigen muss.

3.1   Typen von Quellen

Was sind Quellen? Auf diese zunächst banal klingende Frage wurden in der darüber geführten akademischen Debatte zahlreiche, teilweise widersprüchliche Antworten gegeben. Generell verstehen Moennighoff und Meyer-Krentler unter Quellen die „zu diskutierende[n] literarischen Texte.“[2] Andere unterscheiden Primär- und Sekundärquellen.[3] Primärquellen sind selbst Untersuchungsobjekte. Darunter fallen selbst oder fremd erhobene Daten, die noch nicht weiterverarbeitet wurden, aber auch Urkunden, Akten, Verträge oder literarische Texte. Die Produktion und Auswertung von Primärquellen ist Teil des Forschungsprozesses. Dagegen setzen sich Sekundärmaterialien mit den Erstgenannten auseinander, um aus dieser Beziehung eine eigene These zu gewinnen oder diese als Beweise anzuführen. Manche Autoren unterscheiden daneben noch Tertiärmaterial, welches oft in zusammenfassender und vereinfachender Weise Sekundärmaterialien bespricht. Wir wollen uns hier den eingangs erwähnten weiten Quellenbegriff zu Eigen machen und darunter die Gesamtheit der in einer Arbeit verwendeten Materialien verstehen.[4]

Die meisten wissenschaftlichen Arbeiten im Studium stützen sich in großen Teilen auf bestehende Quellen, seien es Primär-, Sekundär- oder Tertiärquellen. Damit beschränkt sich für viele der im Studium angefertigten wissenschaftlichen Arbeiten die „Forschung“ beziehungsweise, treffender formuliert, das „wissenschaftliche Arbeiten“ auf die Auseinandersetzung mit verfügbaren Quellen, deren Hinterfragen und Weiterentwickeln im Hinblick auf die Ziele der jeweiligen schriftlichen Abhandlung. Primär- und vor allem Sekundärmaterial tritt in verschiedenen Medien auf, so dass sich Typen nach Publikationsort und -art bilden lassen, über welche nachfolgende Tabelle Auskunft gibt:

Übersicht von Quellentypen

Bücher:

- ■ Monographien: Systematische und umfassende Abhandlung eines Themas, häufig in Form von Qualifikationsschriften (Dissertationen/Habilitationen), die von Dritten begutachtet wurden. Erscheinen in Reihen und Einzelauflagen.
- ■ Lehrbücher: Einführung und Übersicht, selten aktuelle Forschung.
- ■ Sammelwerke/Herausgeberbände: Zusammenstellung verschiedener Aufsätze, die mehr oder weniger stark redigiert und aufeinander abgestimmt wurden; häufig Konferenzbeiträge, Festschriften.

---

[2] Burkhard Moennighoff und Eckhardt Meyer-Krentler, *Arbeitstechniken Literaturwissenschaft*, 9. Aufl. (München: Fink, 2001) 62.

[3] Wayne C. Booth, Gregory G. Colomb and Joseph M. Williams, *The Craft of Research*, 2nd ed. (Chicago: University of Chicago Press, 2003) 75-89; Anders Manuel R. Theisen, *Wissenschaftliches Arbeiten*, 10. Aufl. (München: Franz Vahlen, 2000): 88-99.

[4] Ähnlich verfahren Christoph Metzger, *Lern- und Arbeitsstrategien. Ein Fachbuch für Studierende an Universitäten und Fachhochschulen*, 5. Aufl. (Aarau: Sauerländer, 2002) 107-109, sowie Klaus Poenicke, *Wie verfasst man wissenschaftliche Arbeiten?* (Mannheim: Dudenverlag, 1988) 129-130, 141.

- Lexika, Kompendien, Handbücher: Systematische Sammlungen von kurzen Beiträgen zu einem Fachgebiet.

Zeitschriften:

Periodika (pro Woche, Monat, Quartal, Jahr) mit verschiedenen Beiträgen, wobei drei Typen je nach Autor und Publikum unterschieden werden können:

- Wissenschaft für Wissenschaft
- Wissenschaft für Praxis
- Praxis für Praxis

Papers:

Oberbegriff für Forschungsergebnisse und Abhandlungen von Studierenden und Wissenschaftlern, die noch nicht publiziert oder zur Publikation nicht vorgesehen sind; typischerweise:

- Seminar-, Bachelor-, Masterarbeiten
- Konferenzbeiträge
- Vorversionen künftiger Veröffentlichungen
- interne Studien

Internet:

- Internet als „Prospekt" in Form von Webseiten
- Online-Publikationen, z.B. eine Zeitschrift, die nur im Netz oder dort zusätzlich zur Druckausgabe erscheint
- Internetforen, d.h. Sammlungen von Stellungnahmen, Kommentaren, Aussagen, Fragen, Verweisen etc.

Interviews:

Transkribierter mündlicher Ausdruck, selbst geführt oder abgedruckt.

Material:
- Unterrichtsskripte
- Prospekte, Broschüren, Geschäftsberichte
- Katalog und Datenbanken, CD-ROMs, Videos, Fotos, Karten
- Akten, Urkunden, Bilanzen, Protokolle
- Gesetzestexte
- Statistiken

Innerhalb dieser Typen treten nun gewaltige, für die Studien- und Forschungsarbeit relevante Qualitätsunterschiede auf, die im nachfolgenden Kapitel behandelt werden.

3.2 Qualität von Quellen

Wie kann man nun innerhalb dieser verschiedenen Quellentypen herausfinden, welche die einschlägigen, relevanten und verlässlichen Quellen sind?

Obwohl sich das vorliegende Buch, unter Ausblendung von fiktionalen, literarischen oder ästhetischen Texten, auf Sachtexte[5] beschränkt, gibt es keine allgemeingültige Antwort zur Klassifizierung und Auswahl des Quellenmaterials.[6] Vielmehr sind die Gepflogenheiten und Standards der einzelnen Disziplinen genauso gefragt wie die aus Erfahrungen informierter Intuition des Einzelnen. Es lassen sich aber gewisse Kriterien bezeichnen, die zur Einordnung der Qualität und Zuverlässigkeit von Quellen hilfreich sind (vgl. dazu auch nachfolgende Abbildung).

Autor: Fachliche Reputation, Arbeitsschwerpunkte, „Schule", Bekanntheitsgrad

Veröffentlichungskontext: Publikationsort und -zeitpunkt

Text: Ziele, Struktur, Stil, Verankerung in der Forschungsdebatte

Abbildung 3.1: Beurteilungskriterien einer Quelle

Betrachten wir die drei zentralen Kriterien Veröffentlichungskontext, Autorin und Text im Einzelnen:

3.2.1 Veröffentlichungskontext

Publiziertes vorziehen

Man kann davon ausgehen, dass Publikationen (Bücher wie Zeitschriften), welche einen aufwendigen Auswahl- und Lektoratsprozess eines Verlags bzw. Herausgebers durchlaufen haben, auch bezüglich ihrer inhaltlichen Richtigkeit überprüft worden sein sollten und da-

---

5 Zur Klassifikation der Textsorten siehe Egon Werlich, *Typologie der Texte*, 2. Aufl. (Heidelberg: Quelle & Meyer, 1979).

6 Für ein ausführliches Beispiel eines Auswahlprozesses, zur Kriterienwahl und zum Vorgehen der Beurteilung wissenschaftlicher Arbeiten vgl. Arlene Fink, *Conducting Research Literature Reviews* (Thousand Oaks: Sage, 1998): 52-79.

her ohne weiteres als Quelle herangezogen werden können. Sie erhalten Vorzug gegenüber jenen Schriftstücken, die nicht einer ähnlichen Prüfung unterzogen wurden (z.B. Internet, Selbstverlag, unveröffentlichte Papers). Die physisch vorliegenden, gedruckten Originalversionen, z.B. eines Textes in Form eine Zeitschriftenartikels oder eines Buchkapitels, bieten mehr Sicherheit als die eingescannte oder gar abgeschriebene Version auf einer elektronischen Datenbank oder auf einer Internetseite. Das Original zeigt uns in jedem Fall unmittelbar die korrekten Formulierungen, Seitenzahlen und sonstigen relevanten Angaben – wir müssen sie nur noch richtig übernehmen.

Renommierte Publikationsorte präferieren

Innerhalb der von Verlagen veröffentlichten Werke bietet die Reputation des Verlagshauses bzw. der Veröffentlichungsreihe eine erste Hilfe zur Klassifizierung, denn gute Verlage bemühen sich für ihre Produkte um ein fachliches und zielgruppenspezifisches Profil und wollen ein Signal setzen.[7] Die Informationserzeuger, d.h. die Verlage, aber auch die Autoren, investieren sehr viel in ihren Reputationsaufbau und bemühen sich um Anerkennung in der jeweiligen Forschungsgemeinschaft (scientific community) und/oder bei der Leserschaft. Dabei kann aber ein und dasselbe Verlagshaus auch Publikationen ganz verschiedener Qualität führen, weil es marktstrategisch eine ganz unterschiedliche Klientel bedienen möchte. Hat ein Verlag oder ein bestimmtes Verlagsprodukt (Buchreihe, Zeitschrift) erst einmal ein Renommee für eine Position erreicht, sind die Kosten für ein nicht konformes, d.h. ein nicht den Erwartungen der Leserschaft entsprechendes Verhalten jedoch hoch, da sich der oder die Betreffende fahrlässig oder mutwillig diskreditiert hat und damit von der Gemeinschaft sanktioniert wird. Die Strahlkraft der Marke ginge verloren. Deshalb bietet die Reputation eines Verlagshauses bzw. einer Reihe oder eines Zeitschriftentitels eine gute erste Orientierung hinsichtlich der zu erwartenden Qualität. Natürlich gilt dieser Indikator nur eingeschränkt, wie die unschönen Schlagzeilen um die jüngsten Betrugsfälle, z.B. in *Nature* oder *Science*, vor Augen führen.[8] Erscheinen Publikationen in Reihen, so setzen die Reihenherausgeber das entsprechende Signal. Mit der Nutzung von Publikationen verschiedener Verlage und Reihen werden Sie die jeweiligen Profile einschätzen lernen, wofür *Pearson Education* mit *Addison-Wesley* und *Prentice Hall*, *Routledge*, *Mohr*, *Suhrkamp*, *Gabler*, *Haupt*, *Springer* und viele nicht genannte stehen.

Eine ähnliche Argumentation ist für Dissertationen und Habilitationen zu führen. Diese Qualifikationsschriften werden zumindest von zwei fachkundigen Wissenschaftlern begutachtet, was zur wissenschaftlichen Qualitätssicherung beiträgt, denn anerkannte Wissenschaftler bzw. Fakultäten werden nur Arbeiten eines gewissen Standards akzeptieren.

---

[7] Dieses Signal, das ein Verlag bzw. eine Reihe ausstrahlt, funktioniert ähnlich wie eine Marke, d.h. der Name erweckt beim Leser bestimmte Erwartungen und Assoziationsketten, die im Sinne eines Wiedererkennens auch erfüllt werden sollten.

[8] Ulrich Schnabel und Andreas Sentker, „Der alltägliche Betrug. Ein Gespräch mit dem Wissenschaftssoziologen Peter Weingart", *Die Zeit*, 15. Mai 2003: 39.

Wissenschaftliche Publikationen heranziehen

Einzelne Reihen und Zeitschriften können an dieser Stelle nicht besprochen werden. Doch lassen sich als Hilfe zur Einordnung der riesigen Menge an Zeitschriften (siehe Kasten weiter unten: Liste einschlägiger Zeitschriften) drei Typen unterscheiden: erstens wissenschaftliche Publikationen, vor allem Zeitschriften (Journals genannt), in denen Wissenschaftler für Wissenschaftler schreiben, zweitens Publikationen, in denen Wissenschaftler für Praktiker schreiben, und drittens Zeitschriften (aber auch Bücher, Zeitungen etc.), in denen Praktiker für Praktiker schreiben. Dabei ist es nicht leicht, den „Typ" einer Publikation bzw. eines Periodikums zu erkennen bzw. von anderen zu unterscheiden, zumal es auch innerhalb dieser drei Gruppen erhebliche Qualitätsunterschiede gibt. Diese Qualitätsunterschiede sind aber entscheidend. Für eine erste Einschätzung können Sie folgende fünf Indikatoren nutzen:

Im Gegensatz zu Zeitschriften für Praktiker beinhalten wissenschaftliche Zeitschriften selten Werbung (Indikator 1) oder aufwendige Abbildungen, sondern beschränken sich in schlichter Sachlichkeit meist auf einen kurzen einführenden Paratext oder Überblicksartikel der Herausgeber, gefolgt von den Beiträgen der Autoren sowie teilweise von Forschungshinweisen oder Buchbesprechungen. Publikationen für Wissenschaftler weisen in der Regel einen so genannten „wissenschaftlichen Apparat" (Indikator 2) auf, d.h. Verweise auf andere Autoren oder Publikationen im Text als Fuß- oder Endnoten sowie ein Quellenverzeichnis. Wissenschaftliche Fachzeitschriften werden von einer wissenschaftlichen Gesellschaft, einer Universität bzw. einem Fachbereich oder Lehrstuhl oder Persönlichkeiten des jeweiligen Fachgebiets herausgegeben (Indikator 3) und haben teilweise einen engen thematischen Schwerpunkt. Die höchste Anerkennung genießen Zeitschriften, die die Beiträge einem „double-blind review" (Indikator 4) unterziehen, d.h. alle zur Veröffentlichung angebotenen Beiträge durch dem Autor unbekannte externe Gutachter prüfen lassen, die ihrerseits auch den Autor des zu prüfenden Beitrags nicht kennen. Außerdem genießen Zeitschriften, die von allgemeiner Bedeutung für das Fach (Indikator 5) sind, wie *Econometrica* oder *Administrative Science Quarterly* (ASQ) in den Wirtschaftswissenschaften, höhere Anerkennung als sehr spezialisierte Zeitschriften, die nur zu einem sehr engen Fachgebiet publizieren. Dies liegt auch daran, dass in den Erstgenannten die Ablehnungsquoten eingereichter Beiträge sehr hoch sind (in der ASQ z.B. werden weniger als 10% aller eingereichten Beiträge publiziert) und dieser Wettbewerb um Publikationsraum als qualitätsfördernd angesehen wird. Meist werden die Beiträge für wissenschaftliche Journals vom Herausgeber(team) vorselektiert. Die eingereichten Werke müssen ganz bestimmten Kriterien, wie den von uns vorgestellten, der wissenschaftlichen Texterstellung und teilweise erkenntnistheoretischen Ansprüchen gerecht werden (so veröffentlicht beispielsweise die *Academy of Management Review* nur theoretische Artikel, während andere Zeitschriften nur empirische Arbeiten publizieren). Dann kommt gegebenenfalls die Bewertung mit Korrektur- oder Verbesserungsvorschlägen. Diese Vorgehensweise fungiert als Qualitätssicherungsmechanismus in der Wissenschaft.

Ob ein Artikel oder eine andere Veröffentlichung dann auch tatsächlich die Forschung eines Gebiets maßgeblich beeinflusst hat, lässt sich nur schwer einschätzen. Man kann dazu die Häufigkeit der Zitate und Nennungen in vergleichbaren Medien durch eine Abfrage eines elektronischen Zitationsindices eruieren, wie etwa des *Arts and Humanities Citation Index*

(A&HCI), des *Social Sciences Citation Index* (SSCI) oder des *Philosopher's Index*.[9] Diese Indices bieten aber lediglich Anhaltspunkte, weil sie selbst nur einen Ausschnitt heranziehen.

Da wissenschaftliche Zeitschriften die wichtigsten Quellen für Arbeiten an der Universität sind, folgen ausgewählte Titel, zumal einige dieser – neben wissenschaftlichen Tagungen und Kolloquien sowie in neuerer Zeit Onlineforen – die primären Informations- und Austauschmedien der Forschergemeinden darstellen. Wissenschaftler suchen vor allem in ihrer jeweiligen Forschungsgemeinschaft Anerkennung und Gehör, das ihnen eher gewährt wird, wenn Kollegen davon ausgehen, selbst noch etwas lernen zu können, d.h. wenn die Kollegen erwarten, dass der Autor selbst auf dem neuesten Stand der jeweiligen Fachdisziplin ist und etwas Neues mitzuteilen hat.

Auswahl einschlägiger Zeitschriften der BWL

Wissenschaftler für Wissenschaftler:

- Academy of Management Journal (AMJ)
- Academy of Management Review (AMR)
- Administrative Science Quarterly (ASQ)
- Die Betriebswirtschaft (DBW)
- Schmalenbachs Zeitschrift für betriebswirtschaftliche Forschung (zfbf)
- Strategic Management Journal (SMJ)
- Zeitschrift für Betriebswirtschaft (ZFB)

Wissenschaftler für Praktiker:

- Harvard Business Review (HBR)
- Sloan Management Review (SMR)
- Die Unternehmung
- Gdi-Impuls
- Zeitschrift für betriebswirtschaftliche Forschung und Praxis (BFuP)
- Zeitschrift für Führung und Organisation (ZFO)

Praktiker (teilweise auch Wissenschaftler) für Praktiker:

- McKinsey Quarterly
- IO New Management
- Manager Magazin

---

[9] Alle wichtigen Indices und Informationsdatenbanken finden sich über die Website der Bibliothek der Universität St. Gallen (http://www.biblio.unisg.ch) unter den Rubriken „Elektronische Zeitschriften" und „Informationsdatenbanken".

Die wissenschaftlichen Zeitschriften unterscheiden sich technisch in der Art der Durchnummerierung der Jahrgänge: Entweder werden die Seiten pro Jahrgang über mehrere Ausgaben hinweg durchnummeriert oder es wird jede einzelne Ausgabe eines Jahrgangs neu und getrennt von der ersten bis zur letzten Seite paginiert. Meist halten die Bibliotheken die aktuellen Ausgaben als Einzelhefte vorrätig. Ältere Ausgaben werden in der Regel in gebundenen Sammelbänden aufbewahrt.

Das Auswerten von wissenschaftlichen Zeitschriften gehört zu den Grundbausteinen des wissenschaftlichen Arbeitens. Die Verwendung dieses Quellenmaterials garantiert die Anschlussfähigkeit des eigenen Arbeitens an die zu diesem Thema laufende Debatte in der Forschung.

Publikationszeitpunkt prüfen

Bei der Quellensuche können zur Arbeitserleichterung und mit Ausnahme der historischen Forschung jüngere Texte älteren vorgezogen werden, denn von aktuelleren kann man die Rezeption der bisherigen erwarten. Trotzdem sind aber ältere Publikationen wichtig, weil Erkenntnisse und Ideen möglichst aus ihrer Urquelle zitiert werden sollen („ad fontes" heißt die Regel der Quellenarbeit, d.h. zu den Quellen vorstoßen, nicht nur zu deren Rezeption), und akademische Redlichkeit gebietet, Ideen bei ihrer erstmaligen Publikation zu zitieren. Zugleich gibt es wichtige Standardwerke, die bereits älter sind.

3.2.2   Autor

Nach bzw. neben dieser Einordnung und Einschätzung des Publikationskontextes spielt der Autor bzw. die Assoziationskette, welche ein Name oder literarisches Pseudonym hervorrufen, bei der Auswahl einer Quelle eine maßgebliche Rolle. Manche Autoren sind untrennbar mit gewissen Forschungsströmungen verbunden, weil sie dort bahnbrechende Erkenntnisse schufen oder gar die Initiatoren waren. Eine Abhandlung über die jüngere Geschichte der Wissenschaftstheorie, die weder den Wiener Kreis, Karl R. Popper oder Thomas Kuhn anführt, kann nur unvollständig sein, ebenso eine Arbeit zur Transaktionskostentheorie, die ohne die Autoren Ronald Coase, Oliver Williamson und Oliver Hart auskommt. Daraus lässt sich schließen, dass eine gewisse Kenntnis des Feldes Voraussetzung ist, bestimmten Autoren gegenüber anderen den Vorzug zu geben. Zu Studienbeginn haben Sie dieses Wissen nicht oder nur in geringem Umfang. Deshalb müssen Sie wiederum Indikatoren heranziehen:

Die Reputation kann sich auch aus der beruflichen Position des Autors (Indikator 1) ergeben, z.B. eines Professors oder einer ausgewiesenen Führungskraft, der man auf den ersten Blick mehr Vertrauen schenken kann als unbekannten Autoren. Aber nicht jede Publikation eines bekannten Autors ist deshalb geeignet. Autoren bedienen je nach Text ganz bestimmte Leserschichten. Umberto Eco gilt in Fachkreisen als einer der führenden Semiotiker, während er dem größeren Publikum vor allem aufgrund seiner Romane bekannt ist. Man muss jenseits der beruflichen Stellung und Bekanntheit außerdem prüfen, ob es sich jeweils um das zentrale Arbeitsgebiet des Autors (Indikator 2) handelt, was zu bevorzugen ist, oder nur um ein Thema, zu dem er auch noch etwas geschrieben hat. Natürlich können auch solche

Beiträge wichtige Einsichten bringen, z.B. wenn sich ein Germanist zum Führungsverständnis aufgrund einer Untersuchung literarischer Figuren äußert, aber es müssen in jedem Fall die zentralen Autoren herangezogen werden. Innerhalb eines Forschungsfeldes wie der Wirtschaftspolitik gehen nicht alle Autoren von denselben Voraussetzungen und Annahmen aus, weshalb Forscher verschiedener „Schulen" (Indikator 3) bzw. Denkrichtungen für die eigene Argumentation heranzuziehen und zu gewichten, deren Aussagen aber keinesfalls beliebig zu kombinieren sind.

3.2.3 Text

Und schließlich kann und muss ein Text auch anhand seines Inhalts sowie seiner Ziele, seiner Struktur, seiner stilistischen Qualität und seiner Verankerung in der wissenschaftlichen Debatte beurteilt werden.

Die Ziele eines Texts vermögen stark zu variieren. Texte können beabsichtigen, einen Überblick zu einem bestimmten Thema oder eine Einführung in ein Fachgebiet zu geben, eine theoretische Untersuchung vorzunehmen (z.B. um eine neue Perspektive in ein Feld einzuführen), empirische Ergebnisse zu berichten (z.B. um bisherige Vermutungen zu widerlegen oder eine bestimmte Theorie zu bestätigen) oder eine Darstellung für die Praxis anzubieten. Häufig lassen sich derartige oder vergleichbare Ziele direkt dem Text selbst entnehmen. Diese zeigen auf, wie der Text einzuordnen ist und wofür er in der eigenen Argumentation verwandt werden kann. Hinweise auf die Ziele eines Textes erhält man aus Abstract und Einleitung sowie bereits aus dessen Publikationsort (siehe vorheriger Abschnitt), weil viele Zeitschriften ganz bewusste Ziele verfolgen, die ihre Auswahl von Texten leiten.

Die Struktur der Gliederung bzw. der Aufbau des Textes lehrt, welche Schwerpunkte gesetzt werden. Diese können etwa auf die Zusammenstellung und Kommentierung vorhandener Literatur oder die Darstellung eigener (empirischer) Ergebnisse gerichtet sein. Die Struktur zeigt weiter das gewählte Vorgehen und den Differenzierungsgrad der Auseinandersetzung auf. All diese Textmerkmale lassen eine gewisse Vorstellung über den Text und die dahinter stehende wissenschaftliche Arbeit entstehen.

Auch innerhalb der wissenschaftlichen Texte sind große Unterschiede in der stilistischen Qualität des Geschriebenen erkennbar, die auf die jeweiligen Ansprüche von Zielgruppen, Publikationsorten und Autoren verweisen. Man vergleiche dazu einen Text von Hans-Georg Gadamer mit einem Absatz aus einem Lehrbuch „Einführung in die Betriebswirtschaftslehre" oder einem Consulting-Ratgeber für Praktiker. Insbesondere Texte von Wissenschaftlern für Praktiker, z.B. in der *Harvard Business Review*, sind stark ediert und auf die Leserschaft ausgerichtet. Mitarbeiter in den Verlagen geben dem Autor so lange Revisionsaufträge und andere Vorgaben an, bis der Text den Vorstellungen des Herausgebers oder Verlagshauses entspricht. Generell gilt, dass je nach Fach unterschiedliche Ansprüche an den Stil bestehen, aber sehr guter Stil auf bessere Publikationen hinweist. Häufig ist eine nachlässige Textredaktion auch ein Signal für die mangelnde Qualität der Forschungsarbeit.

Checkliste

Jede Generalisierung der Quellenbewertung kann der einzelnen Forschungsfrage kaum gerecht werden. Um aber eine erste Orientierung zu erhalten, eignen sich fünf Hinweise für den Einstieg der Quellenbewertung besonders gut:

1. Von jüngeren Publikationen zu älteren;

2. Publikationen von Wissenschaftlern für Wissenschaftler verwenden, alle anderen nur subsidiär, wenn erstere nicht verfügbar sein sollten;

3. Zeitschriften und Bücher sind Papers und dem Internet vorzuziehen;

4. Autoren (Stellung, „Schule", Arbeitsgebiete) sorgfältig hinterfragen;

5. guter Stil ist ein Indikator für eine gute Arbeit.

3.3   Quellensuche

An welchen Orten findet man Informationsquellen? Während bis vor kurzem der Bestand der nächsten Bibliothek, insbesondere der eigenen Universität (nebst Fernleihe), entscheidend war, sind heute viele Datenbanken weltweit zugänglich. Entsprechend sind zur Quellensuche immer drei Zugänge zu nutzen:

- erstens der Bibliotheksbestand an Büchern und vergleichbaren Medien, erweitert um Fernleihe (z.B. aus allen deutschsprachigen Bibliotheken) und um elektronische Bestände (z.B. `www.subito-doc.de`),

- zweitens der Zeitschriftenbestand in der Bibliothek, erweitert um Volltextdatenbanken, so dass alle einschlägigen Zeitschriften berücksichtigt werden können,

- drittens andere Internetangebote.

3.3.1   Zugang 1: Bibliotheksbestand

Die Bibliothek bietet sich nach wie vor als zeitlich erster Zugang an. Sie sollte Ihnen sowieso so schnell wie möglich sehr vertraut werden. Sie sollten sich in ihr auskennen und sie schätzen lernen. Dabei ist es sinnvoll – außer bei ganz aktuellen Themen, die seit weniger als sechs bis zwölf Monaten diskutiert werden – nach Büchern, insbesondere Handbüchern zum Arbeitsfeld zu suchen, weil diese einen geeigneten Einstieg vermitteln können. Drei Zugänge erschließen den Buchbestand: Karteikartensysteme, Mikrofiche-Kataloge und der elektronische Online Public Access Catalog (OPAC). Da Letzterer die beiden anderen ersetzt und mittlerweile nahezu alle Karteikarten und Mikrofiches elektronisch erfasst sind, reicht es meistens, nur den OPAC zu nutzen. Im OPAC sind in der Regel sämtliche Bücher, Nachschlagewerke, Reihen, Loseblattsammlungen, Dissertationen und Diplomarbeiten, CD-ROMs etc. verzeichnet. Am einfachsten startet man mit der Indexsuche.

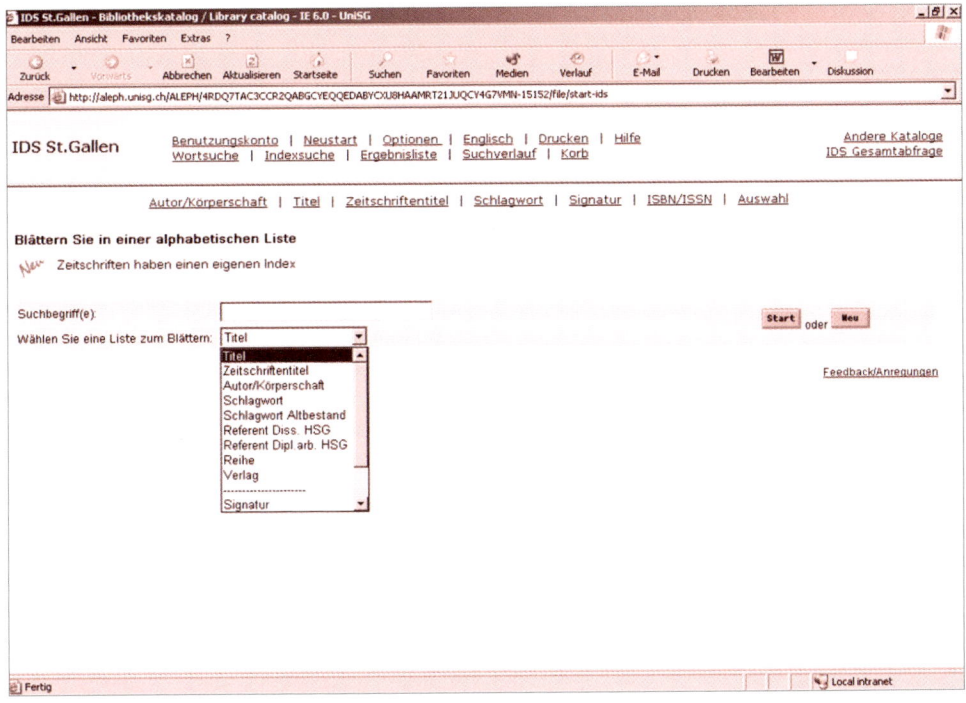

Abbildung 3.2: Indexsuche im Bibliothekskatalog[10]

Man hat dort die Möglichkeit, verschiedene Suchkategorien (Titel, Autor/Körperschaft, Schlagwort, Verlag, ISBN, Erscheinungsjahr) zu wählen und auf diese Weise die ersten Treffer zum Thema zu erzielen. Weiß man wenig, nutzt man den Schlagwortindex. Bei der Schlagwortsuche sollte man wissen, dass jede Verschlagwortung, d.h. die Zuordnung von Begriffen zu Medien durch die Bibliotheksmitarbeiter, unvollständig sein muss, weil die verwandten Schlagworte immer eine Auswahl darstellen. Diese Suchen zeigen die in der Bibliothek registrierten Medien mit vollständigen Quellenangaben und Signatur (folgt der jeweiligen Katalogisierungssystematik der Bibliothek und bezeichnet den Standort in der Bibliothek) an. Entweder können diese eingesehen (Präsenzbestand) oder ausgeliehen werden (Bestand), oder Sie müssen sie vorbestellen, weil sie von anderen ausgeliehen wurden, noch nicht angekommen sind oder aus einem Lager beschafft werden müssen.

Differenziertere Suchstrategien lassen sich durch die Verwendung von so genannten booleschen Operatoren „UND" (es werden nur Ergebnisse angezeigt, die beide Suchbegriffe/ Kriterien erfüllen), „ODER" (es werden Ergebnisse angezeigt, die mindestens einen Suchbegriff beinhalten) und „NOT" (Ausschluss bestimmter Ergebnisse) erzielen.[11] Darüber

---

[10] Beispiel der Universität St. Gallen, zu erreichen über `http://www.biblio.unisg.ch` – Bibliothekskatalog – Indexsuche.

[11] Nach dem britischen Mathematiker George Boole, der eine bestimmte Form der Aussagenlogik entwickelt hat. Eine sehr gute Einführung in Anwendung der Boolean Search bieten die University at Albany Libraries: `http://library.albany.edu/internet/boolean.html`.

hinaus existieren noch zahlreiche weitere Operatoren und Funktionen, deren Grundlagen nachfolgend bei der Vorstellung einiger beispielhafter Informationsdatenbanken eingeführt werden. Deren intensive Besprechung muss aber der Spezialliteratur überlassen werden.[12]

Dank der Kommunikationstechnologie ist es leicht realisierbar, auch entfernte Kataloge abzufragen und sich die entsprechenden Materialien eingescannt, kopiert oder als Hardcopy zuschicken zu lassen. Beispielsweise befindet sich auf der Website der Bibliothek der Universität St.Gallen (`http://www.biblio.unisg.ch`) die Möglichkeit, eine Gesamtabfrage des Informationsverbundes Deutschschweiz (IDS) zu lancieren und sich gegen eine geringe Gebühr Werke anderer Bibliotheken per Post zustellen zu lassen. Über die URL `http://www.subito-doc.de`, ein Service der deutschen Bibliotheken, kann man sich auch PDF-Dateien von auswärtigen Materialien (Zeitschriftenartikel oder Buchausschnitte) als E-Mail und Bücher per Post zusenden lassen. Nach einer unkomplizierten Registrierung steht Ihnen das volle Spektrum der Suchanfrage offen. Subito fragt dabei 29 Bibliotheken aus dem deutschsprachigen Raum ab. Unterschieden wird bei der Suche zwischen Aufsätzen, Zeitschriften und Büchern.[13]

Abbildung 3.3:   Suchmaske von Subito (http://www.subito-doc.de)

---

[12] Vgl. dazu Michael Otto, *Suchstrategien im Internet: Search Engines, Themenkataloge, Besprechungsdienste* (Bonn: International Thomson Publ., 1997).

[13] Zu detaillierten Angaben über angeschlossene Bibliotheken, Versandkonditionen und Kosten: `http://www.subito-doc.de` – FAQ und Preise.

Einen ähnlichen Dienst bietet die Universitätsbibliothek der Universität zu Köln unter dem Namen Dokumentliefersystem JASON (Journal Articles Sent On Demand) (http://www.ub.uni-koeln.de) an. Einige Online-Angebote sind inzwischen unverzichtbarer Bestandteil jeder Literaturrecherche geworden, so etwa der Karlsruher Virtuelle Katalog http://www.ubka.uni-karlsruhe.de/kvk.html oder die Website der Library of Congress, http://www.loc.gov. Alle wichtigen Kataloge z.B. sind über die Website der Bibliothek der Universität St. Gallen (http://www.biblio.unisg.ch) zu erreichen. Zum Teil ist man durch den Link in ein fremdes System gleich als Benutzer angemeldet, so dass man volle Zugriffsrechte hat.

Eine weitere, vergleichsweise klassische Technik ist das Ausnutzen der systematischen Bibliotheksaufstellung: Wenn Sie ein nützliches Buch gefunden haben, schauen Sie sich die Bücher in seiner Nachbarschaft an, die thematisch verwandt sind.

3.3.2   Zugang 2: Zeitschriften

Beiträge in Zeitschriften sind separat von der Bücherbibliotheksrecherche zu suchen, weil sie in den Bibliothekskatalogen nicht aufgeführt werden.[14] Dabei sind zwei Wege einzuschlagen: Erstens können die vor Ort verfügbaren Zeitschriften und Zeitungen (nicht jedoch die einzelnen Beiträge) im bibliothekseigenen Zeitschriftenverzeichnis gefunden werden. Als Alternative bietet sich hier in manchen Disziplinen auch das Nachschlagen in Zeitschriftenbibliographien (der Eppelsheimer/Köttelwesch[15] ist beispielsweise das einschlägige Werk der Germanisten; der *Business Periodicals Index*[16] wird von den Betriebswirten konsultiert) oder in Büchern, die Abstracts von Periodika publizieren,[17] an. Die Zeitschriften bzw. Zeitungen selbst finden sich meist mit ihren aktuellen Ausgaben (der laufenden Woche, des Monats oder des Jahres) physisch im Präsenzbestand, die neueren Ausgaben gebunden im Präsenzbestand sowie ältere Perioden in den Archiven der Bibliothek. Bei diesem Zugang müssen die Beiträge in den Medien selbst gesucht werden, wobei häufig Jahresverzeichnisse nach Stichwörtern, Titeln, Autoren und Ausgaben diese Suche erleichtern.

---

[14] Meist sind auch Beiträge in Sammelbänden nicht in den Buchbibliothekskatalogen verzeichnet; diese sind allerdings auch nicht in den Zeitschriftenverzeichnissen zu finden. Bei Sammelbänden müssen also die betreffenden Medien eingesehen werden, außer z.B. für speziell im Bibliothekskatalog erfasste Beiträge oder Autoren, etwa die Lehrkörperangehörigen der eigenen Universität.

[15] *Bibliographie der deutschen Sprach- und Literaturwissenschaft*, begr. von Hanns W. Eppelsheimer; fortgeführt von Clemens Köttelwesch (Frankfurt a.M.: Klostermann, 1957-). Für allgemeine Informationen vgl. bspw. *Handbuch der Bibliographie*, begr. von Georg Schneider, völlig neu bearb. von Friedrich Nestler, 6. Aufl. (Stuttgart: Hiersemann, 1999). Wirtschaftswissenschaftliche Bibliographien finden sie am besten in elektronischer Form in den Datenbanken, welche am Ende dieses Abschnitts aufgeführt sind.

[16] *Business periodicals index*, Bettie Jane, (New York, NY: Wilson, 1958-).

[17] Z.B. Historical Abstracts; Bibliography of the World's Periodicals Literature, online verfügbar über: http://sb2.abc-clio.com:81/ oder Institute for Scientific Information, *Current contents: arts and humanities* (Philadelphia, PA: Institute for Scientific Information, 1979).

Zweitens – und immer verbreiteter, weil schneller und weitreichender – können Informationsdatenbanken, die alle Beiträge aus bestimmten Zeitschriften aufnehmen, konsultiert werden. Diese Informationsdatenbanken werden von Verlagen, berufsständischen bzw. wissenschaftlichen Vereinigungen oder von öffentlichen Stellen aufgebaut, wobei in den meisten Fällen die Nutzer für den Service zahlen müssen. Gute Universitätsbibliotheken bieten ihren Nutzern alle wichtigen Informationsdatenbanken an, und zwar nicht nur auf die eigene Bibliothek bezogen, sondern auf die weltweiten Recherchemöglichkeiten via Internet. In diesen Datenbanken kann man, ähnlich wie bei den Bibliothekskatalogen, nach Titeln, Autoren, Stichwörtern etc. suchen und direkt zu den einschlägigen Zeitschriftenartikeln gelangen. Diese sind oft im Volltext einseh-, ausdruck- und speicherbar, zumindest aber stehen die genaue Fundstelle und ein Abstract zur Verfügung.

Übersicht renommierter Datenbanken[18]

- **ABI/INFORM (ProQuest):** In der Datenbank werden mehr als 1.000 wirtschaftswissenschaftliche Zeitschriften ausgewertet, welche die Bereiche Werbung, Marketing, Personalwesen, Finanzen, Steuern u.a. abdecken. Ein Grossteil der Artikel wird im Volltext angeboten. Ferner erhält man Informationen über mehr als 60.000 Unternehmen.

- **Dissertation Abstracts (ProQuest):** Mit über 1,6 Millionen Dissertationen (vorwiegend aus den USA) bietet Ihnen Dissertation Abstracts einen großen Fundus an Doktorarbeiten. Neuere Dissertationen werden häufig mit einer 24-seitigen Vorschaufunktion angeboten, die die Relevanzeinschätzung erleichtert. Allerdings sind Volltextzugriffe gebührenpflichtig.

- **EBSCO (betriebswirtschaftliches, volkswirtschaftliches, soziologisches und psychologisches Material):** Auswertung von internationalen Fachzeitschriften, Büchern, Konferenzberichten, Sammelwerken und Dissertationen, die teilweise im PDF-Volltextformat oder als ASCII-Volltext verfügbar sind.

- **Elektronische Zeitschriftenbibliothek Regensburg (EZB):** Die EZB bietet einen Service zur effektiven Nutzung wissenschaftlicher Volltextzeitschriften im Internet an. Die Zugriffsmöglichkeiten lassen sich für jede Institution an einer farbigen Ampelschaltung ablesen, wobei Grün für generell unbeschränkten Zugriff und Gelb für den Volltextzugriff für Angehörige von angeschlossenen Universitäten steht.

- **EMERALD:** Enthält Volltextartikel aus Management-Zeitschriften, insbesondere zu den Themengebieten Strategie und Organisation, Führung, Marketing, Informationsmanagement und Personalwesen.

- **Factiva:** Bietet Zugang zu mehreren Tausend Tageszeitungen und Fachzeitschriften aus aller Welt. Darüber hinaus sind auch die Nachrichtenmeldungen von Reuters und Dow Jones erhältlich.

→

---

[18] Die hier aufgeführten Beschreibungen wurden der Website der Bibliothek der Universität St.Gallen (www.biblio.unisg.ch) entnommen und angepasst. Die Datenbanken stehen teilweise auch über Internet zur Verfügung.

→

- **IBSS (International Bibliography of the Social Sciences):** Diese bibliographische Datenbank der British Library of Political & Economic Science an der London School of Economics & Political Science bietet Hinweise auf internationale Publikationen in den Fachgebieten Ökonomie, Politikwissenschaft, Soziologie und Anthropologie an.

- **JSTOR (Journal Storage):** Ausgewählte Zeitschriften werden von der ersten Ausgabe an elektronisch angeboten. Einzig die letzten zwei bis fünf Jahrgänge sind aus lizenzrechtlichen Gründen nicht enthalten. Hier kann man also auf den umfangreichen Archivbestand von einflussreichen Zeitschriften zugreifen.

- **Oxford Reference Online:** Hier erhält man Zugang zu mehr als 100 Wörterbüchern und Nachschlagewerken aus diversen Fachgebieten der Oxford University Press.

- **PAIS (Public Affairs Information Services):** Die PAIS-International-Datenbank enthält Verweise auf Zeitschriftenartikel, Bücher, Regierungsdokumente, statistische Verzeichnisse, Forschungs- und Konferenzberichte u.a. Inhaltlich abgedeckt werden insbesondere die Bereiche internationale Politik und internationale Beziehungen sowie internationales Recht.

- **Philosopher's Index:** Auswertung philosophischer Monographien und Zeitschriften, ohne jedoch einen Volltextzugriff zu offerieren.

- **ScienceDirect (Elsevier):** Zugang zum elektronischen Angebot des Verlagshauses Elsevier, welches neben zwei respektablen Sammlungen mit betriebswirtschaftlichen bzw. volkswirtschaftlichen Zeitschriften mehr als 1.700 Zeitschriften anbietet (darunter auch die Zeitschriftenartikel von Academic Press).

- **Swisslex:** Schweizerische, passwortgeschützte juristische Datenbank, die sämtliche Dokumente als Volltext erfasst hat.

- **Web of Science (Arts & Humanities Citation Index und Social Science Citation Index):** Deckt den gesamten Bereich der Geistes- und Sozialwissenschaften ab. Besonderheit: Der A&HCI und der SSCI indexieren Literatur, die in einem Artikel verwendet wird. Es können auch inhaltsverwandte Artikel gesucht werden.

- Verschiedene **WISO-Datenbanken** zu unterschiedlichen Fachgebieten (u.a. Betriebs- und Volkswirtschaftslehre sowie Psychologie).

Seit Kurzem wird die Suche nach Volltextnachweisen in Informationsdatenbanken mit der Software SFX erleichtert.[19] Diese ermöglicht die Anfrage der Verfügbarkeit eines in einer Informationsdatenbank gefundenen, aber nicht als Volltext abrufbaren Artikels in der Heimbibliothek sowie im angeschlossenen Bibliothekenverbund. Außerdem kann man die Zugriffsrechte mit Hilfe der EZB prüfen, eine Abfrage in einer frei wählbaren Suchmaschine starten oder diesbezüglich mit einem Bibliotheksmitarbeiter Kontakt aufnehmen. Erreichbar ist der Service jeweils über das SFX-Logo, das erforderlichenfalls neben dem gefundenen Treffer erscheint.

---

[19] Zur Zeit ist SFX in den folgenden Datenbanken aufgeschaltet (Auswahl): EBSCOhost, ABI/INFORM, Web of Science, EMERALD, IBSS, GBI wiso-net, The Philosopher's Index, Historical Abstracts und den CSA-Datenbanken (ERIC, PAIS, Sociological Abstracts, Worldwide Political Science Abstracts.

Im Folgenden erhalten Sie als Erleichterung eine beispielhafte Einführung in drei wichtige Informationsdatenbanken für Rechts- und Wirtschaftswissenschaftler.

ABI/INFORM (ProQuest)

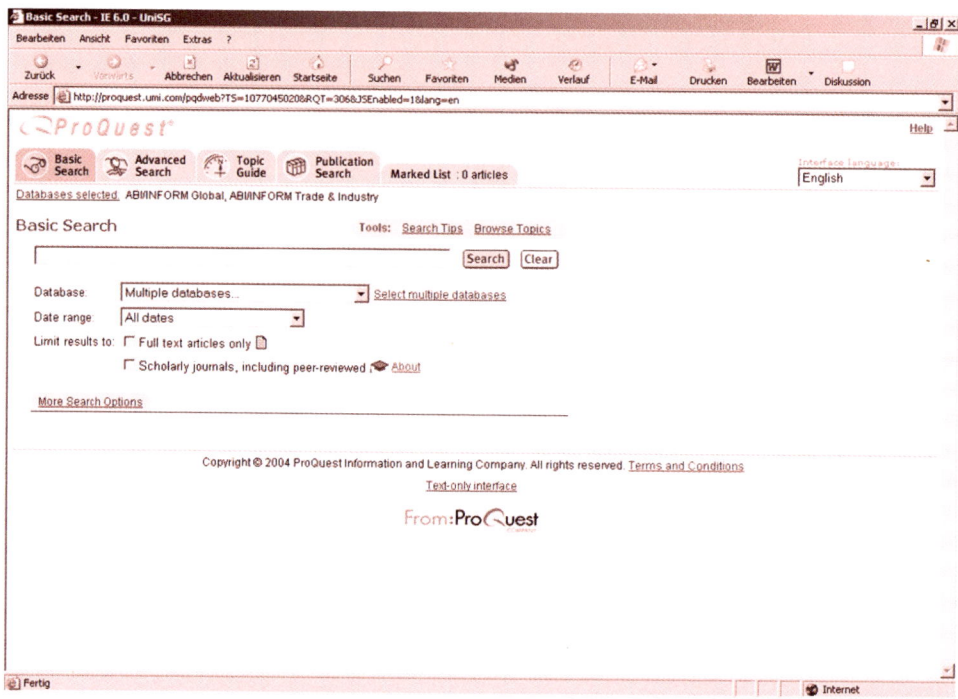

Abbildung 3.4:   ABI/Inform (Proquest)

Diese Datenbank bietet einen Zugang zu breit gefächerten ökonomischen Themen. Als hilfreich erweist sich die Möglichkeit, die Treffer zu einer Suchabfrage auf Wunsch nach Fachzeitschriften (begutachtete Publikationen), Magazinen, Branchenpublikationen oder Zeitungen kategorisieren zu lassen. Die Beurteilung der Qualität von Quellen wird daher bereits bei der Suche erleichtert. Selbstverständlich lassen sich Suchabfragen über die Advanced Search detaillieren und vielfältig eingrenzen. Als nützlich erweist sich die Help-Funktion, die über eine effiziente Gestaltung von Suchabfragen schnell und übersichtlich Auskunft gibt.[20] Nach

---

[20]   Die booleschen Operatoren AND und OR werden wie bisher angewendet, während zum Ausschluss eines Suchbegriffs AND NOT gefordert wird. Die Trunkierung * schneidet ein Wort nach rechts ab. So wird aus econom* economy, economist, econometrics etc. Das ? steht im Wort für verschiedene Buchstabenkombinationen: wom?n steht demnach für woman und women. Eine weitere Funktion bietet die „Proximity Search", die den Abstand zwischen Suchbegriffen berücksichtigt. Angeboten wird „within". Suchen Sie „accounting W/3 taxes", stehen zwischen beiden Suchbegriffen unter Beachtung der Reihenfolge maximal drei Wörter. Die Phrasensuche kodieren Sie durch Eingabe von Anführungszeichen vor dem ersten und nach dem letzten Wort der Suchphrase, z.B. „seminars on corporate brands".

Durchführung der Suche können die Ergebnisse gespeichert, ausgedruckt oder per E-Mail zugesandt werden.

EBSCOhost

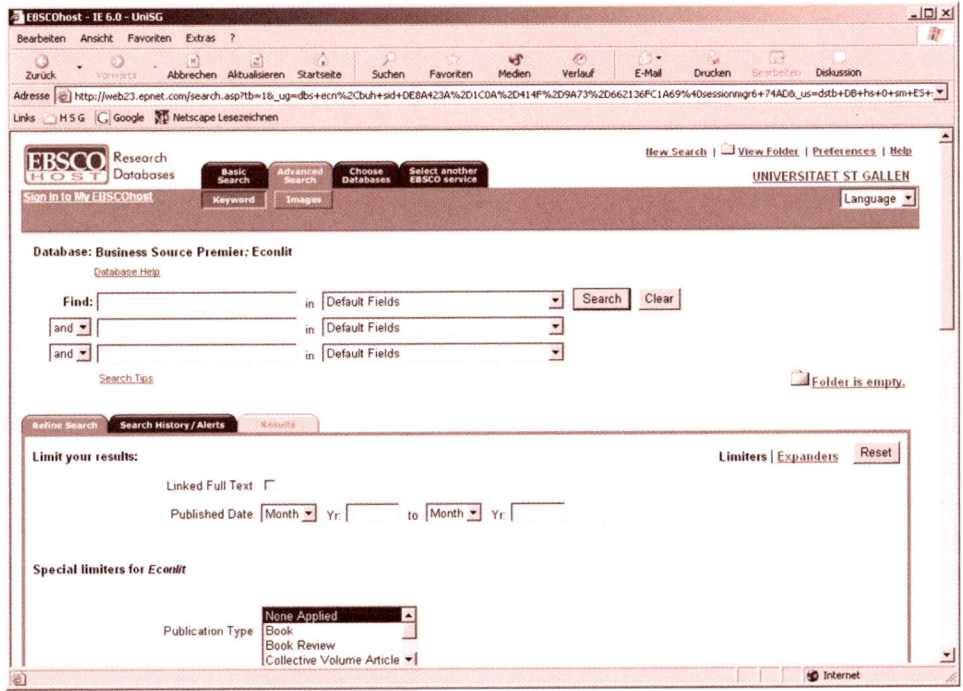

Abbildung 3.5: EBSCOhost

Diese Informationsdatenbank verschafft Ihnen Zugang zu den Volltexten von mehr als 3.500 Zeitschriften. Sie erreichen die Datenbank direkt über http://www.ebscohost.com. Beachten Sie, dass Sie nur über einen an Ihrem Universitätsnetz angeschlossenen Computer als Nutzer mit Vollzugriff identifiziert werden können. Wählen Sie „EBSCOhostWeb" und im Anschluss daran die gewünschten Datenbanken; zu empfehlen ist die zusätzliche Auswahl von „Business Source Premier". Die Recherche ist bereits mit der ersten angebotenen Suchmaske detaillierter als bei ABI/Inform. Wiederum sind boolesche Operatoren und Trunkierungen zur Verfeinerung der Suche einsetzbar.[21]

---

[21] Zum Ausschluss von Suchbegriffen verwenden Sie bitte den Operator NOT. Suchen Sie „accounting NOT taxes", werden Treffer angezeigt, die den Term accounting, nicht jedoch taxes enthalten. Zusätzlich zum Operator „within" bietet Ebsco den Operator „near". Während „within" die Reihenfolge der Suchbegriffe berücksichtigt, spielt diese bei „near" keine Rolle. Die Suchabfrage wird leicht verändert gestellt: Sie schreiben accounting W5 taxes (innerhalb fünf Wörtern) bzw. accounting N3 taxes (im Abstand von drei Wörtern). Trunkierungen wie Phrasensuche *, ? und „..." werden analog zu ABI/Inform eingesetzt.

EBSCOhost bietet zudem an, Suchergebnisse einem persönlichen Ordner zuzuordnen und nach Beendigung der Recherche gesammelt anzeigen zu lassen. Diese Auswahl kann dann wahlweise per E-Mail zugesandt, ausgedruckt oder gespeichert werden. Suchresultate wie auch Suchabfragen können nach einer kurzen Registrierung gespeichert und zu einem beliebigen Zeitpunkt wieder abgerufen werden. Ergänzend finden Sie eine Bildergalerie mit Fotos zum Zeitgeschehen.[22]

SwissLex Westlaw

SwissLex Westlaw ist die größte juristische Datenbank der Schweiz. Sie finden hier in den Rechtsgebieten Zivilrecht, Bankenrecht und Steuerrecht etwa 450.000 Dokumente im Volltext. Dazu gehört auch die Systematische Sammlung des Bundesrechtes (SR) in drei Sprachen, die Bundesgerichtsentscheide seit 1954 und eine fast vollständige Sammlung der kantonalen Entscheide seit den 60er/70er Jahren sowie die Standardwerke (Zürcher Kommentar, einzelne Monographien) der meisten Rechtsgebiete. Suchanfragen übersetzt Swisslex automatisch in Französisch und Italienisch und bindet diese Schlagwörter mit in die Suche ein. So wird sichergestellt, dass Dokumente, die in einer anderen Landessprache vorliegen, ebenfalls gefunden werden. Da auch diese Datenbank ein kostenpflichtiges Angebot darstellt, müssen vorab ein Benutzername und ein Passwort angefordert werden, wobei dies durch die Bibliothek der Universität abgegeben werden kann.

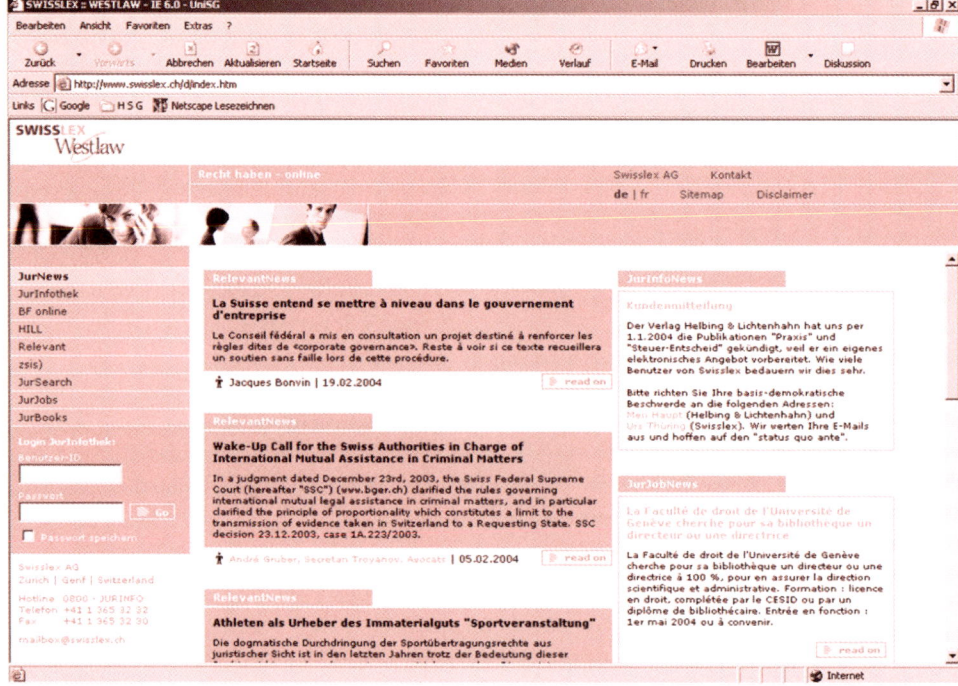

Abbildung 3.6: SwissLex Westlaw

---

[22] Abrufbar unter „Advances Search" – „Images".

Für Deutsche Rechtsgebiete gibt es einige vergleichbare Datenbankangebote. So bietet die über das Internet abrufbare Datenbank **Juris** (http://portal.juris.de/jportal/index.jsp) Volltextzugriff auf Gesetzestexte und Entscheidungen aus allen Gerichtsbarkeiten, Fachdatenbanken zu ausgewählten Rechtsgebieten (z.B. Arbeitsrecht, Sozialrecht, Verwaltungsrecht etc.) sowie zitierte Rechtssprechung, eine Auswahl an Kommentaren und Aufsätze zu Themen der Rechtssprechung und -praxis.

Eine Alternative ist das entsprechende Angebot des **C.H. Beck Verlags** (http://rsw.beck.de). Dort erhalten Sie in den Fachmodulen fachgebietsbezogene Rechtssprechung, Gesetze, Kommentare etc. In den Kommentarmodulen finden Sie für wichtige Gesetze Kommentierungen und gelangen zusätzlich per Mausklick direkt vom Kommentar in dort zitierte Entscheidungen und Aufsätze. Im Zeitschriftenmodul erhalten Sie Zugriff auf die Beck'schen Zeitschriften und Entscheidungsdienste (z.B. NJW, NJW-RR, DStR) samt Archiven. Die Gesetzesdatenbank enthält über 2.600 wichtige Bundes-, Landes- und EG-Vorschriften (z.B. auch den Schönfelder, Sartorius, Nipperdey etc.).[23]

Für die beiden Datenbanken ist jedoch ein kostenpflichtiger Zugang (Passwort und Kennung) zu erwerben, es sei denn, Ihre Universitätsbibliothek verfügt über ein entsprechendes Abonnement. Die Bedienung sowie die Formulierung der Suchabfragen funktioniert sehr ähnlich wie bei SwissLex.[24]

3.3.3 Zugang 3: Internet

Das Internet bietet schnell zugänglich eine Unzahl an potenziellen Informationsquellen, natürlich unter dem erwähnten Vorbehalt hinsichtlich der Quellengüte. Es eignet sich noch immer nicht vollständig als effizientes Medium zur umfassenden Literaturauswahl, aber es bietet sich für das Auffinden von Regierungsstellen, der Verwaltung, anderer öffentlicher und privater Institutionen und einiger Publikationen an.[25] Der Einsatz von Suchmaschinen (z.B. www.google.de) oder Metasuchmaschinen (z.B. http://www.metacrawler.com)[26] ist der schnellste und einfachste Weg, einen ersten Eindruck von der Präsenz des gesuchten

---

[23] Für die Besonderheiten der juristischen Arbeitsweisen siehe statt vieler Philippe Mastronardi, *Juristisches Denken: eine Einführung*, 2. Aufl. (Bern: Haupt, 2003).

[24] Für ausgewählte Rechtsgebiete und Regionen existieren zahlreiche Internetangebote:
Amerika: http://www.findlaw.com, http://jurist.law.pitt.edu und http://www.hg.org
EU-Recht: http://europa.eu.int/eur-lex

[25] Die Deutsche Bibliothek in Frankfurt am Main führte unlängst ein System ein, das online publizierte Aufsätze eindeutig kennzeichnet und jederzeit auffindbar macht. Dies wird durch die Vergabe von „Uniform Resources Names" (URN) ermöglicht. Die URNs werden zentral für Online-Veröffentlichungen vergeben und funktionieren ähnlich wie die Standardnummern. Da ein zentraler Server die Daten hält und regelmäßig aktualisiert, sind die Publikationen auch noch in Zukunft auffindbar. Siehe die entsprechende Webadresse: http://deposit.ddb.de/index.htm.

[26] Ein gutes, verlinktes Verzeichnis verschiedener Metasuchmaschinen findet sich unter http://www.phil.uni-erlangen.de/tree/metasuch.html oder http://wissenschaftliche-suchmaschinen.de/deutsch/suchen/metasuch.htm. Weitere wertvolle Hinweise zu Metasuchmaschinen und verwandten Themen bietet: http://www.suchfibel.de.

Begriffs auf verschiedenen Internetseiten zu erhalten. Dieser Weg erweist sich zumeist bei der Suche nach Volltextnachweisen wissenschaftlicher Texte als wenig ergiebig. Dafür finden sich jedoch schnell Bibliographien, Publikationslisten gesuchter Autoren, Informationen zu Tagungen und Kongressen sowie Hinweise auf Veröffentlichungen oder Onlineforen zu Ihren Schlagworten. Diese Informationen helfen Ihnen, sich einen ersten, weitläufigen Überblick über das Forschungsproblem zu verschaffen.[27] Neuere Entwicklungen versuchen auch schon, Anfänge von Kategorisierungen,[28] Bewertungen und Qualitätssicherungen mit aufzunehmen.[29] Außerdem kann man gezielt Webseiten aufrufen, die zu bestimmten Themen systematische Informationssammlungen unterhalten, und dort nach passenden Links suchen. Solche Webseiten werden neben den Bibliotheken auch von Universitäten,[30] Fakultäten/Abteilungen, einzelnen Lehrstühlen, internationalen oder berufsständischen Organisationen angeboten.

Auf der Website `www.hk.unisg.ch` finden sich kommentierte Linksammlungen zu vielen einschlägigen Themen dieses Buchs.

3.3.4   Umfang der Quellensuche

Auf die Frage, wann die Quellensuche beendet ist, wäre eine treffende, aber schwer zu interpretierende Antwort: sobald Sie alle einschlägigen und notwendigen Quellen gefunden haben. Häufig werden Sie diese Frage aber auch mit Blick auf Ihre übrigen Studienverpflichtungen beantworten, auch wenn dies ein Hinweis entgegen jeder akademischen Tradition ist, die nur sorgfältigem Arbeiten und der Wahrheitsfindung verpflichtet ist. Mit schlechtem Gewissen, aber pragmatisch: Die meisten Arbeiten, Seminararbeiten und Präsentationen sind mit zwei bis vier Creditpoints gemäß ECTS (European Credit Point System) gewichtet, so dass etwa ein Zeiteinsatz von 60 bis 120 Arbeitsstunden erwartet wird. Abzüglich der Unterrichtszeit stehen dann 30 bis 80 Stunden zur Verfügung, d.h. vier bis zehn volle Arbeitstage. Die erste Recherche sollte dann in vier bis acht Stunden, d.h. ca. 10% der Arbeitszeit, erledigt werden, so dass Sie in die Quellenauswertung einsteigen können. Für die größeren Arbeiten (Hausarbeit mit fünf Credits, Bachelorarbeit

---

[27] Vgl. dazu Hans Hehl, *Die elektronische Bibliothek: Literatur- und Informationsbeschaffung im Internet* (München: K.G. Saur, 2001) 47-67.

[28] Die Suchmaschine Vivisimo arbeitet wie eine Metasuchmaschine und bietet dabei ein automatisches Clustering der Suchergebnisse an. Ergebnisse werden in häufig wiederkehrende Schlagworte, die im Zusammenhang mit gefundenen Webseiten erscheinen, in einer übersichtlichen Menüstruktur dargestellt. Relevante Dokumente werden so noch gezielter gefunden; `http://www.vivisimo.com`.

[29] Prinzipiell gelten für die Internetrecherche die gleichen Suchfunktionen wie die im Zusammenhang mit dem OPAC besprochenen. Weitere Details finden sich bei Ulrich Babiak, *Effektive Suche im Internet*, 4. Aufl. (Köln: O'Reilly, 2001) oder Werner Hartmann, Michael Näf und Peter Schäuble, *Informationsbeschaffung im Internet: Grundlegende Konzepte verstehen und umsetzen* (Zürich: Orell Füssli, 2000).

[30] Sehr ergiebig ist beispielsweise der sog. „Werkzeugkasten" des Hochschul-Bibliothekszentrums des Landes Nordrhein-Westfalen: `http://www.hbz-nrw.de/produkte_dienstl/toolbox/set.html`.

mit 16 Credits, Masterarbeit mit 18 bis 24 Credits) werden Sie die Recherche sehr viel weiter und intensiver betreiben. Als Faustformel: In jedem Fall sind ein Bibliothekskatalog, der die so genannten Pflichtbibliotheken[31] einschließt, und mehrere Zeitschriftendatenbanken heranzuziehen und deren Ergebnisse auszuwerten. Wenn Sie nicht mindestens ein Dutzend potenziell einschlägiger wissenschaftlicher Werke gefunden haben, werden Sie Ihre eigene Arbeit kaum in angemessener Weise an die bereits laufenden Diskurse zu Ihrem Thema anschließen können.

Häufig ist es auch so, dass man nach der ersten Runde und deren Auswertung auf weitere Quellen stößt, die beschafft werden müssen. Beim Schreiben Ihres Beitrags entstehen in der Regel neue Überlegungen, wenn Sie z.B. einzelne Aspekte vertiefen möchten, sich auf fremde Referenz oder Konzepte beziehen oder noch erläuternde Hinweise setzen wollen, die durch weitere Quellen belegt werden sollen und müssen.

3.4   Quellenauswertung

Hat man prinzipiell geeignetes Material in Form von Büchern, kopierten Artikeln und Ausdrucken aus Datenbanken zusammengetragen, gilt es, dieses möglichst sinnvoll und zeitsparend auf relevante Inhalte durchzuarbeiten. Um die Inhalte in den gefundenen Quellen im Sinne des Verfassers korrekt wiederzugeben, sind allenfalls auch wissenschaftstheoretische und methodische Charakteristika zu berücksichtigen.[32] Die einst von Wissenschaftstheoretikern geforderte und vielleicht für Dissertationen noch einigermaßen haltbare vollkommene Beherrschung der jeweiligen Forschungsliteratur ist für Ihre Situation im Studium illusorisch. Man sollte sich diesbezüglich vielmehr an dem von Herbert A. Simon für die Entscheidungstheorie geprägten Konzept des „Satisficing" orientieren. Eine zufrieden stellende, das heißt die wesentlichen Zusammenhänge beherrschende Quellenkenntnis mit einigen wenigen Schwerpunktsetzungen, ist wohl eine realistischere Einschätzung, die man wie folgt erreichen kann:

3.4.1   Richtig einsteigen

Bei der Themenbearbeitung geht man von allgemeinen Beiträgen, insbesondere aus Nachschlagewerken, wie z.B. dem Historischen Wörterbuch der Philosophie, dem Basler Kommentar zur Bundesverfassung, den Handwörterbüchern für Betriebswirtschaftslehre, die einen Überblick zu den „großen" Fragen des jeweiligen Gebiets, den etablierten

---

[31]   Pflichtbibliotheken sind jene Bibliotheken, an die die Verlage alle Publikationen mit ISBN-Nummer abliefern müssen, oder Bibliotheken, die alle Neuerscheinungen aufnehmen, z.B. Schweizerische Landesbibliothek in Bern, die Deutsche Bibliothek in Frankfurt oder die Library of Congress in den USA.

[32]   Dazu gehören z.B. bei einer empirischen Studie das Design, die Stichprobenbildung, die Datenerhebung, -auswertung und -analyse. Vgl. vertiefend Arlene Fink, *Conducting Research Literature Reviews* (London, Thousand Oaks: Sage, 1998).

„Schulen", wichtigen Autoren, Definitionen etc. geben, zu spezielleren Fachtexten. Einen anderen geeigneten Einstieg bieten auch so genannte „Überblicksartikel"[33] aus Zeitschriften, in denen ebenfalls häufig die wichtigsten Aspekte, verschiedene Ansätze und Schulen, neuere und ältere Forschungsströme einer Thematik diskutiert werden und sozusagen der „State of the Art", d.h. die bisherigen Leistungen und Erkenntnisse, aufgezeigt wird. Ebenso bieten Dissertationen einen reichhaltigen Fundus, da sie in vielen Fällen die relevanten Aspekte sorgfältig aufbereiten, manchen Fingerzeig auf alternative Forschungsstränge geben und zugleich auf einschlägige Publikationen verweisen.

Daneben sollte man sich durch vertikales Recherchieren den Weg verkürzen.[34] Beginnend mit einem aktuellen Text zu einem bestimmten Thema wertet man dessen Literaturverzeichnis sorgsam aus und gelangt auf diese Weise zu früheren Arbeiten über verwandte oder gleiche Themen. Dieses Vorgehen wiederholt man mehrmals, bis man zu den Anfängen eines Forschungsstroms gelangt. Bei diesem Vorgehen erschließt sich einem ebenfalls die Relevanz bestimmter Autoren, da man mit der Zeit einige Muster in den Zitaten erkennt. Dieses Vorgehen erlaubt, sich einen Überblick über Positionen und deren Autoren zum Thema zu verschaffen. So werden Betonung, Argumente, Schlussfolgerungen klar, und man kann seine eigenen Ideen einordnen.

3.4.2   Kritisch sein

Grundsätzlich müssen sämtliche Quellen mit prüfender Haltung beurteilt werden. Wie schon bei der Quellensuche müssen bei der Quellenauswertung Text, Autor und Publikationskontext berücksichtigt werden. Selbst wenn Sie für sich als Zugang zum Thema Beiträge aus nicht wissenschaftlichen Zeitschriften und Zeitungen herangezogen haben, so können Sie diese in der Regel doch nur für thematische Impulse und eine Illustration der eigenen Argumente nutzen. Die kritische Sichtung der wissenschaftlichen Beiträge erfolgt am besten in Form eines mehrstufigen, iterativen Prozesses, bei dem man wie in Kapitel 2 („Lesen") in Teilen besprochen vorgehen kann: Zunächst überfliegt man im Hinblick auf das eigene Erkenntnisinteresse die Quellen. Man wird mit dem Relevanten anfangen und die besonders interessanten Quellen als erste herausgreifen und lesen. Die Hinweise auf weitere Quellen sollte man je nach Nützlichkeit verfolgen.

Meint man, den einschlägigen Text zum Thema gefunden zu haben, versetzt einen das oft in Begeisterung: Es ist einem gelungen, eine Quelle aufzutun, die in seltener Prägnanz wichtige Inhalte des Themas bespricht, Entstehungsgeschichten oder Überblicke darstellt, Forschungsfragen anregt und einen somit in entscheidendem Maße weiterbringt. Doch dann stellt sich oft Enttäuschung ein, da man den Eindruck hat, alles Relevante zu diesem

---

[33] Die wissenschaftlichen Fachdisziplinen haben sich derart differenziert, dass diese neue Gattung von Fachartikeln, die Überblicksartikel, entstanden ist, um in regelmäßigen Abständen die Weiterentwicklung auch nur eines Teilbereichs oder einer spezifischen Theorie festzuhalten und zu dokumentieren.

[34] Joachim Stary und Horst Kretschmer, *Umgang mit wissenschaftlicher Literatur: Eine Arbeitshilfe* (Frankfurt a.M.: Cornelsen Scriptor, 1994) 151.

Thema sei schon geschrieben. Mitnichten – jedes Thema bietet grundsätzlich immer noch ungelöste Fragen oder neue Perspektiven der Betrachtung, wenn auch in unterschiedlichem Umfang. Für diese Situation gilt eine zentrale, allgemeingültige Regel: Zitieren Sie diese Quelle auf jeden Fall! Sie zeigen Ihren Lesern erstens, dass die Kernwerke gefunden und ausgewertet wurden. Erfahrene Wissenschaftler haben in der Regel einen ganz anderen Überblick über die bestehende Literatur. Sie merken sowieso, ob das betreffende Werk verwendet wurde oder nicht. Damit zusammen hängt die zweite Konsequenz der Regel: Durch Angabe der Quelle vermeiden Sie das Plagiieren.

Wenn Sie nun eine aufgrund ihres Publikationskontextes und der Textqualität ausgewiesen wissenschaftliche, inhaltlich einschlägige Quelle vor sich haben, steigen Sie intensiver in die Auswertung der Aussagen des Autors mit Hinblick auf seine (Forschungs-)Frage ein:

- Was sind seine Thesen/Aussagen/Anliegen?
- Welche theoretischen (logischen) und empirischen Begründungen gibt er? Sind diese einschlägig, zuverlässig, überzeugend?
- Welche Einschränkungen muss er machen?
- Welche Begrifflichkeiten und Annahmen stecken hinter seinen Ausführungen? Sind diese sinnvoll?
- Auf welche anderen Autoren beruft er sich in welchem Zusammenhang?
- Welche Aspekte, Perspektiven, Fragen, Autoren etc. blendet er aus? Aus welchem Grund?
- Welche unzureichenden, unvollständigen oder unlogischen Schlussfolgerungen zieht er?

Mit einer derart hinterfragenden, kritischen Haltung ergeben sich nicht nur viele Ansatzpunkte für die eigene Arbeit, sondern werden auch nur geprüfte Quellen in geeigneter Weise herangezogen und zitiert, so dass Ihre Arbeit auf einem soliden Fundament steht.

3.4.3   Vom Exzerpieren zum Schreiben kommen

Wie komme ich nun von den Quellen zum eigenen Text? Die zentralen Passagen werden exzerpiert, d.h. die wesentlichen Ideen, Argumentationsfolgen oder Beispiele werden herausgeschrieben – früher auf Karteikarten, heute gleich in eine Textdatei – und mit entsprechenden Kommentaren versehen ebenso wie die einzelnen Teile aufgrund der vorgängig erwähnten Fragen zu beurteilen sind, welche weiterführenden Fragen sich ergeben, wo und wie die Quelle allenfalls verwendet werden kann. Dieses beurteilende Vorgehen, Verbinden mit anderem, Einordnen etc. macht die wissenschaftliche Verarbeitung aus. Dabei kommt es auf Vollständigkeit der inhaltlichen Aussage, die Textstellen und deren genaue Erfassung an.[35] Für die bibliographischen Angaben (Autor(en), Titel, Auflage, Erscheinungsjahr, Verlag, ggf. Seitenzahlen) kopieren Sie am besten die erste Seite mit den entsprechenden Angaben; bei Büchern die Cataloguing-in-Publication- (CIP-)Angaben, wie im folgenden Beispiel dargestellt:

---

[35] Moennighoff und Meyer-Krentler 59-61.

Die Deutsche Bibliothek – CIP-Einheitsaufnahme
Medienkultur im digitalen Wandel;
Prozesse, Potenziale, Perspektiven /
Sascha Spoun; Werner Wunderlich (Hrsg.)
Bern; Stuttgart; Wien: Haupt, 2002
(Facetten der Medienkultur; Bd.2)
ISBN 3-258-06448-2

Ebenfalls notieren sollten Sie sich die bibliographischen Angaben der weiterführenden Literatur. Erfassen Sie die Angaben entweder durch handschriftliche Notizen oder besser, weil flexibler und wiederverwendbar, per relationaler Datenbank.[36] Die elektronische Verwaltung erlaubt den beliebigen Austausch und die jederzeitige Ergänzung der vorhandenen Datei, oftmals auch eine direkte Verknüpfung mit dem Textverarbeitungsprogramm und mit Internetanwendungen. Es lohnt sich, mit einer derartigen Software zu arbeiten.

Während dieses Auswertungs- und Schreibprozesses bieten sich Gespräche mit Fachkräften in der Bibliothek, erfahrenen Kommilitonen oder auch mit betreuenden Dozierenden und deren Mitarbeitern an, um sich unnötig lange Suche zu ersparen, Sicherheit beim eigenen Vorgehen zu verschaffen und Anregungen für Weiterführendes zu erhalten. Wenn allerdings diese Gespräche die eigene Leistung ersetzen sollen, so werden die meisten Angefragten sehr ungehalten darauf reagieren.

Die Auswertung von Quellen kann – wie deren Suche – sehr lange und sehr ausführlich erfolgen. Wiederum gibt es nicht den objektiv richtigen Zeitpunkt, zu dem genügend Literatur ausgewertet ist, und vor allem, zu dem alle einschlägigen Quellen bearbeitet sind. Da der Übergang vom Recherchieren, d.h. dem Zusammentragen, Auswerten und gedanklichen Verarbeiten, zum Formulieren, also der begrifflichen Umsetzung der eigenen Gedanken zentral ist, müssen Sie so lange recherchieren, bis Sie genügend Ideen für eine eigene Aussage im Kopf haben, d.h. für die Thesen ihres Papers oder Vortrags. Das ist der richtige Zeitpunkt, die Auswertung fürs Erste zurückzustellen.

Solange Sie aber noch keine eigene Idee zum Thema haben, d.h. ohne Ihr Argument, Ihre spezifische Behauptung, brauchen Sie nicht die nächste Arbeitsphase des eigenständigen Schreibens zu beginnen, denn sie ist dann noch nicht ausreichend vorbereitet. Ein zu früher Beginn führt Sie nur „in den Wald", nämlich häufig eine deskriptive Darstellung des Bestehenden, die noch dazu meistens schlechter formuliert ist als die Originaltexte. Wenn Sie also zu früh die Quellenauswertung beenden, erhalten Sie zwar einen eigenen Text, der aber wenig nützt und trotz mühsamer Ausformulierung nicht für Ihre Aufgabe (z.B. Seminararbeit) verwendet werden kann, weil er zu wenig mit Ihrer speziellen (Forschungs-) Frage zu tun hat. Wenn Sie andererseits lange zusammentragen, ohne sich wirklich eng an die Zielvorgabe der Bildung eigener Aussagen zu halten, werden Sie (zu) viel Zeit ver-

---

[36] Weit verbreitet sind Endnote (Kostenpunkt ca. 90 $ für die Studentenversion) oder LiteRat, welches als Freeware unter `http://www.literat.net/index.html` verfügbar ist. Zur Vertiefung siehe Christine Stickel-Wolf und Joachim Wolf, *Wissenschaftliches Arbeiten und Lerntechniken*, 2. Aufl. (Wiesbaden: Gabler, 2002) 135-144.

brauchen und unlustig auf weitere Arbeit werden. Naht dann das Abgabedatum, kann trotz sehr sorgfältigem Forschungsprozess manchmal nur ein wenig befriedigender eigener Text entstehen.

Sie müssen daher den Zeitpunkt ermitteln und richtig einschätzen, zu dem Ihre eigene Idee formulierungsreif ist und Sie mit dem Schreiben beginnen können. Normalerweise „fließt" es dann, d.h. Sie werden inhaltlich selbstständig von Aspekt zu Aspekt gezogen.[37] Nähern Sie sich als Anfänger diesem Zeitpunkt des Schreibbeginns vorsichtshalber von einer etwas zu ausführlichen Quellenauswertung her, da Sie sonst keine Chance auf einen inhaltlich getriebenen Schreibfluss haben, sondern zu breit referieren, weil Sie die Quellen nicht genau genug ausgewertet haben und zu wenig zu Ihrer eigentlichen Frage schreiben. Nach dem ersten Entwurf werden Sie sowieso iterativ weiterarbeiten, d.h. nochmals Quellen heranziehen, diese auswerten, am eigenen Text arbeiten, wieder zu den Quellen zurückkehren, deren Erkenntnisse einbauen und so fort.

3.5 Verarbeitung von Quellen im eigenen Text: Zitieren

In diesem Abschnitt geht es darum, wie Sie die gefundenen und bearbeiteten Quellen treffend und elegant in Ihrem Text verarbeiten, so dass sie Ihre eigenen Aussagen unterstreichen und die Bezugspunkte zu bestehenden deutlich werden.

3.5.1 Motive und Prinzipien des Zitierens

Es lassen sich zwei gewichtige Gründe für die Verwendung von Zitaten anführen: zum einen der Respekt für fremde Ideen, d.h. das geistige Eigentum eines Menschen, das juristisch seinen Niederschlag im Urheberrecht des Autors findet, und zum anderen der Einsatz des Zitierten als Untermauerung der eigenen Argumente, Thesen oder Theoriebausteine, um deren Anschlussfähigkeit und Legitimität darzustellen.

Immer wieder unterliegen Wissenschaftler und Studierende der Versuchung, durch das Abschreiben von Texten oder Daten den Arbeitsaufwand für eine zu erbringende Leistung zu minimieren. Nicht nur schmücken sich die Betreffenden mit den Lorbeeren anderer, sondern sie begehen auch eine wissenschaftliche Todsünde. Vor allem ist es den angehenden Akademikern oft noch nicht bewusst, dass ein solches Vergehen nicht – wie möglicherweise noch in der Schulzeit – ein Kavaliersdelikt ist, sondern schwerwiegende Konsequenzen nach sich zieht, weil sie ihre persönliche Glaubwürdigkeit verlieren. Da die Dozierenden die relevante Literatur kennen, als Lehrende Erfahrung mit studentischen Formulierungsmöglichkeiten haben und als wissenschaftlich Schreibende auch stilistische Unstimmig-

---

[37] Vgl. dazu auch Hinderk M. Emrich, „Schreib-Partikel und ihre allmähliche Verfertigung", *Lust und Last des wissenschaftlichen Schreibens*, Hrsg. Wolf-Dieter Narr und Joachim Stary (Frankfurt am Main: Suhrkamp, 1999) 54-57.

keiten erkennen, entdecken sie solche Betrugsmanöver leichter als angenommen. Die Voll-text-Suchprogramme des Internets erlauben es dann schnell, eine verdächtige Textstelle auf Unterschleif beziehungsweise ihre Originalität hin zu überprüfen.[38] Zusammenfassend kann man drei Typen von Aussagen unterscheiden: erstens Ihre eigenen Gedanken, zwei-tens diejenigen der Autoren, die Sie selbst gelesen haben, sowie drittens Gedanken, die in diesen Arbeiten zitiert worden sind. Indem Sie sich diese Unterschiede bewusst machen und ein ungeprüftes Übernehmen von Quellen aus dritter Hand unterbinden, schützen Sie sich vor peinlichen, falschen Zitaten und letztlich vor Plagiaten.

Mit den fremden Informationen, die man in der Arbeit übernehmen will, sollte man be-sonders sorgfältig umgehen. Zitate müssen deutlich gekennzeichnet werden. Dabei ist die korrekte Zitiertechnik sehr wichtig. Ein unsauberes, inkonsistentes oder lückenhaftes Zitiersystem wertet auch eine sonst gute Arbeit deutlich ab. Aber nicht jeder Gedanke, der dem Allgemeingut angehört, muss belegt werden. Seit Thomas Kuhn[39] kann man zwar nicht mehr von einem rein kumulativen Wissenschaftsverständnis sprechen, doch baut jeder Text auf Bestehendem auf und wird nicht komplett originär geschaffen. Dass es durchaus legitim und wünschenswert ist, aufeinander Bezug zu nehmen, drückt der auch innerhalb der Wirtschaftswissenschaften angewandte Begriff der „Intertextualität"[40], also der Zusammenhang zwischen einem bestimmten Text und einem anderen, aus. Eigene Gedanken werden mit den verwendeten verknüpft, so dass sich eine Assoziationskette er-gibt und der Aussagegehalt eines fremden Textes auf die eigene Argumentation übergeht. Dies erfolgt, um einen Bezug zum aktuellen Forschungsstand, zur angewandten Methode, zur wissenschaftlichen Gemeinschaft oder einer spezifischen Schule herzustellen. Des Weiteren eignen sich die durch das Zitat hervorgerufenen Assoziationen zum Aufzeigen von Kritikpunkten oder Fehlern.[41]

Denken Sie bei der Verarbeitung von Quellen daran, dass eine Überprüfung durch Dritte möglich sein sollte. Es versteht sich von selbst, dass Quellen, die auch von Dritten einge-

---

[38] Unter Unterschleif und plagiativen Verhaltensweisen werden das Abschreiben in einer Prüfung, das Abtippen von Texten ohne konkrete Hinweise auf die Quelle oder Abschreiben von Kommi-litonen, der Gebrauch von Daten und Materialien Dritter ohne expliziten Verweis auf die Auto-renschaft, das Anlehnen an fremde Gedanken oder ähnliches Vorgehen verstanden.

[39] Der Wissenschaftshistoriker Thomas Kuhn widersprach Karl Raimund Poppers Wissenschafts-verständnis. Nach Kuhns Vorstellung ist die Wissenschaft kein kontinuierlicher Prozess, wel-cher sich sukzessive der Wahrheit nähert, sondern eine Abfolge von Revolutionen, die im tatsächlichen (eher opportunistischen) Verhalten der Wissenschaftler begründet sind.

[40] Die Literaturwissenschaft unterscheidet zwischen zwei Fassungen dieses Begriffs: einer weite-ren (Kristeva), in der Bedeutung eines Aufnehmens und einer Offenheit der Literatur, und einer engeren (Genette), also dem konkreten Bezug zweier Texte,. Vgl. dazu Michail M. Bachtin, *Die Ästhetik des Wortes* (Frankfurt am Main: Suhrkamp, 2001); Julia Kristeva, „Probleme der Textstrukturation (Problèmes de la structuration du texte)", Übersetzung Jochen und Irmela Rehbein, *Literaturwissenschaft und Linguistik I*, Hrsg. Jens Ihwe (Frankfurt am Main: Athe-näum, 1971) 448-507, und Gérard Genette, *Palimpseste, Die Literatur auf zweiter Stufe* (Frank-furt am Main: Suhrkamp, 1993).

[41] T.A. Brooks, „Private acts and public objects: An investigation of citer motivations", *Journal of the American Society for Information Science* 36 (1985): 223-229.

sehen und überprüft werden können, als die Verlässlicheren angesehen werden, da die Gefahr der Verfälschung oder Manipulation deutlich reduziert wird. Insofern sind etwa persönliche E-Mails, mündliche Aussagen, aber auch transkribierte Interviewdaten oder Fragebögen problematisch. Deswegen werden bei schriftlichen Arbeiten oft im Text oder Anhang Tabellen oder Beispiele der verwendeten Erhebungsinstrumente, Kriterien der Kategorienbildung oder andere Ausschnitte angefügt, um die Daten den Lesern zugänglich zu machen. Auf diese Weise werden sie auch einer Überprüfung ausgesetzt und deren Verfügbarkeit und Wahrheitsgehalt wird unweigerlich öffentlich bestätigt. Entsprechend muss man den Autor korrekt zitieren, also so, dass das Zitat seine Meinung wiedergibt und eine Aussage nicht aus ihrem Gesamtzusammenhang gerissen und dadurch verändert wird.

Im Sinne des eben genannten Zwecks ist der Verlauf der Argumentation der eigenen Quellen zu ermitteln und wiederum mit Parallelquellen zu vergleichen. Es gilt zu klären, warum die Autoren zu verschiedenen Schlüssen kommen, und falls Sie zu gleichen Schlüssen kommen, ob und wie sich die Begründungen möglicherweise voneinander unterscheiden. Es ist demzufolge die Evidenz der Argumente zu hinterfragen: Sind die Daten überzeugend interpretiert worden, oder könnte man auch ganz andere Schlüsse ziehen?

Der Umfang des Zitierens umfasst das weite Spektrum von einem bestimmten Wort bis zum Lebenswerk eines Autors. Um dieses einer Klassifikation zu unterwerfen schuf Cronin fünf Stufen oder Ebenen des Zitierens:[42] Lebenswerk, Motiv, Werk (Buch, Aufsatz in Sammelwerk, Journalartikel), Kapitel oder Abschnitt sowie als feinste Ebene das Detail. Beim Zitieren von Karl R. Popper kann man sich etwa auf dessen gesamtes Schaffen und dessen Wirken auf die wissenschaftliche Theorie und Praxis beziehen oder aber eine Detailaussage wie „Bewusstes Lernen aus unseren Fehlern, bewusstes Lernen durch dauernde Korrektur ist das Prinzip der Einstellung, die ich den ‚kritischen Rationalismus' nenne" (Hervorhebung im Original)[43] zitieren. Damit Dritte die Verwendung des Fremdtextes einsehen sowie diesen selbst wiedererkennen, muss auf verständliche, nachvollziehbare und einfache Weise zitiert werden.[44]

3.5.2   Zitierregeln

Die Ansprüche und Vorstellungen einzelner Wissenschaftler bezüglich der richtigen Art und Weise des Zitierens gehen weit auseinander. Es gibt nun Regeln und Standards, wie Zitate, wörtliche wie sinngemäße, von Texten, Zahlen und Bildern zu dokumentieren sind. Des Weiteren geben diese Regelwerke Auskunft darüber, wie weiterführende Informationen sowie Kommentare anzubringen sind, ohne den Textfluss zu behindern. Oft sind diese Differenzen in der Zugehörigkeit zu einer bestimmten Fachdisziplin begründet. Während

---

[42] Blaise Cronin, „Tiered citation and measures of document similarity", *Journal of the American Society for Information Science* 45 (1994): 537-538.

[43] Karl Raimund Popper, Vorwort: *Das Elend des Historizismus* (Tübingen: Mohr, 1965) IX.

[44] Wim van den Berg, „Autorität und Schmuck. Über die Funktion des Zitates von der Antike bis zur Romantik", *Instrument Zitat: über den literarhistorischen und institutionellen Nutzen von Zitaten und Zitieren*, Hrsg. Klaus Beekman und Ralf Grüttemeier (Amsterdam: GA, 2000).

Sprach- und Literaturwissenschaftler auf textliche Authentizität, die unverfälschte, vollständige Angabe der Autorennamen und ungekürzte Texttitel bestehen, betonen Sozial- und Naturwissenschaftler das Erscheinungsdatum einer Publikation, da dort die Entstehungsgeschichte und die zeitliche Reihenfolge der Publikationen in einem Feld entscheidend sind. Ein einheitlicher Standard, der den Großteil der Bedürfnisse abdeckt, ist zwar theoretisch denkbar, würde sicherlich manches vereinfachen und oft auch einen Zugewinn an Dokumentationsqualität bedeuten, scheitert aber schon allein an den dogmatischen Positionen der verschiedenen Disziplinen und ist in näherer Zukunft nicht absehbar.

Zwei bekannte Regelwerke zum Dokumentieren sind der Standard der *Modern Language Association* (MLA), welcher auch bei der Abfassung dieses Buches verwendet wurde, und der Standard der *American Psychological Association* (APA). Beide sind international gebräuchlich, selbst gut dokumentiert und werden von wichtigen wissenschaftlichen Organisationen gepflegt. Zu den Zitierstandards existiert eine Vielzahl von Texten, welche sich in der hier nicht realisierbaren Tiefe und Detailgenauigkeit mit den Anwendungsregeln auseinander setzen. Als Minimalanforderung gilt es, für ein Literaturverzeichnis folgende Angaben zu erfassen:

Angaben für ein Literaturverzeichnis	
Bücher:	Nachname(n), Initiale(n), Erscheinungsjahr, Titel, Verlagsort und Verlagsname
Beispiel (APA):	Behr, G., Fickert, R., Gantenbein, P. & Spremann, K. (2002). *Accounting, Controlling und Finanzen: Einführung*. München: Oldenbourg.
Aufsatz in Herausgeberwerk:	Nachname(n), Initiale(n), Erscheinungsjahr, Titel Aufsatz, Herausgeber, Titel Herausgeberwerk, Seiten, Verlagsort, Verlag
Beispiel (APA):	Lakatos, I. (1970). Falsification and the Methodology of Scientific Research Programmes. In I. Lakatos & A. Musgrave (Eds.), *Criticism and the Growth of Knowledge* (pp. 91-196). Cambridge: Cambridge University Press.
Periodikum:	Nachname(n), Initiale(n), Erscheinungsjahr, Titel, Name Zeitschrift, Jahrgang, Seitenzahlen
Beispiel (APA):	Von Hippel, E. & von Krogh, G. (2003). „Open Source Software and the 'Private-Collective' Innovation Model. Issues for Organization Science", *Organization Science*, 14, 209-223.

Die Angaben in diesem Buch dienen als Beispiele für den MLA-Standard.

Die Verwendung dieser Standards stellt sicher, dass die Quelle unzweideutig angegeben ist und deswegen von Dritten auf Anhieb gefunden und nachgeprüft werden kann.

Für weitere Informationen verweisen wir Sie auf die folgenden Quellen:

- Metzger, Christoph. *Lern- und Arbeitsstrategien. Ein Fachbuch für Studierende an Universitäten und Fachhochschulen.* 5. Aufl., Aarau: Sauerländer, 2002 (APA:135-153; MLA: 154-169).
- http://www.apastyle.org/elecref.html
- http://www.mla.org/
- http://www.monroecc.edu/depts/library/cover.htm
- http://www.ub.fu-berlin.de/service/einfuehrungen/bookmarks/zitieren.html
- http://www.columbia.edu/cu/cup/cgos/idx_basic.html
- http://owl.english.purdue.edu/handouts/research/

3.6 Literatur

Babiak, Ulrich. *Effektive Suche im Internet.* 4. Aufl. Köln: O'Reilly, 2001.

Bachtin, Michail M. *Die Ästhetik des Wortes.* Frankfurt am Main: Suhrkamp, 2001.

Becker, Howard S. *Die Kunst des professionellen Schreibens. Ein Leitfaden für Geistes- und Sozialwissenschaftler.* 2. Aufl. Frankfurt a.M.: Campus, 2000.

Bibliographie der deutschen Sprach- und Literaturwissenschaft. Begr. von Hanns W. Eppelsheimer; fortgeführt von Clemens Köttelwesch. Frankfurt a.M.: Klostermann 1957-.

Booth, Wayne C., Gregory G. Colomb and Joseph M. Williams. *The Craft of Research.* 2nd ed. Chicago: University of Chicago Press, 2003.

Brooks, T.A. „Private acts and public objects: An investigation of citer motivations" *Journal of the American Society for Information Science* 36 (1985): 223-229.

Business periodicals index. Bettie Jane. 3rd ed. New York, NY: Wilson, 1958-.

Cornin, Blaise. „Tiered citation and measures of document similarity". *Journal of the American Society for Information Science* 45 (1994): 537-538.

Emrich, Hinderk M. „Schreib-Partikel und ihre allmähliche Verfertigung". *Lust und Last des wissenschaftlichen Schreibens.* Hrsg. Wolf-Dieter Narr und Joachim Stary. Frankfurt am Main: Suhrkamp, 1999, 54-57.

Fink, Arlene. *Conducting Research Literature Reviews.* London, Thousand Oaks: Sage, 1998.

Genette, Gérard. *Palimpseste, Die Literatur auf zweiter Stufe.* Frankfurt am Main: Suhrkamp, 1993.

Handbuch der Bibliographie. Begr. von Georg Schneider; völlig neu bearb. von Friedrich Nestler. 6. Aufl. Stuttgart: Hiersemann, 1999.

Hartmann, Werner, Michael Näf und Peter Schäuble. *Informationsbeschaffung im Internet: Grundlegende Konzepte verstehen und umsetzen.* Zürich: Orell Füssli, 2000.

Hehl, Hans. *Die elektronische Bibliothek: Literatur- und Informationsbeschaffung im Internet.* 2. überarb. und erw. Aufl. München: K.G. Saur, 2001.

Kristeva, Julia. „Probleme der Textstrukturation (Problèmes de la structuration du texte)". Übersetzung Jochen und Irmela Rehbein. *Literaturwissenschaft und Linguistik I.* Hrsg. Jens Ihwe. Frankfurt am Main: Athenäum, 1971.

Mastronardi, Philippe. *Juristisches Denken: eine Einführung.* 2. überarb. Aufl. Bern: Haupt, 2003.

Metzger, Christoph. *Lern- und Arbeitsstrategien. Ein Fachbuch für Studierende an Universitäten und Fachhochschulen.* 5. Aufl. Aarau: Sauerländer, 2002.

Moennighoff, Burkhard und Eckhardt Meyer-Krentler. *Arbeitstechniken Literaturwissenschaft.* 9. Aufl. München: Fink, 2001.

Otto, Michael. *Suchstrategien im Internet: Search Engines, Themenkataloge, Besprechungsdienste.* Bonn: International Thomson Publ., 1997.

Poenicke, Klaus. *Wie verfasst man wissenschaftliche Arbeiten?* Mannheim: Dudenverlag, 1988.

Popper, Karl Raimund. Vorwort der deutschen Ausgabe. *Das Elend des Historizismus.* Tübingen: Mohr, 1965.

Schnabel, Ulrich und Andreas Sentker. „Der alltägliche Betrug. Ein Gespräch mit dem Wissenschaftssoziologen Peter Weingart". *Die Zeit.* 15. Mai 2003, 39.

Stary, Joachim und Horst Kretschmer. *Umgang mit wissenschaftlicher Literatur: Eine Arbeitshilfe.* Frankfurt a.M.: Cornelsen Scriptor, 1994.

Stickel-Wolf, Christine und Joachim Wolf. *Wissenschaftliches Arbeiten und Lerntechniken.* 2. Aufl. Wiesbaden: Gabler, 2002.

Theisen, Manuel R. *Wissenschaftliches Arbeiten.* 10. Aufl. München: Franz Vahlen, 2000.

van den Berg, Wim. „Autorität und Schmuck. Über die Funktion des Zitates von der Antike bis zur Romantik". *Instrument Zitat: über den literaturhistorischen und institutionellen Nutzen von Zitaten und Zitieren.* Hrsg. Klaus Beekman und Ralf Grüttemeier, Amsterdam: GA Rodopi, 2000.

Werlich, Egon. *Typologie der Texte.* 2. Aufl. Heidelberg: Quelle & Meyer, 1979.

Hier eine Auflistung wichtiger Ressourcen für Recherchen:

Swiss Education and Research Network: http://www.switch.ch/libraries/

Hochschulbibliotheken der Schweiz: http://www.ub.unibas.ch/lib/schweiz.htm

Schweizerische Landesbibliothek: http://www.snl.ch/d/online/index.htm

Karlsruher Virtueller Katalog: http://www.ubka.uni-karlsruhe.de/kvk.html

Deutsche Bibliothek: http://z3950gw.dbf.ddb.de/

Universitätsbibliothek Konstanz: http://www.ub.uni-konstanz.de/koala/

Bibliothek der Universität Bielefeld: http://www.ub.uni-bielefeld.de/

Sammelschwerpunkte an deutschen Bibliotheken: http://webis.sub.uni-hamburg.de/

The Library of Congress: http://www.loc.gov/

The British Library: http://blpc.bl.uk/

Bibliothèque nationale de France: http://www.bnf.fr/pages/catalog/opale.htm

Gabriel – Europäische Nationalbibliotheken: http://www.kb.nl/gabriel/

Kapitel

4 Forschen als Student

Mit diesem Kapitel sollten Sie sich eine Vorstellung erwerben können über das, was Forschung heißt und Forschen darstellt, um so Ihre eigenen ersten Versuche, Forschung zu praktizieren, zu erleichtern. Bislang waren wir von bestehenden Texten, häufig als Ergebnis von Forschungsarbeit, ausgegangen und haben gelernt, wie diese gefunden, eingeordnet und genutzt werden. Jetzt beginnen wir mit der eigenen Produktion. Wie Sie schon aus den vorangehenden Kapiteln wissen, erfordern die Handlungen im Studium nicht nur technisches Wissen, sondern auch jeweils einen entsprechenden Habitus. Deshalb wird in diesem Kapitel zunächst auf die Idee der Forschung eingegangen und aufgezeigt, was unter Forschen zu verstehen ist (4.1). Anschließend werden die Arbeitsformen wissenschaftlichen Schreibens vorgestellt (4.2), verschiedene Arten der Erkenntnisgewinnung und deren Konsequenz besprochen (4.3) sowie wissenschaftstheoretische Grundpositionen dargelegt (4.4). Abgeschlossen wird dieser Teil durch einen Leitfaden zur Entwicklung der Forschungsfrage (4.5) und deren Verknüpfung mit der Methodenwahl (4.6).

4.1　Idee der Forschung

Forschung entsteht aus der Neugier der Menschen, dem Drang, Neues zu entdecken. Obwohl nicht wenige Entdeckungen auch dem Zufall zu verdanken sind, will man durch die Forschung systematisch und zielgerichtet neue Erkenntnisse in einem Wissensgebiet suchen und Möglichkeiten zu deren Prüfung finden. Im weiteren Sinne versteht man unter Forschung die Gesamtheit der in allen Bereichen der Wissenschaften erfolgenden methodisch-systematischen (beobachten, experimentieren, messen, ableiten) und schöpferisch-geistigen (analysieren, interpretieren, verstehen) Bemühungen zur Erlangung neuer, nachprüfbarer Erkenntnisse.[1] Um dieser Idee der Forschung gerecht zu werden, gilt es aktiv zu werden und nicht auf eine Entdeckung zu hoffen, die ohnehin in den Sozial- und Wirtschaftswissenschaften selten sind.

Dazu müssen Sie sich in die Welt der Wissenschaft und der Forscher mit ihren Regeln und Usancen begeben, d.h. eine bestimmte Haltung einnehmen, den Fokus auf einen Themenaspekt konzentrieren und Material zusammentragen, gegebenenfalls transkribieren, auswerten, prüfen, beurteilen, analysieren, kategorisieren, testen und am Ende beschreiben, was Sie erreicht haben. Für Thomas Kuhn ist der Wissenschaftler deswegen ein „Rätsellöser“ und das wissenschaftliche Problem ein „Rätsel“, welches „jene besondere Problemkategorie [charakterisiert], die zur Erprobung von Scharfsinn oder Geschicklichkeit dienen kann“,[2] wobei er Rätsel näher bestimmt: Innerhalb eines herrschenden Paradigmas muss ein Regelwerk bestehen, das die Art des Rätsels bestimmt sowie die Prozesse zur Problemlösung vorgibt. Es muss lösbar sein. Dieses Regelwerk, das insbesondere theoretische und methodische Verpflichtungen vorschreibt, definiert das Rätsel in der normalen Wissenschaft.[3] Somit sind Alltagserfahrungen und -hypothesen zwar scheinbar nützlich und plausibel, erfüllen aber nicht die Funktion eines Wahrheitskriteriums im Forschungsprozess.[4] Allerdings werden sehr wohl aus praktischen Problemen Forschungsprobleme abgeleitet. Booth, Colomb und Williamson präsentieren eine zyklische Folge dieses Sachverhalts: Ein Praxisproblem motiviert einen Wissenschaftler, sich vertiefte Gedanken zu machen und eine konkrete Forschungsfrage zu formulieren, welche ihrerseits das Forschungsproblem definiert. Durch den Vollzug des Forschungsprozesses sollte eine Antwort oder zumindest eine Falsifikation des Bestehenden hervorgebracht werden. Dieses Ergebnis trägt dann wiederum zur Lösung eines praktischen Problems bei, womit sich der Kreis schließt.[5]

---

[1]　Für eine Diskussion des Forschungsbegriffs im Kontext der Wissenschaftstheorie siehe z.B. Hans Poser, *Wissenschaftstheorie. Eine philosophische Einführung* (Stuttgart: Philipp Reclam jun., 2001) 11-24.

[2]　Thomas S. Kuhn, *Die Struktur wissenschaftlicher Revolutionen* (Frankfurt am Main: Suhrkamp, 1976) 50.

[3]　Kuhn 51-57.

[4]　Andreas Diekmann, *Empirische Sozialforschung: Grundlagen, Methoden, Anwendungen*, 9. Aufl. (Reinbek bei Hamburg: Rowohlt, 2002) 24.

[5]　Wayne C. Booth, Gregory G. Colomb and Joseph M. Williams, *The Craft of Research*, 2nd ed. (Chicago: University of Chicago Press, 2003) 57-59.

Am besten stellt man sich wissenschaftliches Forschen in einer ersten Annäherung metaphorisch in Form eines Berges vor. Generationen von Wissenschaftlern, aber auch Praktiker und Laien, haben ihn zusammengetragen, sei es durch gezielte Aktion oder durch Zufall. Jeder neue Forscher bedient sich der Ressourcen des Berges, verarbeitet und rekombiniert sie und trägt in irgendeiner Form wieder zum Berg dieses Wissens bei. Wenn auch in der Wissenschaftstheorie keine Einigkeit[6] (mehr) über die Art und Weise der Vergrößerung dieses Berges besteht, so ist man sich zumindest hinsichtlich des Ziels einig: Erkenntnisse gewinnen und mitteilen. Die Bergmetapher soll verdeutlichen, dass Forschen sowohl das Zusammentragen von schon vorhandenen Primär- und Sekundärmaterialien und deren Betrachtung unter einem neuen Blickwinkel umfasst wie auch die Erzeugung neuen Materials. In diesem Sinne verwenden wir einen weiten Forschungsbegriff. Barritt formuliert über die Forschung in den Sozialwissenschaften „[it] is not the discovery of new elements, as in natural science study, but the heightening of awareness for experience which has been forgotten or overlooked". Durch die Schärfung des Bewusstseins und die Schaffung eines wissenschaftlichen Dialogs erhoffe man sich, dass "research can lead to better understanding of the way things appear to someone else and through that insight lead to improvements to practice".[7]

4.2 Arbeitsschritte des Forschens in Form des wissenschaftlichen Schreibens

Der hier verwendete weite Forschungsbegriff erlaubt es, eine Vielzahl von Tätigkeiten und deren Ergebnissicherung in Form von Texten darunter zu fassen. So gilt Ihre Tätigkeit im Rahmen von Seminar- und Abschlussarbeiten als Forschung oder zumindest als forschendes Lernen. Dessen verschiedene Formen sehen wir nachfolgend an. Wenn man die Typen des wissenschaftlichen Schreibens von Kruse heranzieht, erkennt man, wie die Teile des Schreibprozesses zur wissenschaftlichen Arbeit des Forschens gehören. Auch wenn diese Aufteilung durchaus kritisiert werden muss, weil einige Aktivitäten wie das Argumentieren (siehe nächstes Kapitel) oder die Theorienbildung übergeordnet sind, so wird anhand deren Interpretation die Parallelität von Forschen und wissenschaftlichem Schreiben deutlich.[8] Im Weiteren sehen wir näher an:

- Beschreiben
- Zusammentragen und Kompilieren
- Systematisieren

---

[6] Die klassische Auffassung, wonach sich die Wissenschaft kumulativ weiterentwickelt, wurde im 20. Jahrhundert u.a. durch den Popperschen Falsifikationismus oder die Kuhnsche These der revolutionären Veränderung durch Paradigmenwechsel in Frage gestellt und durch ihre neuen Erklärungsmodelle ersetzt.

[7] Loren Barritt, „Human sciences and the human image", *Phenomenology and Pedagogy* 4.3 (1986): 20.

[8] Otto Kruse, *Keine Angst vor dem leeren Blatt: Ohne Schreibblockaden durchs Studium* (Frankfurt am Main: Campus, 1993) 68-69.

- Vergleichen und Kontrastieren
- Analysieren
- Interpretieren
- Bewerten
- Vorschreiben
- Modell- und Theoriebildung

Beim **Beschreiben** wird ein beobachtbarer Sachverhalt mit Worten möglichst genau dargestellt, ohne dass er dabei in irgendeiner Form gewertet, eingeordnet oder für eine Argumentation verwendet würde. Diese Trennung von Beschreibung und Wertung kann natürlich nur eine künstliche zum Zweck des Schreibens sein, da Beschreiben ohne Erkennen und Wahrnehmen sowie die damit unweigerlich verbundene Auswahl und Interpretation unmöglich ist. Das Beschreiben ist der grundlegende und von der Komplexität her einfachste Teil jeder wissenschaftlichen Arbeit. Ohne Beschreibung kommt keine der anderen Schreibformen aus. Das **Zusammentragen und Kompilieren** oder **Anhäufen** von Quellen ist ebenfalls ein Grundbestandteil einer jeden Forschungsarbeit. Wichtige Schreibtätigkeiten in diesem Zusammenhang sind das Zusammenfassen, das Ergänzen, das Umformulieren, Ausschmücken und Neuarrangieren.[9] Das **Systematisieren** besteht zunächst aus dem Sammeln relevanten Materials und erfordert dann das Vernetzen von Wissen zum Zwecke der Kategorisierung. Beim **Vergleichen** und **Kontrastieren** werden Gemeinsamkeiten und Gegensätze identifiziert und herausgearbeitet. Allerdings muss als Erstes eine Entscheidung über die zu vergleichenden Eigenschaften und Kriterien getroffen werden. Diese können sich allerdings manchmal während der Durchführung als wenig relevant herausstellen, so dass man andere, angemessenere wählen muss. Für das **Analysieren**, das „Auseinandernehmen" von Sachverhalten oder Gegenständen, ist ein Bezugsrahmen erforderlich, der die Ebene der Analyse festlegt.[10] Wichtige Analyseebenen sind:

- systematische, funktionale oder strukturelle Zusammenhänge eines Gegenstands,
- Motive oder Handlungsmaximen von Personen in bestimmten Situationen,
- Entstehungszusammenhänge von Quellen,
- Annahmen und Axiome, Aussagebereiche und Grenzen, Systematiken etc. von Theorien.

Die **Interpretation** sucht die „wahre" Aussage eines Werkes oder eines Textes zu verstehen. Um zu einem umfassenden Verständnis zu kommen, werden übergeordnete Zusammenhänge sozialer oder struktureller Art, wie etwa der Entstehungszusammenhang, biographische Daten, Motive oder Interaktionsmuster hinzugezogen. Eine wichtige Rolle in der Interpretation spielt die Hermeneutik (vgl. Kapitel 2).

---

[9] Zum Verfassen von Übersichtsartikeln siehe Leo Strunin, „Wie man einen Übersichtsartikel schreibt", *Publish or Perish: Wie man einen wissenschaftlichen Beitrag schreibt, ohne die Leser zu langweilen oder die Daten zu verfälschen*, Hrsg. George M. Hall (Bern: Hans Huber, 1998) 91-98.

[10] Kruse unterscheidet hier die Theorieanalyse, die Quellenanalyse, die Objektanalyse sowie die Analyse subjektiver Zusammenhänge; Kruse 86.

Für die Evaluation von Zusammenhängen, Forschungsergebnissen oder Systemen ist die Schaffung und Begründung eines Kriterienkatalogs oder Maßstabs vonnöten, der auch Aussagen über das, was „gut" oder „schlecht" ist, trifft. Die Kriterien sind Operationalisierungen von Werten, die den übergeordneten Maßstab des **Bewertens** bilden, und zwar methodisch wie inhaltlich. Die Wissenschaft hat lange versucht, sich Werturteilen zugunsten einer vermeintlichen Objektivität und Vergleichbarkeit zu enthalten. Mittlerweile hat sich die Auffassung durchgesetzt, dass jede Aussage direkt oder indirekt immer auf ein durch die Weltsicht geprägtes Werturteil bezogen ist, es folglich keine wertfreie Wissenschaft geben kann, so dass auch explizite Beurteilungen möglich und sinnvoll erscheinen.

Präskriptive Texte zielen darauf ab, Handlungsanleitungen, verbindliche Regeln oder Gesetze aufzustellen, die gerade in der Betriebswirtschaftslehre häufig auftreten, z.B. in Form von Führungsstilen oder Marketingkonzepten. Dieses letztlich normative **Vorschreiben** will ein besseres Zusammenleben in einer Gemeinschaft oder einen idealtypischen Prozess eines Vorgehens sichern. Die jeweils formulierten Regeln oder Methoden wollen einen systematischen, vergleichbaren und nachvollziehbaren Handlungsablauf anregen oder gar gewährleisten. Entscheidend für die wissenschaftliche Legitimität und Qualität dieser Texte sind die zugrunde liegenden Forschungsarbeiten und die angeführten Beweise für die Aussagen.

Vielfach als die höchste Stufe des Forschens angesehen, wenngleich die anderen Tätigkeiten häufiger und Voraussetzung sind, ist die **Bildung von eigenen Modellen und Theorien**. Sie dient vereinfacht gesagt dazu, Forschungsfragen zu beantworten, indem sie systematisch Zusammenhänge von (beobachteten) Sachverhalten erklärt. Formal ist eine Theorie „ein *System logisch widerspruchsfreier Aussagen* (...) über den jeweiligen Untersuchungsgegenstand *mit den zugehörigen Definitionen* der verwendeten Begriffe".[11] Dabei wird induktives und deduktives Vorgehen unterschieden. Theorieaufbauende Forschung generiert induktiv aus einzelnen Beobachtungen Zusammenhänge, die zu Theorien verdichtet werden. Eine berühmte Beschreibung der induktiven Vorgehensweise ist Platons „schwacher Syllogismus":

1. Prämisse (Fall): Sokrates ist sterblich.

2. Prämisse (Regel): Sokrates ist ein Mensch.

Konklusion (Ergebnis): Alle Menschen sind sterblich.

Das Zusammentragen von einzelnen Beobachtungen und das induktive Aufdecken komplexer Beziehungen kennzeichnen den **Empiriker**.

Die umgekehrte Vorgehensweise, die auch als Deduktion bezeichnet wird, postuliert unter Annahme der Wahrheit der Prämissen und Beachtung der Logik die Wahrheit des Schlusssatzes. Die Schlüsse können vom Allgemeinen zum Besonderen und vom Allgemeinen auf eine andere, gleichwertige Allgemeinheit gezogen werden. Die Deduktion wird in Platons Terminologie auch als „starker Syllogismus" bezeichnet und gehorcht folgender Logik:

---

[11] Helmut Kromrey, *Empirische Sozialforschung*, 10. Aufl. (Opladen: Leske & Budrich, 2002) 48 (Hervorhebung im Original).

1. Prämisse (Regel): Alle Menschen sind sterblich.

2. Prämisse (Fall): Sokrates ist ein Mensch.

Konklusion (Ergebnis): Sokrates ist sterblich.

Wissenschaftler, die deduktiv verfahren, d.h. Theorien testen, werden auch als **Theoretiker** bezeichnet.

4.3 Zwei Formen des Erkenntnisstrebens

Der Einsatz der zuvor beschriebenen Formen der wissenschaftlichen Arbeit muss jeweils durch ein gewisses Erkenntnisinteresse begründet werden und diesem dienen. Das Erkenntnisstreben in den Sozialwissenschaften wird von zwei Typen von Fragestellungen geleitet, den **Wie-Fragen** (beschreibende Forschung) und den **Warum-Fragen** (erklärende Forschung).[12]

4.3.1 Beschreibende Forschung

Die Fragen, die sich mit dem Wie eines Phänomens oder Sachverhalts auseinander setzen, beschreiben und interpretieren diese. Damit sollen Bedeutungen und Sinnzusammenhänge entdeckt und die Welt begrifflich erschlossen werden. Komplizierte Sachverhalte sollen durch die Beschreibung wie durch das Zeichnen eines Bildes besser verständlich und greifbar gemacht werden. Deskriptive Forschung gilt bestimmten Wissenschaftstheorien allerdings nicht als vollwertige Forschungsleistung. Dieser Standpunkt greift jedoch entschieden zu kurz und unterschlägt die fundamentalen und unschätzbaren Beiträge guter Beschreibung und Interpretation, denn kein wissenschaftliches Forschen kommt ohne Beschreibungen aus. Eine Vielzahl von Forschungsprojekten fällt in den Bereich der Deskription, wie z.B. Arbeitslosenstatistik, Absolventenbefragungen, Bevölkerungsstatistik, Wohlfahrtsindikatoren, Dokumente über das Verhalten von Kindern im Vorschulalter oder in gesteuerten Gruppenprozessen usw.

Der Gegenstand der Forschung muss begrifflich erfasst werden und ist somit immer auch subjektiver Interpretation und Auslegung unterworfen. Insofern ist dies letztlich immer auch normativ und eng mit dem Weltbild eines Forschers verbunden.[13] Das wird deutlich, wenn man beispielsweise die Aufgabe eines Unternehmens im Staat aus marxistischer und aus neoliberaler Perspektive vergleicht.

---

[12] Eine Ausführliche Diskussion der Unterscheidung von deskriptiver und erklärender Forschung und deren Beweggründe findet sich z.B. bei Daniel Little, *Varieties of Social Explanation: An Introduction to the Philosophy of Social Science* (Boulder, Co: Westview Press, 1991).

[13] Ulrich Thielemann, „Wonach fragt wissenschaftliche Forschung? Eine Skizze grundlegender Erkenntnisinteressen und Methodologien", unveröffentl. Arbeitspapier, Universität St.Gallen, 2002.

Deskription kann auf einer eher abstrakten Ebene erfolgen, wie bei der Analyse der Insolvenzrate im europäischen Vergleich oder der Entwicklung der Jugendkriminalität im städtischen Raum. Dagegen wäre die Untersuchung eines erfolgreichen Restrukturierungsprojekts der Firma „Saniert" ein Beispiel für eine recht konkrete Deskription. Bei der Deskription kommt die Hermeneutik zum Einsatz. Dabei geht es zum einen um das Verstehen anderer, da die fremde Sprache in die eigene mehr oder weniger verkürzt übersetzt wird, und zum anderen um das bessere Verständnis des Selbst, da das erworbene Wissen in einen systematischen und geschichtsphilosophischen Horizont gestellt wird.[14]

Als Forscher kann man entweder beim Beschreiben stehen bleiben oder weitergehen und die Warum-Frage aufwerfen. Sehr gute Beschreibungen werfen unweigerlich die Frage nach dem Warum auf. Wenn eine Forschungsarbeit dezidiert aufzeigt, dass eine flache Hierarchie und ein hoher Autonomiegrad des einzelnen Mitarbeiters zu einem höheren finanziellen Erfolg in mittelgroßen Unternehmungen führt, fragt man sofort nach den Gründen dieses Ergebnisses. Diese Verknüpfung ist nur sinnvoll, wenn die zugrunde liegenden Prämissen richtig und die Beschreibung derart aussagekräftig sind, dass eine kausale Begründung von Nutzen ist. Der Zusammenhang der beiden Bereiche lässt sich ferner durch die Synthese der folgenden logischen Sätze erschließen:

„Einen Satz verstehen, heißt wissen, was der Fall ist, wenn der Satz wahr ist."[15]

Eine vergleichbare Formulierung finden wir bei Habermas:

„Wir verstehen einen Sprechakt, wenn wir wissen, was ihn akzeptabel macht."[16]

Zusammengenommen könnte man dies auch so formulieren: *„Wir verstehen einen Satz, wenn wir wissen, warum er wahr (gültig) oder unwahr (ungültig) ist."[17]* Folglich muss ein Gegenstand erst genau beschrieben werden, bevor nach dem richtigen Weg zur Wahrheit gefragt und der Gesamtzusammenhang verstanden werden kann.

4.3.2   Erklärende und begründende Forschung

Erklärende und begründende Forschung will das Warum untersuchen und begibt sich auf die Suche nach Gründen für die Existenz und die Entstehung von Phänomenen. Sie versucht, diese kausal zu erklären, geht aber über die reine Beschreibung hinaus und gewinnt dadurch eine andere Qualität. Beschreiben ohne gleichzeitiges Erklären oder Begründen ist gut möglich, Erklären und Begründen ohne Beschreiben hingegen nicht. Die Warum-

---

[14] Jürgen Mittelstraß, „Was heißt: sich im Denken orientieren?", *Vernunft, Handlung und Erfahrung. Über die Grundlagen und Ziele der Wissenschaften*, Hrsg. Oswald Schwemmer (München: C.H. Beck, 1981) 125.

[15] Ludwig Wittgenstein, *Tractatus Logico-Philosophicus* (Frankfurt am Main: Suhrkamp, 1984) Satz 4.024 oder www.kfs.org/~jonathan/witt/t4024en.html

[16] Jürgen Habermas, *Theorie des kommunikativen Handelns*, Bd. 1 (Frankfurt am Main: Suhrkamp, 1981) 400.

[17] Thielemann 2.

Fragen sind nach Apel „systematisch zweideutig",[18] zerfallen dementsprechend in zwei grundsätzlich verschiedene und kategorial unterschiedliche Fragetypen und damit Sinnbestimmungen von Wissenschaft bzw. des „neu" zu schaffenden Wissens: die Erklärungen und die Begründungen.

Unter den Typus *Erklärungen* fallen Fragen nach den Ursachen und Anstößen einer Entwicklung oder eines Zustandes, also den *Wirkungszusammenhängen*. Ein solcher ergibt sich aus der Beziehung zweier oder mehrerer Variablen untereinander, die sich entweder direkt, indirekt oder multipel (d.h. auf vielfältige Weise inklusive Rückkoppelungen) beeinflussen können. Ausgangspunkt der Suche nach Erklärungen ist eine These (Proposition oder Hypothese) über einen angenommenen Zusammenhang, die im Sinne des Falsifikationismus nur als temporär gesichert gelten kann und ihrer Falsifikation oder Ersetzung harrt. Bei der Untersuchung gilt es, den Zufall auszuschließen und zu beachten, dass das Vorliegen einer Korrelation zwischen zwei Ereignissen noch keine Erklärung liefert, sondern einen Zusammenhang (z.B.: Steigt A um eine Einheit, so steigt B um zwei Einheiten). Korrelationen machen aber Voraussagen möglich. Bekanntes (vereinfachendes) Beispiel ist die Anzahl der Störche und die Anzahl der Geburten in einer Gegend. In einigen Regionen lässt sich beobachten, dass die Anzahl der Störche und der Geburten in einem auffallenden quantitativen Verhältnis zueinander stehen: Je mehr Störche, desto mehr Geburten (Korrelation). Der Storch bringt also die Kinder. Die Störche sind jedoch – wie allgemein bekannt – nicht für die Geburten verantwortlich. Für die Korrelation lassen sich jedoch Erklärungen finden: Eine höhere Zahl von Störchen verweist auf eine ländliche Gegend, in der traditionellere Werte herrschen, die die Geburt von Kindern eher begünstigen als ein städtisches Umfeld. Korrelationen kann man im Gegensatz zu einer Erklärung beobachten; die These einer Erklärung kann und muss deshalb erst aus einem empirischen oder theoretischen Sachverhalt erschlossen werden.

Sinn dieser Art von Forschung sind die Erlangung und der Aufbau von Verfügungswissen wie Orientierungswissen,[19] welches der Lösung von Problemen dient und sich einzig am positivistischen Gültigkeitskriterium der (vermeintlich objektiven) Wahrheit misst. Praktische Umsetzung findet dieses Verfügungswissen in neuen Verfahren, Prozessen oder Technologien.

Begründungen hingegen geben Sinnzusammenhänge oder Kausalitäten an. Fragen nach Gründen beabsichtigen die Schaffung von Orientierungswissen (Wissen, was zu machen ist). Dazu ist es notwendig, Probleme zu definieren und der Legitimität, dem zusätzlichen Erkenntnisgewinn sowie dem etwaigen Verlust an Erklärungspotenzial nachzuspüren. Insofern ist man mit normativ-ethischem Erklärungsbedarf konfrontiert und muss eine wohl

---

[18] Karl-Otto Apel, „Die hermeneutische Dimension von Sozialwissenschaft und ihre normative Grundlage", *Mythos Wertfreiheit*, Hrsg. Karl-Otto Apel und Matthias Kettner (Frankfurt am Main: Campus, 1994) 38.

[19] Verfügungswissen, gemeinhin auch als „Know-how" bezeichnet, schafft Möglichkeiten, während Orientierungswissen, das „Know-what," aufzeigt, was erstrebenswert oder richtig ist und somit begrenzt. Siehe Jürgen Mittelstraß, „Bildung und ethische Maße", *Die Zukunft der Bildung*, Hrsg. Nelson Killius, Jürgen Kluge und Linda Reisch (Frankfurt am Main: Suhrkamp, 2002) 164.

begründete Position beziehen. Ausgangspunkt dieses Fragetypus ist ein Postulat oder eine andere Form des Axioms. Das dazu gehörende Gültigkeitskriterium ist das der Richtigkeit.

Begründungen und Erklärungen stehen in einem schwierigen Verhältnis zueinander. Zwar können Begründungen auch ohne Erklärungen auskommen, doch sind Erklärungen auf Begründungen angewiesen. Erklärungen sind ohne Begründungen quasi wertfrei und insofern problematisch, als sie suggerieren, ohne forschungsleitende Hinterkopftheorien auszukommen und völlig losgelöste objektive „Wirklichkeiten" zu sein. Dieses Forschungs- oder Wissenschaftsverständnis ist nur sehr begrenzt mit den Sozialwissenschaften vereinbar und bleibt wohl den Naturwissenschaften vorbehalten, da nur dort Erklärung gefragt und Begründungen unter Umständen auszuschließen sind.

Die folgende Tabelle stellt die Hauptmerkmale der erklärenden und begründenden Forschung dar.

	Erklärungen	**Begründungen**
Fragt nach ...	Ursachen	Gründen
Forschungsgegenstand	Wirkungszusammenhänge	Sinnzusammenhänge
Bezogen auf Sozialwissenschaften	Verhalten, Verhaltensmuster, Systeme (Regelmäßigkeiten)	Handlungen (Regeln, die intentional befolgt werden)
Wissenstypus	Verfügungswissen	Orientierungswissen
Sinn	Know-how (to do it)	Know-what (to do)
	Lösung von Problemen	Definition von Problemen
	z.B. Realisierbarkeit, Durchsetzbarkeit, Wirksamkeit (denn nur wenn man die Faktenzusammenhänge kennt, kann man erfolgreich gestalten)	z.B. Legitimität, Verantwortbarkeit, Lebensdienlichkeit
Gültigkeitskriterium	Wahrheit	Richtigkeit
Ausgangspunkt, Typ des Behauptens	These, Hypothese	Postulat
Zugang zum Forschungsgegenstand	Beobachten (Beobachterperspektive)	(kritisches) Verstehen (Teilnehmerperspektive)
Forscher/Gegenstand	Subjekt-Objekt-Beziehung	Subjekt-Subjekt-Beziehung
Wissenschaftstypus	Positive Wissenschaften	Normative Wissenschaften, Ethik, Hermeneutik
Originaltypus	Naturwissenschaften	Sozialwissenschaften

Tabelle 4.1: Erforschung des *Warum* nach Thielemann 2002

4.4 Wissenschaftstheoretische Grundpositionen

Die Wissenschaftstheorie als eigenständige philosophische Disziplin entstand in den 30er Jahren des 20. Jahrhunderts. Ihre Entstehung – genauer: ihr Hervorgehen aus der allgemeinen Erkenntnistheorie – liegt in dem enormen Fortschritt der Wissenschaften in dieser Zeit begründet. Dieser Fortschritt führte zu einem Bedürfnis nach einer philosophischen Fundamentierung der wissenschaftlichen Tätigkeit. Gleichzeitig brachten Überlegungen aus der Erkenntnistheorie und aus der Logik die Wissenschaften unter Zugzwang: Wie kommt man von einer Beobachtung zu Erkenntnis? Gibt es „wahre" Erkenntnis? Welche Rolle spielt die Sprache bei der Gewinnung von Erkenntnis? Kann man Wissenschaft wertfrei betreiben? Wie funktioniert Forschung? Wie sollte gute Forschung betrieben werden? Diese Debatte bildet den Kern einer eigenen Wissenschaft über die Wissenschaft, der Wissenschaftstheorie. Die Wissenschaftstheorie beschäftigt sich nicht mit Phänomenen oder Methoden in den Einzelwissenschaften, „sondern fragt ganz allgemein, was die Bedingungen der Möglichkeit wissenschaftlicher Erkenntnis sind".[20] Umgekehrt haben die wissenschaftstheoretischen Grundperspektiven einen maßgeblichen Einfluss auf die Einzelwissenschaften.

Die folgenden Ausführungen stellen einige der für die Sozial- und Wirtschaftswissenschaften maßgeblichen wissenschaftstheoretischen Positionen und Debatten in kurzer Form dar und bleiben deswegen notwendigerweise ausschnitthaft. Die Auseinandersetzungen zwischen den unterschiedlichen Positionen wurden scharf, teilweise polemisch geführt. Weil alle Wissenschaftler von diesen Debatten betroffen waren, ja oftmals ihre Grundannahmen der wissenschaftlichen Arbeit zur Disposition standen, wurden diese theoretischen Debatten unter großer Beteiligung geführt, weshalb auch Studierende zumindest einmal davon gehört bzw. gelesen haben sollten.

Wissenschaftliche Erkenntnis kann man abgrenzen von anderen Formen der Erkenntnis, wie meditativer Erkenntnis, religiöser Offenbarung oder Intuition. Es soll überhaupt nicht bestritten werden, dass Meditation, religiöse Offenbarungen oder Intuition bei gewissen Fragestellungen zu Erkenntnis führen können. Wissenschaftliche Erkenntnis ist indes intersubjektiv, d.h. soll für jeden Wissenschaftler zugänglich und überprüfbar sein, indem sie einer bekannten und nachvollziehbaren Methode unterliegt. Die Wahl der Methode ist jedoch umstritten, wie folgende wissenschaftstheoretische Debatten und Positionen zeigen:

---

[20] Hans Poser, *Wissenschaftstheorie* (Stuttgart: Philipp Reclam jun., 2001) 16.

Im **Werturteilsstreit** geht es um die Frage, ob Wissenschaft ohne Werturteile zu betreiben ist.[21] Während die Positivisten fordern, dass die Wissenschaft sich allein „mit dem, was ist" zu beschäftigen habe, behaupten die Gegner des Positivismus, dass man Wissenschaft gar nicht betreiben könne, ohne Wertungen vorzunehmen. Man kann folglich zwei Grundströmungen unterscheiden:

- Die **positivistische** (realistische, sprachanalytische, empirische) **Position**: Ihre Anhänger vertreten die Auffassung, dass Wertauffassungen und Wissenschaft zu trennen seien, um die Wissenschaftlichkeit zu gewährleisten. Wissenschaft zeichne sich dadurch aus, subjektive Werturteile außen vor zu lassen.

- Die **hermeneutische** (geisteswissenschaftliche, pragmatische, kritische) **Position**: Ihre Anhänger halten Aussagen über die Wirklichkeit und Werturteile für so eng verflochten, dass eine Trennung nicht möglich sei.

Der deutsche Soziologe Max Weber hat als eine der zentralen Personen in dieser Debatte eine Trennung von wissenschaftlichen Aussagen („Tatsachen") und Werturteilen vorgeschlagen. Allerdings leugnet er – im Gegensatz zu manchen Positivisten – nicht die Bedeutung der Werturteile: Der „Kampf" der Ideologien ist aus dem Kulturleben nicht wegzudenken, die Sinn- und Wertsphäre hat demnach eine große Bedeutung. Die Wissenschaft soll sich aber nicht anmaßen, sich in die Sphäre der Werturteile einzumischen. Aus Tatsachenbeobachtungen ergibt sich niemals ein Werturteil. Die Aufgabe von Wissenschaft nach Weber besteht vielmehr darin, verschiedene Handlungsoptionen für praktische Probleme aufzuzeigen, Tatsachenwissen zu ermitteln und für eine informierte Entscheidung bereitzustellen.

Kritik an Max Weber erfolgte insbesondere von Seiten der Geisteswissenschaften. Aber auch mit Blick auf die Sozialwissenschaften und Naturwissenschaften kann man bezweifeln, ob Wertfreiheit bei der Tatsachenermittlung möglich ist, wie folgende Fragen zeigen:

- Ist „Verstehen" überhaupt ohne eine weltanschauliche Grundhaltung möglich?

- Ist es möglich, Tatsachenbeobachtungen wertneutral in Sprache zu fassen? Führt Sprache nicht zwangsläufig zu Werturteilen?

- Wissenschaftliche Beobachtungen finden immer unter gewissen Theorieannahmen statt: Kann man unter diesen Voraussetzungen von wertfreier Wissenschaft sprechen?

- Wie begründet ein Anhänger der Werturteilsfreiheit seine Entscheidung für die Werturteilsfreiheit? Die Entscheidung für die Werturteilsfreiheit ist ja selbst ein Werturteil!

---

[21] Vgl. Heinrich Kanz, „Voraussetzungslosigkeit und Wertproblem", *Wissenschaftstheorie. Probleme und Positionen der Wissenschaftstheorie*, Hrsg. Heinrich Rombach, Bd. 1 (Freiburg im Breisgau.: Herder, 1974) 37-40; sowie die Originaltexte – Max Weber, „Der Sinn der ‚Wertfreiheit' der soziologischen und ökonomischen Wissenschaften", 1918; ders.: „Die ‚Objektivität' sozialwissenschaftlicher und sozialpolitischer Erkenntnis", 1904; ders.: „Wissenschaft als Beruf", 1919, *Gesammelte Aufsätze zur Wissenschaftslehre*, Hrsg. Johannes Winckelmann, 3. Aufl. (Tübingen: Mohr, 1968) 489-540; 186-262; 582-613.

Eng verknüpft mit dem Werturteilsstreit ist der so genannte **Positivismusstreit**.[22] Die „Positivisten" Karl Raimund Popper und sein Schüler Hans Albert wollen die Wissenschaft streng an Beobachtungen orientieren. In der Wissenschaft sei kein Platz für wertende Aussagen oder für Aussagen, die sich einer empirischen Widerlegung prinzipiell entziehen (z.B. metaphysische Aussagen wie der „gnädige Gott", Glaubensbekenntnisse wie die Wiedergeburt, Sagen und Mythen wie die „gute Fee").

Dieses rational-analytische Programm betrachten die marxistisch geprägten dialektischen Theoretiker der „Frankfurter Schule" als verfehlt. Theodor W. Adorno und Jürgen Habermas halten das Projekt einer wertfreien Wissenschaft für undurchführbar, weil Wertentscheidungen auch im Wissenschaftsprozess unvermeidbar seien. Sie weisen insbesondere darauf hin, dass weder die Wahl der Forschungsgegenstände, noch die Wahl der wissenschaftlichen Sprache, der Kategorien, der logischen Verknüpfungen usw. aus dem Positivismus herleitbar seien. Die dialektischen Theoretiker hinterfragen weiterhin, ob es überhaupt wertfreie „Erfahrungstatsachen" geben könne. Beobachter (Wissenschaftler) seien geprägt durch frühere Erfahrungen, Absichten und Erwartungen. Dies schlage sich auch in der verwandten Sprache nieder. Diese Entscheidungen seien vielmehr Werturteile. Letztlich sei die Entscheidung für eine wertfreie Wissenschaft selbst ein Werturteil. Nach Habermas und Adorno ist der Positivismus daher inkohärent. Vor allem aber, so betonen sie, sei eine wertfreie Wissenschaft nichts anderes als eine Unterstützung der herrschenden Verhältnisse, weil die Wissenschaft zu einem reinen Mittel degradiert werde, das die herrschenden Strukturen stütze.

Statt des Positivismus führt – nach Auffassung der dialektischen Theoretiker – das Nachdenken über die „gesellschaftliche Bedingtheit des Erkenntnisinteresses" zur Objektivität. Weil die Gesellschaft widerspruchsvoll sei, müsse man den Blick auf das „Ganze" werfen (siehe auch Hermeneutik).

Der Positivismusstreit wurde in den 60er Jahren überwiegend im deutschsprachigen Raum ausgetragen und hat den alten Werturteilsstreit zugespitzt auf die Frage, ob wertfreie Erfahrung überhaupt möglich sei. Die „Frankfurter Schule" stellt folglich zwei Fragen, diejenige nach der Logik und zweitens die die Ideologiefrage, indem sie den Positivisten unterstellen, sie dienten mit ihrer Ablehnung wertender Wissenschaft den herrschenden Verhältnissen. Damit wurden erhebliche Teile der Wissenschaft zu einem Instrument der herrschenden Ideologie degradiert. Während die ideologische Debatte abgeflaut ist, bleibt die Grundfrage nach der Möglichkeit wertfreier Wissenschaft aktuell.

---

[22] Vgl. Heinrich Beck, „Der Positivismusstreit." *Wissenschaftstheorie 1. Probleme und Positionen der Wissenschaftstheorie*, Hrsg. Heinrich Rombach (Freiburg: Herder, 1974): 41-49. Ferner Friedrich Kümmel, „Die hermeneutische Position im Positivismusstreit", *Der Positivismusstreit in der deutschen Erziehungswissenschaft*, Hrsg. W. Büttemeyer und B. Möller (München: Wilhelm Fink Verlag, 1979) 122-156.

Karl R. Popper entwickelte mit seinem **Kritischen Rationalismus** eine Theorie, wie wissenschaftlicher Fortschritt möglich sei.[23] Popper erkennt an, dass absolut sichere Erkenntnis unmöglich sei. Unsere Beobachtungen erlauben uns nicht, Theorien endgültig zu beweisen, aber sie ermöglichen es uns, Theorien als falsch zu erkennen. Deshalb schlägt Popper als zentrales Prinzip der Wissenschaft die Falsifikation vor: Theorien müssen sich Versuchen der Widerlegung stellen. Hält eine Theorie vielen Falsifikationsversuchen stand, handelt es sich offenbar um eine gute Theorie. Die Widerlegung einer Theorie ist keinesfalls ein negatives Ereignis, sondern ein Schritt des wissenschaftlichen Fortschritts, weil eine verbesserte Theorie an ihren Platz treten kann.

Poppers Grundannahmen

- Es gibt keinen sicheren Weg, um zu **Erkenntnis** zu gelangen. Weder die Sinne noch die Vernunft noch der Common Sense können uns sicheres Wissen verschaffen.

- Die Hoffnung, durch **Induktion** zu Erkenntnis zu gelangen, ist vergeblich. (Induktion: Mittels einer Vielzahl von Beobachtungen auf allgemeine Tatsachen schließen. Beispiel: „Schwan 1 ist weiß, Schwan 2 ist weiß, Schwan 3 ist weiß." Folgerung: Alle Schwäne sind weiß." Das Problem der Induktion ist, dass sie kein sicheres Wissen liefern kann: Die Existenz von schwarzen Schwänen kann auch bei der Beobachtung von unendlich vielen weißen Schwänen nicht ausgeschlossen werden.)

- Personen stehen **Problemen** gegenüber. Probleme sind definiert durch eine gewisse Erwartungshaltung (was soll erreicht werden?) und durch Hintergrundinformationen. Das Hintergrundwissen ist teilweise von dem zu lösenden Problem abhängig; umgekehrt kann man auch feststellen, dass das Problem auch durch das gegebene Hintergrundwissen bestimmt wird.

- Probleme können mehr oder weniger rational gelöst werden. Entscheidet sich die Person für einen rationalen Lösungsweg, wird sie eine **Theorie** aufstellen. Die Theorie kann in einer konkreten Handlung bestehen oder in einem abstrakten System von Hypothesen. Theorien bestehen im einfachsten Fall aus einem **Allsatz**, d.h. aus einem Satz der Form „Alle x haben die Eigenschaft P" oder „Kein x hat die Eigenschaft P".

Die Theorie (d.h. die angenommene Lösung des Problems) muss sich nun Tests unterwerfen. Sie muss sich bewähren und sich der **Kritik** stellen. Dabei entstehen neue Probleme, die nun wiederum neue Theorien erfordern. Es ergibt sich folgendes Schema:

Problem 1 → korrigierbare Theorie → Fehlerelimination → Problem 2

Theorien müssen ständig verbessert werden. Besser sind Theorien dann, wenn sie mehr Probleme lösen können bzw. vorhandene Probleme besser lösen können. Die Theorien nähern sich in diesem Verbesserungsprozess der Wahrheit. Um Verbesserungen möglich zu machen, muss eine Theorie **falsifizierbar** sein, d.h. sie muss Aussagen machen, die man durch Beobachtung überprüfen kann. Von einer Theorie ist deshalb zu fordern, dass

---

[23] Vgl. Karl R. Popper, *Wissenschaftslehre in entwicklungstheoretischer und in logischer Sicht. Alles Leben ist Problemlösen. Über Erkenntnis, Geschichte und Politik* (München: Piper, 1994) sowie zur Orientierung: Jan M. Böhm, Heiko Holweg und Claudia Hoock, *Karl Poppers kritischer Rationalismus heute* (Tübingen: Mohr Siebeck, 2002).

sie Aussagen in der Form von Basissätzen macht. Ein Beispiel für einen Basissatz: „Am 25.08.2023 wird sich eine Mondfinsternis ereignen." Nicht falsifizierbare Theorien sind nicht kritisierbar und damit auch nicht verbesserbar. Es sind daher keine wissenschaftlichen Theorien. Von einer **wissenschaftlichen Theorie** muss gefordert werden: Es gibt eine nichtleere Menge von Basissätzen, deren Wahrheit die Theorie widerlegen würde. Diese Basissätze nennt man Falsifikatoren. Anders gesagt: Eine wissenschaftliche Theorie muss Aussagen machen, die durch Beobachtung zu überprüfen und gegebenenfalls zu widerlegen sind.

Daher ist zu fordern: Erstens, Theorien sollen möglichst viel erklären. Zweitens, Theorien sollen falsifizierbar sein. Von den Wissenschaftlern ist zu fordern: Sie sollen kritisch mit ihren eigenen Theorien umgehen. Der verantwortungsvolle Wissenschaftler versucht, seine eigene Theorie zu widerlegen. So trägt er zur Weiterentwicklung der Wissenschaft bei.

Kritik am Popperschen Wissenschaftsverständnis äußert unter anderem Thomas S. Kuhn mit seiner Theorie der **Wissenschaft als Paradigmenwechsel**.[24] Kuhn bezweifelt, dass Wissenschaft ein stetig fortschreitender Prozess hin zu besserer Erkenntnis ist. Aus seinen Beobachtungen der Wissenschaftsentwicklung folgert Kuhn, dass Wissenschaftler kein Interesse an der Falsifikation ihrer Theorien haben, vielmehr ihre eigenen Theorien möglichst lange verteidigen. Wissenschaftler haben nie nach den popperschen Idealen gehandelt. Sie verhalten sich nicht kritisch gegenüber eigenen Theorien, sondern versuchen, ihre Theorien zu verbreiten und zu verteidigen. Erst wenn zu viele Anomalien auftreten, die durch das herrschende Paradigma nicht zu erklären sind, stürzt das Paradigma in eine Krise, und es kommt zur wissenschaftlichen Revolution. Es bildet sich ein neues, prinzipiell verschiedenes wissenschaftliches Weltverständnis. Wissenschaft verläuft nach Kuhn in Brüchen, nicht fortschreitend.

Zwei Begriffe sind für Kuhns Wissenschaftstheorie entscheidend. Das **Paradigma** und die **Forschergemeinschaft**: Paradigmen sind mehr als Theorien; sie sind nicht nur ein System von Aussagen, sondern sie müssen Problemlösungen enthalten. Ein Paradigma muss (1) so einmalig sein, dass die Forscher von anderen Aktivitäten ablassen und (2) die Forschergemeinschaft mit genug offenen Fragen innerhalb des Paradigmas beschäftigen. Eine Forschergemeinschaft ist eine Gruppe von Wissenschaftlern, die innerhalb des herrschenden Paradigmas forschen. Grundsatzdiskussionen über die Grundlagen der Wissenschaft werden innerhalb einer Forschergemeinschaft gerne vermieden, weil sich alle Forscher auf das gemeinsame Paradigma berufen. Forschergemeinschaften und Paradigmen werden durch das Verhalten innerhalb einer Forschungsgemeinschaft gestärkt: Forscher müssen bestimmten Arbeits- und Verhaltensregeln folgen, um als Experte auf einem Gebiet angesehen zu werden. Häufig werden auch die gleichen Lehrbücher gelesen und dieselben Vorbilder bewundert.

---

[24] Vgl. Thomas S. Kuhn, *Die Struktur wissenschaftlicher Revolutionen* (Frankfurt am Main: Suhrkamp, 1976). Ferner Thomas S. Kuhn, „Logik der Forschung oder Psychologie der wissenschaftlichen Arbeit?" *Kritik und Erkenntnisfortschritt*, Hrsg. Imre Lakatos und Alan Musgrave (Braunschweig. Vieweg, 1974) 1-24 sowie Gunnar Andersson, *Kritik und Wissenschaftsgeschichte: Kuhns, Lakatos' und Feyerabends Kritik des Kritischen Rationalismus* (Tübingen: JCB Mohr, 1988).

Zu manchen Themen befindet sich die Forschung noch in einer Phase so genannter „vorparadigmatischer Wissenschaft", d.h. es gibt noch kein dominierendes Paradigma, sondern verschiedene konkurrierende Auffassungen, Schulen genannt. Paradigmatische oder reife Wissenschaft entsteht, wenn sich eine der Schulen durchsetzt, weil ihr Paradigma als das bessere erkannt wird, weil es inhaltlich bessere Problemlösungen anzubieten hat und es damit zu wissenschaftlichem Fortschritt kommt. Damit sind zwei Phasen wissenschaftlicher Arbeit zu unterscheiden. Einerseits: **Normalwissenschaftliche Forschung** bewegt sich innerhalb des Paradigmas. Das Paradigma wird selbst nicht in Frage gestellt. Normalwissenschaftliche Forschung will (1) Daten sammeln, die das Paradigma bestätigen, (2) Methoden und Instrumente entwickeln, um eine bessere Übereinstimmung von Theorie und Fakten zu erreichen, und (3) die paradigmatischen Theorien besser ausarbeiten. Anderseits: **Außerordentliche Wissenschaft** entsteht, wenn genügend unerklärbare Phänomene (Anomalien) auftreten, um das herrschende Paradigma in eine Krise zu stürzen. Das Paradigma wird nun angezweifelt, und die Wissenschaftler beginnen, nach neuen Paradigmen mit besseren Problemlösungen zu suchen. Wenn sich ein neues Paradigma durchsetzen kann, hat eine **wissenschaftliche Revolution** stattgefunden. Die Wissenschaft hat sich mit der Revolution grundlegend gewandelt, sie findet sozusagen „in einer anderen Welt" statt. Die Kommunikation zwischen den Anhängern verschiedener Paradigmen ist gestört, weil sich mit dem Paradigmenwechsel auch die Bedeutungen ändern. Es gibt deshalb keinen objektiven Standpunkt außerhalb der Paradigmen.

Mögliche Kritik an Kuhn

- Sind Normalwissenschaft und außerordentliche Wissenschaft wirklich so gut unterscheidbar, wie Kuhn behauptet?

- Ist Kuhns Folgerung richtig, dass Wissenschaft nicht objektiv sein kann, weil es keinen Standpunkt außerhalb eines Paradigmas gibt?

- Wenn es diese Objektivität nicht gibt, wie kann es dann Fortschritt in der Wissenschaft geben? Wer sollte beurteilen, ob ein Paradigmenwechsel als Fortschritt zu werten ist?

Neben der Art der Wissensentstehung wird der Positivismus grundsätzlich durch den **Konstruktivismus** in Frage gestellt. Der Konstruktivismus tritt als „Sammelbecken" der Wissenschaftstheorie in unterschiedlichen Ausprägungen hervor. Deshalb findet sich unter der Bezeichnung „Konstruktivismus" eine Vielzahl von Denkrichtungen aus unterschiedlichen Disziplinen.[25] Grundsätzlich stellt der Konstruktivismus die These auf, dass das, was wir als „Wirklichkeit" empfinden, weniger mit der realen Beschaffenheit der Welt als vielmehr mit unseren eigenen Konstruktionen zu tun hat. In einer „schwachen" Form weist der

---

[25] Vgl. Ruedi Fischer, „Abschied von der Hinterwelt? Zur Einführung in den Radikalen Konstruktivismus", *Die Wirklichkeit des Konstruktivismus. Zur Auseinandersetzung um ein neues Paradigma*, Hrsg. Hans Ruedi Fischer (Heidelberg: Carl Auer Verlag, 1995) 11-34, wie auch Ernst von Glasersfeld, „Die Wurzeln des ‚Radikalen' Konstruktivismus", *Die Wirklichkeit des Konstruktivismus. Zur Auseinandersetzung um ein neues Paradigma*, Hrsg. Hans Ruedi Fischer (Heidelberg: Carl Auer Verlag, 1995) 35-46; ferner Ernst von Glasersfeld, *Radikaler Konstruktivismus. Ideen, Ergebnisse, Probleme* (Frankfurt am Main: Suhrkamp, 1996) sowie Humberto R. Maturana und Francisco Varela, *Der Baum der Erkenntnis* (Bern: Scherz, 1987) oder auch Gebhard Rusch und Siegfried J. Schmidt, *Konstruktivismus und Ethik* (Frankfurt am Main: Suhrkamp, 1995).

Konstruktivismus darauf hin, dass soziale Einflüsse die Interpretation der Welt beeinflussen. In „stärkeren" Ausprägungen behauptet der Konstruktivismus, dass die Welt nur durch unsere Interpretationen zugänglich sei und dass es folglich keine unabhängige Realität gäbe. So gesehen geht es bei der Wissenschaft weniger um eine möglichst genaue Beschreibung, wie die Welt ist, sondern eher um das Finden möglichst leistungsfähiger Konstruktionen. Einige Konstruktivisten gehen so weit, dass sie die Existenz einer realen Welt für irrelevant halten. Die konstruktivistischen Theorien sind unterschiedlich gut ausgearbeitet. Sie reichen von einem eher undifferenzierten Antirealismus und Skeptizismus bis zu einem detailliert ausgearbeiteten wissenschaftlichen Programm, z.B. die „Erlanger Schule". Die vorliegende Skizze kann folglich die Vielzahl der verschiedenen konstruktivistischen Theorien nicht darstellen, sondern dient nur als erste Einführung.

Der Konstruktivismus knüpft insbesondere an die Traditionen von Immanuel Kant an. Kant entwickelte mit seinem transzendentalen Idealismus den bahnbrechenden Gedanken, dass wir die Welt nie an sich, sondern mittels gedanklicher Kategorien wie Kausalität, Zeit, Raum usw. wahrnehmen. Allerdings hält Kant diese Kategorien nicht für konstruiert, sondern für vorweg gegeben. Kant ist kein Konstruktivist, sondern ein Wegbereiter des Konstruktivismus. Zu den ersten Denkern des Konstruktivismus zählten im deutschsprachigen Raum Paul Watzlawick und Ernst von Glasersfeld.

Wenn die Welt als Konstruktion aufgefasst wird, stellt sich die alles bestimmende Grundfrage: „Ist das, was wir als »Wirklichkeit« – aufgrund unserer Sinneseindrücke und deren Verarbeitung im Denkapparat – vorzufinden glauben, vielleicht in Wahrheit etwas von uns Erfundenes, ist es unsere eigene Konstruktion?"

Diese Frage wird genährt aus der Erkenntnis, dass unsere Wahrnehmungen stets theoriegebunden sind: Wenn wir beobachten, setzen wir gewisse Naturgesetze voraus, wenn wir messen, dann nehmen wir an, dass unsere Messgeräte auf eine gewisse Weise funktionieren, usw. Wenn wir unsere Beobachtungen in Sprache und schließlich in Theorien fassen, dann können wir keinesfalls sicher sein, dass wir die „richtige" Theorie gefunden haben. Wir haben uns lediglich eine geordnete, sinnvolle Theorie konstruiert, aber wir wissen nicht, wie viel diese Konstruktion mit der Wirklichkeit zu tun hat. Es könnte auch andere Konstruktionen geben, die ebenso gut oder noch besser funktionieren.

Konstruktivisten bezweifeln demnach, dass es eine einzige korrekte Beschreibung von „Wirklichkeit" gibt. Radikale Konstruktivisten bezweifeln, dass der Begriff „Wirklichkeit" überhaupt sinnvoll ist. In der Konsequenz führt der Konstruktivismus – je nach Ausprägung – zu einer Skepsis gegenüber Wahrheitsansprüchen der Wissenschaft und, wie einige Kritiker meinen, zu völliger Beliebigkeit.

Im Werturteilsstreit beziehen die Konstruktivisten klar Position: Sie halten Konstruktion für einen wertenden Vorgang. Demnach sei wertfreie Wissenschaft nicht möglich.

Der kurze Abriss der vorgehend portraitierten wissenschaftstheoretischen Strömungen gibt nur eine rudimentäre Vorstellung dessen, was in der Wissenschaftstheorie maßgeblich ist, geschweige denn aktuell diskutiert wird. Die Auswahl soll dem Leser einzig die Möglichkeit geben, einige wissenschaftliche Arbeiten, z.B. einen Beitrag über Organisationskultur in der *Zeitschrift für Betriebswirtschaft* (ZfB), in den richtigen Kontext zu stellen. Weitere wichtige Themen, wie etwa die analytische Philosophie oder postmoderne Ansätze, können in dieser Übersicht nicht erwähnt werden. Für eine umfassende Darstellung der Wissenschaftstheorie und ihre zeitliche Entwicklung sei auf folgende Literatur verwiesen:

Curd, Martin and J.A. Cover, eds. *Philosophy of Science: The Central Issues*. New York: W.W. Norton & Company, 1998.

Hitchcock, Christopher, ed. *Contemporary Debates in the Philosophy of Science*. Oxford: Blackwell, 2004.

Nida-Rümelin, Julian, Hrsg. *Philosophie der Gegenwart in Einzeldarstellungen: von Adorno bis v. Wright*. 2. Aufl. Stuttgart: Körner, 1992.

Ritter, Joachim und Karlfried Gründer, Hrsg. *Historisches Wörterbuch der Philosophie*. Basel: Schwabe, 1971-.

Seiffert, Helmut. *Einführung in die Wissenschaftstheorie*. 3. Bd. München: C.H. Beck, 1996.

Schneider, Robert. *Erkenntnistheorie im 20. Jahrhundert. Klassische Positionen*. Stuttgart: Philipp Reclam jun., 1998.

Totok, Wilhelm. *Handbuch der Geschichte der Philosophie*. 2. Aufl. Frankfurt a.M.: Klostermann, 1997.

Weingartner, Paul. *Wissenschaftstheorie*. 3. Bd. Stuttgart: Fromann-Holzboog, 1977-.

4.5 Entwicklung der Forschungsfrage

Im Mittelpunkt jeder wissenschaftlichen Arbeit steht – unabhängig von den Vorstellungen über den Erkenntnisfortschritt und die jeweilige wissenschaftstheoretische Position – das Erkenntnisinteresse, das in der Forschungsfrage formuliert wird. Forschungsfragen entstehen aus unterschiedlichsten Gründen, aus intrinsischem, d.h. von innen her kommendem, Interesse an einer ungelösten Problemstellung oder durch einen wertvollen Hinweis bzw. eine Aufgabe von einem erfahrenen Wissenschaftler. Zuerst wird im Folgenden die Relevanz von Forschungsfragen aufgezeigt und es werden die Anforderungen an eine gute Forschungsfrage besprochen, um dann deren systematisches Ableiten näher zu betrachten.

4.5.1 Relevanz der Forschungsfrage

Bezüglich der Relevanz der Forschungsfrage besteht eine ungewöhnliche Einigkeit unter Forschern und Wissenschaftstheoretikern. Jedes Handbuch und jeder Ratgeber zum wissenschaftlichen Arbeiten enthält eine Aussage wie die folgende: „Research questions are central, whether they are prespecified or whether they unfold during the project."[26] Das

---

[26] Keith F. Punch, *Introduction to Social Research: Quantitative and Qualitative Approaches* (London: Sage, 1998) 38.

Zitat weist gleichzeitig darauf hin, dass die Forschungsfrage zu Beginn eines Forschungsprojektes eindeutig festgelegt werden kann, aber nicht festgelegt werden muss. Verwendet man ein deduktives Forschungsdesign, muss die Forschungsfrage zu Beginn bereits feststehen, weil nur auf dieser Grundlage Hypothesen aufgestellt und überprüft werden können. Bei einem induktiven Vorgehen kristallisiert sich die Forschungsfrage hingegen oft erst während der Forschungsarbeiten beziehungsweise der Datenauswertung heraus und kann dann häufig nur im Nachhinein wirklich spezifiziert werden. Dabei ist zu beachten, dass der Forscher einen schrittweisen Prozess durchläuft, der ihn dazu zwingt, den Gehalt der Empirie oder die theoretische Argumentation immer wieder mit der Fragestellung zu konfrontieren und Letztere dann gegebenenfalls anzupassen.

Forschungsfragen haben grundsätzlich fünf Funktionen, die zugleich ihre Bedeutung hervortreten lassen. Zunächst und erstens geben sie dem Projekt Ordnung, indem sie die Richtung weisen und Kohärenz fördern. Der Autor hat folglich immer einen Bezugspunkt, der wie ein Wegpfeil die Richtung des weiteren Forschungstreibens vorgibt, so dass sich die einzelnen Schritte in der richtigen Reihenfolge beinahe von selbst ergeben. Zweitens grenzen die Forschungsfragen das Projekt ein, legen also fest, welche Inhalte zum Untersuchungsgegenstand gehören und welche nicht. Damit eng verbunden ist drittens die Funktion der Forschungsfragen als Auswahlkriterium für die Daten, welche man für das jeweilige Projekt braucht. Forschungsfragen halten viertens den Forscher am Ball, d.h. fokussieren ihn auf die eigentliche Fragestellung und nicht auf Nebenfragen an der Peripherie des Themas. Darüber hinaus geben die Forschungsfragen fünftens dem Schreibprojekt einen konzeptionellen Rahmen, der es logisch gliedert. Jede wissenschaftliche Arbeit, ob Referat oder schriftliche Arbeit, braucht also eine Forschungsfrage und muss sich nur dieser widmen.

4.5.2   Anforderungen an die Forschungsfrage

Gute Forschungsfragen zeichnen sich durch zumindest sieben formelle und inhaltliche Kriterien aus. Damit sich der Leser oder ein Publikum überhaupt mit einem Thema auseinandersetzt, gilt es, das (1) **Interesse** der Zielgruppen zu wecken. Dazu ist es notwendig, dass die Forschungsfrage ein dem Adressatenkreis angemessenes (2) **Niveau** erreicht. Im universitären Kontext sind das meist Experten oder zumindest Themenkundige, so dass man von einem mehr als ausreichenden Verständnis auch abstrakter Formulierungen ausgehen kann. Es kann für eine Vorstellung des Projekts in einem anderen Rahmen aber durchaus passend sein, die Fragestellung zu vereinfachen und plastischer zu formulieren. Stößt ein Thema auf großes Interesse, dann oft aufgrund der gelungenen (3) **Anschlussfähigkeit** in der wissenschaftlichen Debatte. Darunter wird das Anknüpfen an bisher erbrachte Leistungen und das vorhandene Wissen in einem Forschungsgebiet verstanden. Die Anschlussfähigkeit ist schon deshalb von herausragender Bedeutung, weil sie die eigene Arbeit in einen Kontext stellt. Werden bestimmte Arbeiten zitiert, aufgenommen oder interpretiert, erleichtert das dem Leser die Einordnung im Vergleich zum Bestehenden. Indem man beispielsweise eine psychoanalytische Textinterpretation oder einen evolutionstheoretischen Organisationsbegriff wählt, werden beim Adressaten ganz bestimmte Erwartungen erzeugt. Diese Erwartungen können unter anderem auch die praktische Relevanz der Forschungsfrage betreffen.

Die praktische Relevanz ist naturgemäß in den angewandten Wissenschaften ein wichtigeres Kriterium als in den rein theoretischen. Ihre Forschungsfrage für jede Seminar- oder andere Arbeit sollte (4) **Aktualität** besitzen, weil aktuelle Ansätze oder Bezüge offensichtlich auf ein größeres Echo treffen als Fragestellungen, die schon als weitgehend erforscht und geklärt angesehen werden. Eine aktuelle Diskussion ist eine bestehende und eingeführte Diskussion, die durch die vorhandenen Teilnehmer als interessant definiert ist. Davon abzugrenzen ist das „Neue". Etwas Neues müsste nämlich als relevantes Thema erst noch durchgesetzt werden. Die (5) **Relevanz** einer Forschungsfrage betrifft den Kern der wissenschaftlichen Arbeit und den Drang nach Erkenntnisgewinn, das in der Sache gelegene Momentum der Arbeit.[27] Unabhängig davon, ob man als Naturwissenschaftler einen Standpunkt des wohl geordneten kumulativen Wissensfortschritts vertritt oder als Geisteswissenschaftler philologisch textpflegende und textauslegende Wissenschaft betreibt,[28] die Suche nach „Wahrheit", in welcher abstrakten Form auch immer, ist allen gemein. Die Forderung nach neuer Erkenntnis durch die Forschungsarbeit bestimmt die Definition des eigenen Erkenntnisinteresses. Nach bereits Bekanntem braucht man nicht mehr zu streben. Der Beitrag von etwas Neuem stellt gewissermaßen die Bringschuld eines jeden nach wissenschaftlichen Maßstäben arbeitenden Menschen dar. Dabei spielt der Forschungtrend ebenfalls eine bedeutende Rolle. Er weist unter Umständen den Weg zu bisher wenig erforschten Fragestellungen oder verkörpert das derzeitige Interesse der betreffenden Forschergemeinschaft. Eine Forschungsfrage sollte sich durch (6) **Klarheit und Verständlichkeit** auszeichnen. Dazu muss sie möglichst kurz und knapp formuliert sowie derart ausgedrückt sein, dass sich der Sinn und Aussagehalt von selbst erschließt. Folglich muss sie den zentralen Aspekt der Fragestellung auf den Punkt bringen. Ferner muss die Aufgabe mit sinnvollem Aufwand auf einer angemessenen Komplexitätsstufe durchführbar, d.h. die Anzahl der vorhandenen Konstrukte und Variablen muss überschaubar sein. Dazu ist es notwendig, dass der oben schon angesprochene Bezug zum Forschungskontext hergestellt wird. Schließlich, und das kann man nicht oft genug betonen, muss die Forschungsfrage (7) **realistisch und erforschbar** sein. Zum einen gilt es, die Restriktionen seitens des zeitlichen und finanziellen Budgets zu berücksichtigen, zum anderen sind die fachlichen Kompetenzen realistisch und bescheiden einzuschätzen. Erst unter Berücksichtigung dieser Kriterien lässt sich die Forschungsfrage richtig formulieren.

Die Entwicklung der Forschungsfrage ist erst die eine Hälfte der Anforderung; die Bearbeitung, d.h. die Umsetzung der Forschungsfrage, macht die andere Hälfte aus. Der von der Forschungsfrage aufgeworfene Sachverhalt muss vollständig bearbeitet werden. Für die Vollständigkeit bedarf es der Thematisierung aller wichtigen Aspekte einer Frage, so dass eine gründliche und tief gehende Abhandlung gewährleistet ist. Damit die Frage sowohl vor Fachkundigen als auch vor Fachunkundigen bestehen kann und bei beiden Gruppen auf Interesse stößt, muss die Bearbeitung systematisch, also einer logischen Struktur folgend, durchgängig ohne Brüche und Denkfehler von Anfang bis Ende erfolgen. Konsequenterweise sollte man Wiederholungen und Abschweifungen vermeiden.

---

[27] Ersteres ist von letzterem unabhängig, nicht psychologisch gesehen, sondern sachlich.

[28] Emil Walter-Busch, *Organisationtheorien von Weber bis Weick* (Chur: G+B Verlag Fakultas, 1996) 73.

Das heißt im Einzelnen, dass sämtliche Teile der Bearbeitung einen konkreten Bezug zur Forschungsfrage aufweisen, d.h. zur Lösung beitragen müssen. Das Ziel ist also ein Text, in dem alles steht, was zur Beantwortung der Forschungsfrage nötig ist, und in dem auch nur das steht, was man zu ihrer Lösung wirklich braucht.

4.5.3   Ableiten der Forschungsfrage

Nun stellt sich die schwierige Frage: Wie komme ich zu einer geeigneten Forschungsfrage?

Chancen auf neue Aussagen

Universelle Anforderung an die Forschung ist das Treffen von neuen Aussagen bzw. das Widerlegen von bestehenden. Man wird sich zu Recht fragen, wie denn dieser Anforderung zu begegnen ist, wenn gleichzeitig immer mehr Menschen in der Forschung arbeiten und die einzelnen Felder immer differenzierter werden. Diesen Sachverhalt hat wie vor ihm kein anderer der amerikanische Soziologe Arthur L. Stinchcombe pointiert formuliert: „The neuroses of the dissertation are essentially similar to the neuroses of coquetry, in which the person needs to establish that he or she is uniquely desirable, though also a good solid person by the standards of general eligibility."[29] Sicherlich, die niedrig hängenden Früchte sind zumeist gepflückt, doch gibt es immer eine Chance auf neue Aussagen. Dies kann etwa dadurch geschehen, dass man einen Fehler in den Daten oder Aussagen von bestehenden Publikationen gefunden hat. Beispielsweise könnte man feststellen, dass unter bestimmten Voraussetzungen zwischen einer abhängigen und einer unabhängigen Variablen statt einer angeblich positiv linearen tatsächlich eine kurvenförmige Beziehung besteht. Oder wenn neue Fakten oder Methoden aufgeführt werden können, die die bisherigen ersetzen, wie etwa die Maslowsche Bedürfnispyramide in Psychologie und Führungslehre. Zum anderen besteht die Möglichkeit einer Aufdeckung logischer Fehler oder Unvollständigkeiten bei der Interpretation, etwa unter Verwendung einer neuen Perspektive. Eine Zuordnung beziehungsweise eine Unter- oder Überordnung kann sich als falsch erweisen und bietet die Möglichkeit der Richtigstellung. Eine weitere Chance besteht bei der Entdeckung falscher Kausalitäten oder bei zeitlichen Brüchen respektive unvorhersehbaren zeitlichen Entwicklungen, z.B. einer Widerlegung der Pfadabhängigkeit einer Entwicklung.

Vorgehen zur Identifizierung einer Lücke

Die Vorgehensweise zur Identifizierung von Lücken im aktuellen Forschungswissen ist von der Art der wissenschaftlichen Untersuchung abhängig.[30] Bei deduktiven Arbeiten werden Lücken durch ein intensives Studium der vorhandenen Literatur und anderer Quellen entdeckt und durch die Besprechung dieser Literatur aufgezeigt. Eine intensive

---

[29] Arthur L. Stinchcombe, „A structural analysis of sociology", *The American Sociologist* 10 (1975): 63.

[30] Eine detaillierte Behandlung dieser Thematik findet sich bei Kromrey 67-108.

Literaturanalyse ermöglicht es oftmals, eine sehr konkrete und spezialisierte Forschungsfrage zu formulieren. Ein Blick in entsprechende Studien oder Dissertationen genügt, um den Stellenwert dieses Vorgehens aufzuzeigen. In der Regel werden in derartigen Texten immer eine intensive Diskussion der bisherigen Erkenntnisse auf einem Gebiet, eine Abwägung von verschieden Perspektiven und Ansätzen sowie die daraus abgeleitete Forschungsfrage dem originären Teil des Beitrags vorangestellt. Hierdurch vermag der Leser sich von der Existenz und Legitimität der Lücke selbst zu überzeugen.

Empirisch-induktiv angelegte Arbeiten laufen oft Gefahr, nur wenige neue Erkenntnisse zu bieten. Aber dieses Forschungsvorgehen kann in bisher wenig bearbeitetem Terrain sehr wohl große Lücken aufzeigen und schließen helfen. Hinzu kommt, dass bei der Untersuchung vorhandener Problemlösungsansätze oft deren Unzulänglichkeit oder Ergänzungspotenzial zutage treten. Ferner bilden Expertenäußerungen einen weiteren probaten und viel versprechenden Fundus an neuen Forschungsmöglichkeiten. Bei induktiven Arbeiten wird das Literatur- und Dokumentenstudium erst nach dem eigentlichen Forschungsprozess betrieben.

Vom Thema zur konkreten Forschungsfrage

Sobald man ein interessantes Thema gefunden oder eines gestellt bekommen hat, gilt es von einer abstrakten und sehr allgemeinen Ebene zu einer konkreten Forschungsfrage zu kommen. Für diesen nicht ganz einfachen Schritt gibt es im Wesentlichen zwei verschiedene Ansätze. Der zuerst besprochene wählt ein analytisch strukturiertes Vorgehen, während sich der andere durch eine eher intuitive und kreative Herangehensweise auszeichnet.

Analytische Vorgehensweise[31]

In den meisten Fällen werden Sie sich veranlasst sehen, das Thema einzuengen statt noch auszuweiten. Letzteres kommt sehr selten vor. Die Vorgehensweise unterscheidet sich aber einzig bezüglich der Richtung der Argumentation. Die Einengung beginnt man am besten pragmatisch mit den berühmten fünf „W-Fragen": **Wer? Was? Wann? Wo? Warum?** Auf diese Weise lassen sich beteiligte Personen ausmachen, lässt sich ein Sachverhalt konkretisieren, ein Datum oder eine Zeitspanne definieren, eine geographische Zuordnung vornehmen oder eine gute Begründung für einen Sachverhalt vorbringen. All diese Aktivitäten definieren die Grenzen eines Themas und bündeln die zur Verfügung stehende Energie wie mit dem Brennglas auf einen begrenzten Ausschnitt der Wirklichkeit. Danach sollte man das Thema systematisch hinterfragen. Dazu wird es in einzelne Teile zerlegt, die dann separat betrachtet und auf ihren Beitrag, Sinn und Zweck untersucht werden. Anschließend widmet man sich der Beziehung der Teile untereinander und versucht, logische Schlüsse auf verschiedenen Ebenen zu verknüpfen. Ist man mit der systematischen Hinterfragung zu einem Ergebnis gelangt, sucht man nach zeitlichen Abhängigkeiten, nach histo-

---

[31] Zur analytischen Vorgehensweise vgl. Wayne C. Booth, Gregory G. Colomb and Joseph M. Williams, *The Craft of Research*, 2nd ed. (Chicago: University of Chicago Press, 2003) 40-71.

rischen Entwicklungen, Entstehungszusammenhängen, Phasen und Veränderungen. Die zeitliche Hinterfragung, also die kritische Beleuchtung der zeitlichen Einordnung und der zeitlichen Abhängigkeiten des Themas, erweist sich oft als extrem nützlich, weil sie häufig Anhaltspunkte für die Bildung von Kategorien oder eines Systems von Merkmalen gibt. Die Kategorisierung ermöglicht die gezielte Behandlung ausgewählter Aspekte eines Themas, aber eben auch die absichtliche Ausblendung anderer Problembereiche. Eine Frage, die man sich immer stellen sollte und hier der Einengung dient, ist die nach dem Nutzen einer Fragestellung: Was bringt uns diese Erkenntnis? Wenn wir uns sagen müssen, dass eine Fragestellung vom Zielpublikum als nicht relevant oder als schon beantwortet eingestuft wird, dann erübrigt sich eine weitere Beschäftigung mit ihr, und wir müssen eine andere Fragestellung suchen. Mit dem entsprechenden Ehrgeiz kann man eine neue oder, wie man meint, zu Unrecht vernachlässigte Fragegestellung gegen herrschendes Desinteresse wieder aufs Tapet bringen.

Sobald das Thema auf ein adäquates Maß eingeengt und dadurch auch in einem vernünftigen Zeitrahmen bearbeitbar gemacht wurde, muss es begründet werden. Die Begründung vollzieht man am besten mit Hilfe des nachfolgend angeführten Schemas:

Thema: „Ich untersuche ...“

Begründung: „... weil ich herausfinden will, wer/was/wann/wo/ob/wie/warum ...“

Berechtigung: „... um zu verstehen, wie/warum ...“

Zuerst wird das Thema genannt, um dann die konkrete Forschungsfrage anzuführen und anschließend die Berechtigung zu geben. Lassen Sie uns diesen abstrakten Schritt an einem Beispiel nachvollziehen:

Thema: „Ich untersuche das Führungsverständnis und -verhalten von Abteilungsleitern in strategischen Geschäftseinheiten.“

Frage – Antwort: „Weil ich herausfinden will, welche Einflussstrategien und Allianzen Manager auf der mittleren Hierarchieebene in international tätigen Konzernen einsetzen.“

Berechtigung: „Um zu verstehen, wie ein geeignetes Anreizsystem für diese Führungsebene zu gestalten ist.“

Aber selbst diese Einengung wird, sogar für eine Dissertation, ein äußert ehrgeiziges Ziel darstellen. Deshalb muss man diesen Einengungsprozess mehrmals hintereinander durchlaufen, um auf die richtige Abstraktionsebene zu gelangen. Der Einengungsprozess wird nachfolgend an zwei Beispielen[32] gezeigt:

---

[32] Siehe Sascha Spoun und Simon Grand, „Hinweise zum Verfassen von Diplomarbeiten“, Vorlesungsunterlagen, Universität St. Gallen, 1999 und folgende Jahre.

Anzustellende Überlegungen	Beispiel 1	Beispiel 2
Schritt 1: Themen, wie sie beispielsweise als Aufgaben für eine Bachelor- oder Diplomarbeit gestellt werden: *Ein Thema ist keine Forschungsfrage bzw. Problemstellung!*	„Sind die aktuellen Bewertungen von Internetfirmen an den Börsen ökonomisch sinnvoll?"	„Erfolgsbedingungen für globale Innovationsprojekte in multinationalen Firmen"
Schritt 2: Wie wird aus einem Thema eine Problemstellung? *Beobachtungen, Fakten, Widersprüche, Lücken, Thesen etc. sammeln.*	Internetfirmen sind an den Börsen höher bewertet, als man es aufgrund ihrer aktuellen Performance erwarten würde: Wie lässt sich dieser Widerspruch erklären?	Globale Innovationsprojekte in multinationalen Firmen sind nicht immer erfolgreich: Wovon hängt der Erfolg dieser Projekte ab und was kann das Management zum Erfolg beitragen?
Schritt 3: Wie macht man eine Problemstellung bearbeitbar? *Indem man sie in interessante Fragestellungen auflöst.* Problemstellungen sind häufig zu komplex, um sie direkt und als Gesamtpaket zu diskutieren.	Wie bestimmt man den Wert einer Firma? Wie hängt der Firmenwert mit der Performance zusammen? Wie sind Internetfirmen an der Börse im Moment bewertet? Worin genau besteht der Widerspruch?	Was sind Innovationsprojekte? Was bedeutet „global" in diesem Zusammenhang? Was bestimmt den Erfolg dieser Projekte? Was sind multinationale Firmen? Was ist speziell an Innovationsprojekten in diesen Firmen? Welche Rolle spielt das Management bei diesen Projekten? Welche möglichen praktischen Implikationen ergeben sich?
Schritt 4: Zu (fast) jeder Problemstellung beziehungsweise zu (fast) jeder Fragestellung bestehen bereits Beiträge in der wissenschaftlichen Literatur. Allerdings ist nicht immer offensichtlich oder eindeutig, welche Erkenntnisse in der wissenschaftlichen Literatur für die Bearbeitung *angemessen* und *relevant* sind.	– Bewertung von Firmen in der Finance Theory – Bewertung von Firmen in der Strategietheorie – aktuelle Diskussion zur Bewertung von Internetfirmen – Annahmen betreffend die Bewertung durch die Finanzmärkte	– Erkenntnisse aus der Innovationsforschung – Erkenntnisse aus dem Internationalen Management – Erkenntnisse aus der Knowledge-Management-Literatur – spezielle Untersuchungen zu Innovationsprojekten – Case Studies zu Innovationsprojekten

Tabelle 4.2: Vom Thema zur Forschungsfrage

Anzustellende Überlegungen	Beispiel 1	Beispiel 2
Schritt 5: Welche theoretischen Positionen und aktuellen Diskussionen in der wissenschaftlichen Literatur haben einen Bezug zu den formulierten Fragestellungen? Welche Themen und Fragen werden durch die aktuelle wissenschaftliche Literatur nicht, nur unzureichend oder widersprüchlich behandelt? Welche weiterführenden wissenschaftlichen Interessen ergeben sich aus diesen Defiziten und wie können diese Defizite diagnostiziert werden? Aufgrund der Diagnose der wissenschaftlichen Erkenntnisse ist zu bestimmen, worin der spezifische Beitrag der eigenen Arbeit besteht: ... theoretischer Beitrag (Entwicklung einer neuen Theorie / Einführung einer Theorie) ... empirischer Beitrag (Überprüfung offener Fragen / Entwicklung neuer Erkenntnisse durch qualitative oder quantitative Empirie) ... theoretische / empirische Metadiskussion (vergleichende Diskussion der bestehenden Literatur)	Ausgangspunkt: „Ist die aktuelle Bewertungen von Internetfirmen an den Börsen ökonomisch sinnvoll?" – Relevanz der Neuen Informations- und Netzwerkökonomie – Erkenntnisse der Wissensmanagement-Perspektive – Erkenntnisse der Komplexitäts-/Chaostheorie – Metavergleich unterschiedlicher Theorien – empirische Überprüfung der aktuellen Bewertungen – praktische Implikationen für aktuelle Investitionen	Ausgangspunkt: „Erfolgsbedingungen für Globale Innovationsprojekte in multinationalen Firmen" – Fehlen des Themas im Internationalen Management – Erkenntnisse der Wissensmanagement-Perspektive – Relevanz der Wissenschafts-forschung – Case Study zu einem konkreten Innovationsprojekt – vergleichende Studie von empirischen Ergebnissen

Tabelle 4.2: Vom Thema zur Forschungsfrage *(Forts.)*

Kreative Vorgehensweise[33]

Dem gegenüber steht eine Vorgehensweise, die auf Kreativität und Intuition setzt. Hier kommen vor allem graphische Techniken zum Einsatz, die insbesondere übergeordnete Zusammenhänge leichter erkennen lassen sowie eine Vielzahl von gedanklichen Verknüpfungen und Verkettungen veranschaulichen helfen. Einer dieser Ansätze entstammt der klassischen Kreativitätstechnik. Wie bei einem Atommodell werden Ideen, Urteile, Vermutungen, Fragen und andere Aussagen um einen zentralen Nukleus, den thematischen Impuls, angeordnet. Bei der Erstellung dieser so genannten Cluster gilt es, wie bei Brainstorming-Techniken die Gedanken möglichst ungefiltert, ohne Hemmungen oder Zensur fließen zu lassen. Eine Bewertung der einzelnen Faktoren, die um den Nukleus angeordnet sind, ist zu diesem Zeitpunkt noch nicht geeignet, da sonst möglicherweise relevante Ideen verloren gehen. Ist diese Phase aber abgeschlossen, empfiehlt es sich, aus der Sammlung die interessantesten Aspekte herauszugreifen und diese auszuformulieren. Bei dieser Beurteilung werden sich einige Aussagen wieder weiter verdichten, so dass mehrere Kerne entstehen und die graphische Darstellung eher einem Molekülmodell gleicht. Bei der Gewichtung und Umschichtung werden ebenfalls die Beziehungen zwischen den Elementen und den Teilclustern untereinander zu klären sein. Auf diese Art bekommt ein Thema unweigerlich Struktur und eine Assoziation prägt die nächste. Wer sich auf diese Art seine Forschungsfrage einengt, wird wenig Probleme haben, eine sinnvolle Disposition anhand der Leitlinien seiner Cluster aufzubauen und die dafür nötige Gewichtung vorzunehmen. Doch auch hier ist darauf zu achten, dass man nicht mit einer zu allgemeinen Forschungsfrage (Inflation und Deflation in Europa), sondern mit einer präzisen, beantwortbaren Fragestellung (Neuausrichtung der vorlaufenden Indikatoren zur Bestimmung der Entwicklung der Preisniveaustabilität der Schweizerischen Nationalbank im Krisenjahr 1994) endet.

Als Alternative zur Bildung von Clustern bietet sich die Verwendung eines Strukturbaums an. Dieser Ansatz wird gewählt, wenn man insbesondere neue Perspektiven anlegen und sich von trivialen Gedankengängen lösen möchte. Eine Anzahl von Kategorien wird zu einem Grundbegriff oder zentralen Gedanken gebildet. An diesem Stamm des Strukturbaums werden dann die tragenden Äste in Gestalt der Kategorien angebracht. Auf diese Weise werden die unterschiedlichsten Bereiche mit dem Zentralbegriff verbunden, ohne dass bereits im Vorhinein Gedankenverknüpfungen zwischen den einzelnen Kategorien entstehen. Beispielsweise könnte zum Begriff „Film" eine ganze Reihe von Kategorien gefunden werden: Chemie, Photo, Ausleihe, Kommerzialisierung, Kino, Schauspielkunst, Bühnentechnik, Kultur, Berufsleben etc. Diese Kategorien würden dann weiter unterteilt in Unterkategorien. So könnte man die Kategorie Kommerzialisierung in die Subkategorien Werbung, Merchandising, Lizenzvergabe, Product Placement, Sponsoring, Vertriebskanal usw. aufteilen. Dieses Vorgehen lässt sich bis zu einer beliebigen Detaillierungsstufe fortführen und auch mit den anderen Vorgehensmöglichkeiten kombinieren.

---

[33] Vgl. zur intuitiven Vorgehensweise Helga Esselborn-Krumbiegel, *Von der Idee zum Text. Eine Anleitung zum wissenschaftlichen Schreiben* (Paderborn: Ferdinand Schöningh, 2002) 37-47.

4.6   Forschungsfrage und Methoden

Eine Schlüsselrolle in jedem Forschungsprojekt kommt der Verknüpfung von Forschungsfrage und Methode zu. Die Konsistenz der Verknüpfung von Frage und Methode ist derart
zentral, dass die Vernachlässigung dieses Aspektes in deutschsprachigen Werken zu den
empirischen Forschungsmethoden sehr verwundert. Entscheidend wie vielleicht keine andere Frage ist die Verbindung von Forschungsfrage und verwendeter Methode. Zunächst ist
diese Verbindung von der Art der Forschungsfrage abhängig. Wie wir im vorhergehenden
Abschnitt gesehen haben, führt die nach dem „Was" fragende deskriptive Forschung die
bloße Existenz empirischer Sachverhalte vor Augen. Die **explanatorische Forschung** hingegen eruiert die Ursachen eines Phänomens und versucht diese mittels Kausalketten her-
zuleiten. Die Aufgabe, die entsprechende Forschungsfrage möglichst exakt und passend
anhand der vorhandenen empirischen Daten zu beantworten, obliegt dem Forschungsdesign.[34] Das Design stellt die logische Struktur der Untersuchung dar und zeigt, welche
Art der Evidenz man zur Beantwortung der jeweiligen Forschungsfrage benötigt. Daraus
ergibt sich unweigerlich, welche Auswahl-, Datenerhebungs- oder Analysemethoden zur
Anwendung kommen.

Die oft anzutreffende einfache Dichotomie, nach der „quantitative" Forschungsfragen
einer quantitativen Methode respektive „qualitative" Forschungsfragen einer qualitativen
Methode bedürfen, greift zu kurz und ist unter Validitätsgesichtspunkten mehr als fraglich.
Grundsätzlich kann jede Frage mit jeder Methode beantwortet werden.[35] Um gleich die
Einschränkung folgen zu lassen: Es gibt aber für eine bestimmte Forschungsfrage besser
geeignete und weniger geeignete Methoden. Das wird umso deutlicher, wenn man vom
Primat der Frage ausgeht. Der Abgleich oder besser die Paarung von Frage und Methode
sollte so eng und klar erfolgen, dass sich unweigerlich die richtige Methode zur Forschungsfrage ergibt. Insofern sind die gewählten Methoden unmittelbare Folge der Frage,
die beantwortet werden soll. Nach Punch hat ein derartiges Vorgehen auch den großen Vorteil der Verschiebung von forschungsmethodischen Erwägungen auf den Zeitpunkt, wenn
Klarheit über die genaue Fragestellung besteht.[36] Dadurch werden die einzelnen Phasen
des Forschungsprozesses besser trennbar und die Organisation des Projektes überschaubar,
da nicht ständig sämtliche Gesichtspunkte und ihre Interaktion berücksichtigt werden
müssen. Letzten Endes müssen sämtliche Teile inklusive Forschungsfrage, Weltbild, Forschungsdesign, logisch-konzeptionellem Rahmen sowie die Datenerhebungs- und Aus-
wertungsmethoden eines Forschungsprozesses aufeinander abgestimmt werden, um dem

---

[34] David A. de Vaus, *Research Design in Social Research* (London: Sage, 2001).

[35] Mit der Ausnahme von einigen Dogmatikern hat sich die Gleichstellung von quantitativen und
qualitativen Methoden mittlerweile durchgesetzt. Die Tendenz zur Kombination beider Ansätze
trägt dieser Entwicklung Rechnung. Der zusätzliche Aufwand schlägt sich in der höheren Güte
der Aussagen als Nutzen nieder.

[36] Keith F. Punch, *Introduction to Social Research: Quantitative and Qualitative Approaches*
(London: Sage, 1998) 21.

Gütekriterium der Gültigkeit, genauer gesagt der empirischen Gültigkeit der Operationalisierung, zu genügen.[37]

An dieser Stelle sei auf einen gefährlichen Fallstrick hingewiesen. Formulieren Sie die Forschungsfrage sehr umsichtig, also begrifflich äußerst präzise, und werden Sie sich über die Assoziation der verwendeten Wörter klar. Das ist deswegen von großer Bedeutung, weil bestimmte Begriffe gleich schon methodische Implikationen suggerieren. Während Begriffe wie „Variable", „Korrelation", „Faktoren", „Varianz" auf einen quantitativen Ansatz hinweisen, deuten Formulierungen wie „ein besseres Verständnis gewinnen", „Beschreibung," „Entdecken" oder „Herausfinden" eher auf einen qualitativen Ansatz hin.[38]

Die jeweils gebräuchlichen Forschungsmethoden sind gut dokumentiert. Daher folgen nur einige Empfehlungen für Werke, die unserer Ansicht nach dazu geeignet sind, einen guten Überblick über die Methodenlandschaft zu vermitteln. Auch hier gilt es wieder zu beachten, dass die Forschungsfrage bzw. das Erkenntnisinteresse den Griff zum jeweils geeigneten Buch bestimmt:

Creswell, John W. *Qualitative Inquiry and Research Design: Choosing Among Five Traditions.* Thousand Oaks, CA: Sage, 1998.

Diekmann, Andreas. *Empirische Sozialforschung: Grundlagen, Methoden, Anwendungen.* 9. Aufl. Reinbek bei Hamburg: Rowohlt, 2002.

Kromrey, Helmut. *Empirische Sozialforschung.* 10. Aufl. Opladen: Leske und Budrich, 2002.

Lamnek, Siegfried. *Qualitative Sozialforschung.* 3. Aufl. Weinheim: Beltz Psychologie Verlags Union, 1995.

Maxwell, Joseph A. *Qualitative Research Design: An Interactive Approach.* Thousand Oaks, Ca: Sage, 1996.

Mayring, Philipp. *Einführung in die qualitative Sozialforschung.* 5. Aufl. Weinheim: Beltz, 2002.

Miller, Delbert C. and Neil J. Salkind. *Handbook of research design and measurement.* 6th ed. Thousand Oaks, Ca: Sage, 2002.

Roth, Erwin, Hrsg. *Sozialwissenschaftliche Methoden: Lehr- und Handbuch für Forschung und Praxis.* 4. Aufl. München: Oldenbourg, 1995.

---

[37] Die Gültigkeit bzw. Validität ist das Kriterium für die Übereinstimmung zwischen dem, was man angibt in der Realität zu beobachten oder zu erfassen, und der begrifflichen Definition dessen, was beobachtet werden soll.

[38] Vgl. John W. Creswell, *Qualitative Inquiry and Research Design: Choosing Among Five Traditions* (Thousand Oaks, CA: Sage, 1998) 95-99.

4.7   Literatur

Andersson, Gunnar. *Kritik und Wissenschaftsgeschichte: Kuhns, Lakatos' und Feyerabends Kritik des Kritischen Rationalismus*. Tübingen: JCB Mohr, 1988.

Apel, Karl-Otto. „Die hermeneutische Dimension von Sozialwissenschaft und ihre normative Grundlage", *Mythos Wertfreiheit*. Hrsg. Karl-Otto Apel und Matthias Kettner, Frankfurt am Main: Campus, 1994, 17-47.

Barritt, Loren. „Human sciences and the human image". *Phenomenology and Pedagogy* 4.3 (1986): 14-22.

Beck, Heinrich. „Der Positivismusstreit". *Wissenschaftstheorie 1. Probleme und Positionen der Wissenschaftstheorie*. Hrsg. Heinrich Rombach. Bd.1. Freiburg: Herder, 1974, 41-49.

Böhm, Jan M., Heiko Holweg und Claudia Hoock. *Karl Poppers kritischer Rationalismus heute*. Tübingen: Mohr Siebeck, 2002.

Creswell, John W. *Qualitative Inquiry and Research Design: Choosing Among Five Traditions*. Thousand Oaks, CA: Sage, 1998.

de Vaus, David A. *Research Design in Social Research*, London: Sage, 2001.

Diekmann, Andreas. *Empirische Sozialforschung: Grundlagen, Methoden, Anwendungen*. 9. Aufl. Reinbek bei Hamburg: Rowohlt, 2002.

Esselborn-Krumbiegel, Helga. *Von der Idee zum Text. Eine Anleitung zum wissenschaftlichen Schreiben*. Paderborn: Ferdinand Schöningh, 2002.

Fischer, Ruedi. „Abschied von der Hinterwelt? Zur Einführung in den Radikalen Konstruktivismus". *Die Wirklichkeit des Konstruktivismus. Zur Auseinandersetzung um ein neues Paradigma*. Hrsg. Hans Ruedi Fischer., Heidelberg: Carl Auer Verlag, 1995, 11-34.

Glasersfeld, Ernst von. „Die Wurzeln des ‚Radikalen' Konstruktivismus", *Die Wirklichkeit des Konstruktivismus. Zur Auseinandersetzung um ein neues Paradigma*. Hrsg. Hans Ruedi Fischer., Heidelberg: Carl Auer Verlag, 1995, 35-46.

Glasersfeld, Ernst von. *Radikaler Konstruktivismus. Ideen, Ergebnisse, Probleme*. Frankfurt am Main: Suhrkamp, 1996.

Habermas, Jürgen. *Theorie des kommunikativen Handelns*. 2 Bd. Frankfurt am Main: Suhrkamp, 1981.

Kanz, Heinrich. „Voraussetzungslosigkeit und Wertproblem". *Wissenschaftstheorie. Probleme und Positionen der Wissenschaftstheorie*., Hrsg. Heinrich Rombach. Bd.1. Freiburg i. Bg.: Herder, 1974, 37-40.

Kromrey, Helmut. *Empirische Sozialforschung*. 10. Aufl. Opladen: Leske & Budrich, 2002.

Kruse, Otto. *Keine Angst vor dem leeren Blatt: Ohne Schreibblockaden durchs Studium*. Frankfurt am Main: Campus, 1993.

Kuhn, Thomas S. „Logik der Forschung oder Psychologie der wissenschaftlichen Arbeit?". *Kritik und Erkenntnisfortschritt*. Hrsg. Imre Lakatos und Alan Musgrave. Braunschweig: Vieweg, 1974, 1-24.

Kuhn, Thomas S. *Die Struktur wissenschaftlicher Revolutionen*. Frankfurt am Main: Suhrkamp, 1976.

Kümmel, Friedrich. „Die hermeneutische Position im Positivismusstreit". *Der Positivismusstreit in der deutschen Erziehungswissenschaft*. Hrsg. W. Büttemeyer und B. Möller, München: Wilhelm Fink Verlag, 1979, 122-156.

Little, Daniel. *Varieties of Social Explanation: An Introduction to the Philosophy of Social Science*. Boulder, Co: Westview Press, 1991.

Maturana, Humberto R. und Francisco Varela. *Der Baum der Erkenntnis*. Bern: Scherz, 1987.

Mittelstraß, Jürgen. „Was heißt: sich im Denken orientieren?". *Vernunft, Handlung und Erfahrung. Über die Grundlagen und Ziele der Wissenschaften*. Hrsg. Oswald Schwemmer. München: C.H. Beck, 1981.

Mittelstraß, Jürgen. „Bildung und ethische Maße". *Die Zukunft der Bildung*, Hrsg. Nelson Killius, Jürgen Kluge und Linda Reisch. Frankfurt am Main: Suhrkamp, 2002, 151-170.

Popper, Karl R. *Wissenschaftslehre in entwicklungstheoretischer und in logischer Sicht. Alles Leben ist Problemlösen. Über Erkenntnis, Geschichte und Politik*. München: Piper, 1994.

Poser, Hans. *Wissenschaftstheorie. Eine philosophische Einführung*. Stuttgart: Philipp Reclam jun., 2001.

Punch, Keith F. *Introduction to Social Research: Quantitative and Qualitative Approaches*. London: Sage, 1998.

Rusch, Gebhard und Siegfried J. Schmidt. *Konstruktivismus und Ethik*. Frankfurt am Main: Suhrkamp, 1995.

Spoun, Sascha und Simon Grand. „Hinweise zum Verfassen von Diplomarbeiten". Vorlesungsunterlagen, Universität St. Gallen, St. Gallen. 1999 und folgende Jahre.

Stinchcombe, Arthur L. „A structural analysis of sociology". *The American Sociologist* 10 (1975), 57-64.

Strunin, Leo. „Wie man einen Übersichtsartikel schreibt". *Publish or Perish: Wie man einen wissenschaftlichen Beitrag schreibt, ohne die Leser zu langweilen oder die Daten zu verfälschen*. Hrsg. George M. Hall. Bern: Hans Huber, 1998, 91-98.

Thielemann, Ulrich. „Wonach fragt wissenschaftliche Forschung? Eine Skizze grundlegender Erkenntnisinteressen und Methodologien". Unveröffentl. Arbeitspapier, Universität St.Gallen, 2002.

Walter-Busch, Emil. *Organisationtheorien von Weber bis Weick*. Chur: G+B Verlag Fakultas, 1996.

Weber, Max. *Gesammelte Aufsätze zur Wissenschaftslehre*. Hrsg. Johannes Winckelmann. 3. Aufl., Tübingen: Mohr, 1968.

Wittgenstein, Ludwig. *Tractatus Logico-Philosophicus; Tagbücher 1914-1916; Philosophische Untersuchungen*. Frankfurt am Main: Suhrkamp, 1984.

Kapitel

5   Argumentieren

Im Studium schreiben Sie, um Ergebnisse eigener Recherchearbeiten darzustellen und um zu zeigen, wie Sie sich zum Fachexperten entwickeln. Dieses Schreiben kann erlernt werden, indem man an seiner Arbeitshaltung (5.1), seinen Aussagen, den Argumenten (5.2), der Struktur seiner Texte (5.3) und dem Schreibprozess (5.4) arbeitet und Konsequenzen aus den üblichen Kriterien wissenschaftlichen Arbeitens (5.5) zieht.

5.1   Arbeitshaltung

Schreiben in der Welt der Wissenschaft heißt, sich seiner Gedanken bewusst zu werden und andere davon auf verständliche Weise zu überzeugen. Entsprechend prägen unsere Einstellung beim Schreiben drei Überlegungen:

5.1.1   Schreiben heißt Gedanken strukturieren

Vorderhand erfahren wir das Schreiben als ein Festhalten von Informationen. Geht der Schreibprozess über einige Zeilen hinaus, so werden währenddessen auch die Gedanken strukturiert, einzelne Aspekte herausgestellt und andere nur erwähnt oder weggelassen. Es findet eine Bewertung, gegebenenfalls eine Umwertung[1] statt. Auf diese Weise dient das Schreiben der Erzeugung und Dokumentation von Wissen. Beim Schreiben stimulieren sich Reflexion und Niederschreiben gegenseitig und führen zu dem Prozess, den Kleist schon 1805 als „die allmähliche Verfertigung der Gedanken" bezeichnete.[2] Schreiben stellen wir uns folglich als einen iterativen, teils unbewussten Prozess der Auswahl, Bewertung, Formulierung und Revision eigener und fremder Gedanken vor. Ergebnisse sind Schriftstücke ganz verschiedener Qualität, die viel über ihre Autoren aussagen. Unter diesen finden sich gute und schlechte journalistische Artikel, Romane, Werbetexte und wissenschaftliche Texte, denen wir uns hier widmen.

5.1.2   Nicht berichten, sondern überzeugen wollen

Nehmen Sie für jede Arbeit, die Sie im Studium schreiben (Referate, Seminar- und Abschlussarbeiten) an, Sie seien Forscherin oder Forscher. In dieser Welt der Wissenschaft ist eine schriftliche Arbeit ein nachhaltiger Beitrag, mit dessen Standpunkt und Ergebnissen Sie persönlich verbunden werden. In diesem Diskurs werden Begriffe definiert, die Reichweite einzelner Methoden verglichen, Für und Wider unterschiedlicher Positionen besprochen sowie Stärken und Schwächen einzelner Argumente aufgedeckt. Sie wollen und sollen Ihre Ergebnisse, d.h. Ihren Standpunkt und dessen Begründung, mitteilen. Sie streben an, Ihre Leser von Ihren Annahmen und Interpretationen zu überzeugen und zu zeigen, warum andere im Irrtum sind oder nur teilweise Recht haben. Deshalb liefern Sie keine Zusammenfassung von bisher Geschriebenem, denn Sie wollen nicht unterrichten, sondern mit Ihrer eigenen Argumentation überzeugen und den Leser für Ihre Position einnehmen. Sie beabsichtigen, wirklich etwas mitzuteilen.

Selbst wenn das Schreiben nur eine Aufgabe im Studium ist, aufgrund derer Sie eigentlich „nur" der oder dem Dozierenden Ihre Leistungsfähigkeit zeigen wollen, nehmen Sie diese Haltung als Forscher oder Forscherin ein und gehen entsprechend kritisch mit der vorhandenen Literatur um, suchen nach deren Lücken, Inkonsistenzen und Fehlern. Denn dann werden Sie nicht nur ein Stoffgebiet besser verstehen, intensiver lernen und Übung in der Strukturierung eines Themas erlangen, sondern automatisch ins Argumentieren kommen. Das wird Ihnen auch in jeder außeruniversitären Schreibsituation sehr helfen. Das Schreiben eröffnet den Weg in die Wissenschaft selbst und bestimmt darüber hinaus den dort eingenommenen Platz.

---

[1]   Vgl. Boris Groys, *Über das Neue* (Frankfurt am Main: Fischer, 1999).

[2]   Kleist hatte diese Wendung zwar auf das Reden angewendet, doch gilt sie für das Schreiben genauso. Sie finden den achtseitigen Text „Über die allmähliche Verfertigung der Gedanken beim Reden" in der Internet-Edition des Kleist-Archivs Sembdner unter: `www.kleist.org/texte/`

Der Austausch über unterschiedliche Standpunkte, Meinungen, Positionen und Ideen, für den Sie schreiben, stimuliert, fordert heraus und motiviert, zwingt aber auch dazu, eigene Ansätze zu verwerfen, die Daten neu zu analysieren, Passagen zu streichen oder dergleichen schmerzhafte Anpassungen der eigenen Ideen vorzunehmen. Die Leser überzeugen heißt, sich mit dem Geschriebenen auseinander zu setzen und die dargelegten Gedanken als eigenständigen Standpunkt auszuarbeiten.

5.1.3   Für die Leser schreiben

Folgen Sie Thomas Kuhns Skizzierung der Wissenschaft als Interaktionsprozess in einer Gemeinschaft von Forschenden. Wissenschaftliches Arbeiten besteht aus einem regen Austausch von Ideen und stellt damit eine intensive Kommunikationsform dar.[3] Das Schreiben ist „ein aktiver Vorgang des Sich-an-jemanden-Wendens: den Leser, das Du, den anderen",[4] so der Psychiater Hinderk M. Emrich. Verstehen Sie das wissenschaftliche Schreiben als Kommunikation mit Ihren Lesern und Leserinnen, d.h. schreiben Sie so einfach und verständlich wie möglich. Deshalb sollte man sich vor dem Schreiben die Voraussetzungen und die Leserschaft des eigenen Beitrags bewusst machen. Der Autor sollte sich deshalb folgende Fragen stellen, um sich an der Erwartungshaltung der Leser zu orientieren und einen Beitrag aufzubauen:

- Wer sind meine Leser?
- Was weiß das Zielpublikum[5] bereits?
- Wieso ist dieser Text für das Publikum interessant? Wieso sollte es ihn lesen?
- Wie stehe ich zu den Lesern organisatorisch, inhaltlich und hinsichtlich der verwendeten Methoden?
- Was will ich mit dem Text erreichen? In der Wissenschaft wollen wir in der Regel das Denken verändern. Es können aber auch informative Dokumente beabsichtigt sein oder es soll unterhalten oder für etwas geworben werden.
- Was müssen die Leser wissen? Was müssen sie nicht wissen? Wie stark muss ins Detail gegangen werden? Welche Information kann weggelassen werden, ohne den Sinn zu verzerren oder den Zusammenhang zu verfälschen?
- Was ist die Standardform für die Art von Text, die geschrieben werden soll? Gibt es Konventionen oder Standards, die eingehalten werden müssen? Gibt es Gründe dafür, von diesen abzuweichen?

---

[3]   Anne S. Huff, *Writing for Scholary Publication* (Thousand Oaks, Ca.: Sage, 1999) 3.

[4]   Hinderk M. Emrich, „Schreib-Partikel und ihre allmähliche Verfertigung." *Lust und Last des wissenschaftlichen Schreibens*, Hrsg. Wolf-Dieter Narr und Joachim Stary (Frankfurt am Main: Suhrkamp, 1999) 54.

[5]   Marsen differenziert das Publikum nach folgenden Kriterien: technischer Hintergrund, Status, Einstellung, Demographie und Psychographie. Vgl. Sky Marsen, *Professional Writing* (Houndmills etc.: Palgrave Macmillan, 2003) 3 ff.

5.2   Argument

Das Mittel zur Überzeugung ist das Argument, mit dessen Hilfe der Zugang zum Leser gewonnen wird. Das lateinische „argumentum" meint Erhellung und Veranschaulichung.[6] Genau diese Funktion kommt dem wissenschaftlichen Argument zu. Die gesammelte Information wird nach einem sinnvollen Muster geordnet, das sich aus der Forschungsfrage und der Bemühung, diese zu beantworten, ableitet. Wie schon oben angedeutet, muss man die Leser „abholen", ihnen also immer zeigen, dass es sich für sie lohnt, weiterzulesen, da man ihnen Antworten gibt auf Probleme, die für sie von Interesse sind, und potenzielle Fragen antizipiert. Wie ein systematisch aufgebautes Argument schematisch aussieht, zeigt das nachfolgende Schaubild:

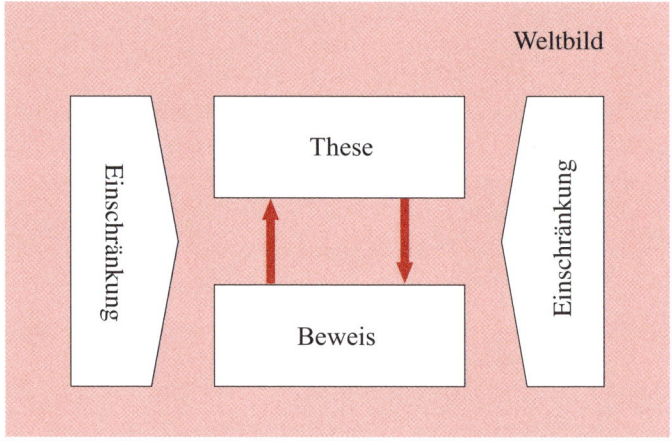

Abbildung 5.1:   Die Struktur eines systematischen Arguments

Die schematische Struktur eines systematischen Arguments besteht aus der eigentlichen Aussage, hier These genannt. Diese wird durch Beweise (Daten, Referenzen etc.) begründet, d.h. untermauert. Meistens sind Einschränkungen notwendig, wenn Aussagen nur unter bestimmten Voraussetzungen gelten oder Gegenargumente entkräftet werden müssen. Jede Argumentation gilt nur innerhalb eines gewissen Weltbilds, d.h. den Annahmen über das Wissenschaftsverständnis und über die Anwendbarkeit der angeführten Beweise für die Begründung der jeweiligen These. Das Weltbild belegt, warum die angeführten Beweise einschlägig sind. Im Prinzip besteht jedes Argument aus diesen vier Teilen, nur werden nicht immer alle gleich ausführlich dargestellt. Vieles, gerade aus dem Weltbild, kann als selbstverständlich vorausgesetzt werden.

---

[6] *Duden. Das große Wörterbuch der deutschen Sprache*, 3. Aufl. Bd. 1 (Mannheim: Dudenverlag, 1999) 288, oder auch in Gerhard Köbler, *Etymologisches Rechtswörterbuch* (Tübingen: Mohr, 1995), elektronisch verfügbar über: `http://www.koeblergerhard.de/der/DERA.pdf`.

5.2.1 These

Die These ist das Gegenstück zur Forschungsfrage; sie stellt eine Behauptung auf. Während die Forschungsfrage neutral auf eine Lücke im bestehenden Wissen oder ein spezielles Erkenntnisinteresse hindeutet, gibt die These eine Richtung vor, sie polarisiert. Die Behauptung kann sich grundsätzlich als richtig oder falsch erweisen. Vor allem bei induktiven Arbeiten ist es im Vorhinein oft schwierig, die These genau zu benennen, was dazu führt, dass Antwort und Frage parallel entwickelt werden. Dennoch sollten Sie Ihre These so präzise wie möglich niederschreiben und immer wieder der Weiterentwicklung Ihrer Gedanken anpassen. Versuchen Sie Ihre These immer wieder neu zu begründen und ihren Gültigkeitsbereich zu beschreiben. Fügen Sie dazu nach der Aussage immer einen Kausalsatz an, der ihr Legitimität gibt und die Begründung liefert.

Eine These muss substanziell sein, d.h. eine Frage oder einen Zusammenhang betreffen, der ausreichend komplex, problematisch, ungeklärt, offen, interessant ist, damit Ihre Aussage nicht als banal, selbstverständlich oder „trivial" aufgefasst wird. Eine These muss folglich herausfordern, angreifen, Zweifel hervorrufen, Unentdecktes aufdecken, Lösungen wagen, Zusammenhänge postulieren, also strittig sein. Dies sind sehr hohe Anforderungen für Studienanfänger. Machen Sie sich keine Sorgen, wenn Sie diese nicht von Beginn an erfüllen können. Ihren Dozierenden ist dies bewusst. Versuchen Sie dennoch immer, über die reine Zusammenfassung von vorhandenem Material hinauszukommen, eigene Fragen zu stellen, eine eigene Position zu entwickeln und Ihre These zu formulieren.

Die nähere Betrachtung fünf verschiedener Typen von Thesen nach Ramage und Bean kann Ihnen bei der eigenen Formulierung helfen:[7]

- definitorische Thesen,
- kausale Thesen,
- vergleichende Thesen,
- bewertende Thesen,
- vorschlagende oder auffordernde Thesen.

Definitorische Thesen werden verwendet, wenn unterschiedliche Positionen zu einem Thema vorliegen, die in der Definition eines Begriffes beziehungsweise in der Subsumtion eines Sachverhalts unter diesen Begriff begründet sind. Demgemäß beinhaltet eine definitorische These immer eine Definition sowie eine Zuordnung. Formal lässt sich dieser Zusammenhang durch folgenden Ausdruck erklären: X ist ein Y. Ausformuliert bedeutet dies: Der Begriff X fällt in die Kategorie Y. Als Beispiel kann man folgende Aussage anführen: Die Vergabe der Punkte (X) liegt im Ermessen des Dozierenden und ist Teil der Bewertungsleistung (Y). Hier gilt es zunächst zu klären, was dieses Ermessen ist. Es geht also um die Frage, wie man Ermessen umschreiben, mit Synonymen oder Beispielen näher bezeichnen kann, um sich dann auf eine für den Kontext gültige Definition

---

[7] John D. Ramage and John C. Bean, *Writing Arguments: A Rhetoric with Readings*, 4th ed. (Boston: Allyn and Bacon, 1998) 189-338.

festzulegen. Zum anderen muss geklärt werden, ob das Vergeben der Punkte bei einer Arbeit in den Ermessensspielraum fällt oder nicht. Ist dies der Fall, dann fällt die Punktevergabe (X) in die Bewertungsleistung (Kategorie Y).

Die **kausale These** setzt ein Ereignis oder einen Vorgang in unmittelbaren Bezug zu einer Konsequenz. Sie kommt überall dort vor, wo (ein) X (ein) Y (nicht) verursacht. Eine kausale These wird sehr häufig in Arbeiten verwendet, die Hypothesen testen. Als beliebiges Beispiel betrachten wir die Darstellung der Strategieentwicklung als rationalen Entscheidungsprozess:[8]

$$Ziele \rightarrow Mittel \rightarrow Strategieinhalt \rightarrow Performance$$

Die einzelnen Variablen sollen hier sequentiell-kausal voneinander abhängen. Verbal ausgeführt bedeutet das: Die Performance hängt von den Inhalten der Strategie ab, die sich ihrerseits aus den ausgewählten Mitteln ergeben, die Ausfluss der Ziele sind. Es wird unterstellt, die Ziele begründeten – synonym: sie seien ursächlich für – die Mittel und Strategieinhalte der Performance. Problematisch ist diese Art von Thesen deswegen, weil sich Kausalität nicht beobachten lässt. Kausalität wird immer nur durch einen logischen Denkprozess erschlossen. Diese Logik gilt es dann zu hinterfragen.

Vergleichende Thesen funktionieren gewissermaßen wie die definitorischen. Sie erlauben es Analogien zu bilden, wobei Ereignis X und Ereignis Y nicht beide zur selben Kategorie Z gehören müssen. Der Vergleich ermöglicht es, verschiedene Perspektiven aufzuzeigen und verschiedene Kriterien zu beleuchten, ohne dass man beide Beobachtungsgegenstände gleich behandeln müsste. Man könnte etwa die Börsenbaisse von 2001 mit dem schwarzen Freitag von 1929 vergleichen, ohne jedoch beide Ereignisse hinsichtlich ihrer Intensität, Auswirkung auf Politik, Geschichte, Sozialgefüge etc. gleichzusetzen.

Eine **bewertende These** misst die Ausprägung eines Sachverhalts anhand eines Kriteriums. Die Aussage „Management by objectives ist ein effektiver Führungsstil" bewertet einen bestimmten Führungsstil mit einem Effektivitätsmaßstab. Eine derartige These ist nur von Interesse, wenn sie ein Erkenntnisinteresse befriedigt, d.h. Antworten auf offene Fragen gibt.

Die **präskriptive These** schlägt eine bestimmte Handlung, eine Veränderung, neue Problemlösung oder Ähnliches vor. Das können eine Petition für eine autofreie Innenstadt, ein Vorschlag zur Verbesserung der Lernbedingungen in der Bibliothek oder Aussagen über ein bestimmtes Managementverhalten in Phasen des Wandels sein. Präskriptive Thesen treffen charakteristischerweise wertende oder normative Aussagen, die sich zahlreich in der Betriebswirtschaftslehre finden, jedoch jeweils besonders sorgfältig begründet werden müssen.

---

[8] Entnommen aus L.J. Bourgeois, III, „Performance and Consensus", *Strategic Management Journal* 1(1980): 229.

5.2.2 Beweis

Alle Thesen müssen nun durch Beweise begründet werden, um Glaubwürdigkeit zu gewinnen. Dem Beweis kommt innerhalb eines Arguments zentrale Bedeutung zu. Der Beweis ist die Grundlage für die Überzeugung. Gute Begründung entspringt geradezu dem logisch strukturierten Beweis. Die Begründung veranlasst den Leser, der These Glauben zu schenken, während der Beweis als „objektives Faktum" anerkannt werden soll. Damit dies gelingt, müssen die Beweise selbst von guter Qualität und einschlägig sein. Ferner dürfen sie natürlich nur nach Maßgabe der Weltsicht verwendet werden. Als Beweis können selbst oder von anderen gesammelte Primärquellen genutzt werden, jedoch auch geschriebene oder verbale Äußerungen, die von Dritten nachgeprüft werden können, wie Fallstudien, Interviewzitate, Versuchsbeschreibungen, Abbildungen oder Datentabellen. Auf jeden Fall sollte jedoch vermieden werden, dass durch die selektive Wahl von Beweismaterial gewisse (unangenehme) Aussagen unter den Tisch fallen oder subjektive Komponenten eine systematische Verzerrung (Forscher-Bias) zulassen. Deswegen muss der Beweis den wissenschaftlichen Kriterien der jeweiligen Disziplin entsprechen. Allgemeinere Anforderungen an Beweise sind:[9]

- **Akkuratheit**: Der Beweis muss treffend sein und exakt nachvollzogen werden können. Deshalb zitieren Sie genau. Mit kleinen dummen Fehlern können Sie viel Respekt verlieren, auch wenn Ihre Arbeit inhaltlich erstklassig ist.

- **Präzision**: Der Beweis muss möglichst genau (quantifizierbar) die zu begründende Aussage belegen können. Vermeiden Sie ungenaue Formulierungen. Beispiel: „Aserbaidschan hat bereits eine ganze Menge Erdöl gefördert ..."

- **Ausreichende Beweiskraft**: Der Beweis muss eine so breite und tiefe Begründung liefern, dass Ihre These gestützt ist. Beweise nur für Nebenaspekte oder Einschränkungen taugen wenig. Die Quelle muss Ihre These sinnvoll unterstützen und genug Aussagekraft haben.

- **Repräsentativität**: Beweise müssen typisch sein, d.h. für die zu begründenden Fälle stehen. Deshalb fordern manche Forschungsdesigns eine so genannte Zufallsauswahl, damit nicht gerade nur passende Fälle herangezogen werden.

- **Verlässlichkeit**: Ihre Beweise müssen sorgfältig und nachvollziehbar erarbeitet worden sein (sog. wissenschaftlichen Standards genügen). Benutzen Sie keine Tertiärquellen oder Populärliteratur als Belege, achten Sie auf Aktualität und vermeiden Sie die ausschließliche Wiedergabe von nebensächlichen Stellungnahmen, die Sie nur zusätzlich zur herrschenden Meinung darstellen sollten. Begnügen Sie sich nicht mit nur einer Quelle, besonders dann nicht, wenn sie nicht zuverlässig wirkt. Besondere Vorsicht ist bei Internetquellen geboten.

- **Problembezogenheit**: Zeigen Sie den Bezug zwischen Ihren Beweisen oder Begründungen und Ihren Thesen auf. Daten müssen immer interpretiert werden, reine Datendarstellungen nutzen wenig, da dann der Leser selbst suchen muss, welche Aussagen und welche Daten belegt werden sollen.

---

[9] Siehe Joseph A. Maxwell, *Qualitative Research Design. An Interactive Approach* (Thousand Oaks, Ca: Sage, 1996) 86-98, oder Winfried Stier, *Empirische Forschungsmethoden*, 2. Aufl. (Berlin: Springer, 1999) 51-62.

5.2.3   Einschränkungen

Jede Forschungsfrage und damit auch jede These beschäftigt sich mit einem sehr begrenzten Ausschnitt der Realität. Dadurch werden zwangsläufig viele Aspekte ausgeblendet oder nicht behandelt. Die Redlichkeit des Wissenschaftlers fordert, die mit dem Thema verwandten, nicht beantworteten Fragestellungen kenntlich zu machen und die Logik hinter der Auswahl offen zu legen. Wissenschaftliche Aussagen können keine universelle Gültigkeit beanspruchen, auch wenn dies angestrebt wird (Ziel der nomologischen Gesetze im Rahmen positivistischer Forschung, d.h. von Raum und Zeit unabhängige Aussagen). Deshalb müssen Einschränkungen der Gültigkeit der Aussagen angegeben werden.

Über die notwendige Einschränkung des Themas und der Gültigkeit der Aussagen hinaus gilt es auch, Auslassungen und potenzielle Schwächen der Argumentation transparent zu kommunizieren. Dies erhöht die Glaubwürdigkeit der zentral behandelten These. Die Leser werden diese Sorgfalt mit Vertrauen quittieren. Damit gewinnt man auch den Respekt der kritischen Leserschaft, denn sie erkennt die Fähigkeit des Autors zur Differenzierung und zum kritischen Umgang mit ihren eigenen Thesen. Bewährte Vorgehensweisen, um diesen Kredit zu erhalten sind die folgenden:[10]

- Behandeln Sie alternative Ansätze für die Forschungsfrage und begründen Sie den von Ihnen eingeschlagenen Weg. Das systematische Hinterfragen eröffnet die Kommunikation mit dem Leser, indem man dessen Fragen vorwegzunehmen versucht. Dabei sollte man sowohl die Güte der These, des Weltbilds und der Beweismaterialien zur Sprache bringen als auch auf eventuell noch vorhandene nicht ausgewertete relevante Quellen hindeuten.

- Wehren Sie falsche Einwände aus bekannter Literatur oder antizipierte Einwände der Leser argumentativ ab.

- Konzedieren Sie richtige Einwände, ordnen Sie diese ein und schwächen Sie die Einwände gegebenenfalls ab.

- Nennen Sie die Bedingungen, unter denen Ihre Thesen gelten. Definieren Sie Anwendungsbereich und Grenzen Ihrer Forschung.

- Geben Sie an, mit welcher Sicherheit Sie Ihre Aussagen treffen können. Seien Sie ehrlich, wenn Unsicherheiten bestehen, und adressieren Sie diese. Vielleicht können andere Forscher die Lücke schließen.

Abgerundet wird eine derartige Passage der kritischen Distanz zur eigenen Arbeit durch das Anführen von Gegenbeispielen oder das Prüfen anderer Definitionen, zusammenfassend gesagt: Zeigen Sie in Ihrer Arbeit Ihre Kompetenz zu einer (selbst-)kritischen Diskussion. Beachten Sie bei Ihrer ganzen Gedankenführung, dass Sie differenziert argumentieren. Stellen Sie sich wie in Abschnitt 5.1 beschrieben vor, dass Sie mit der Leserschaft sozu-

---

[10]   Vgl. Matthew B. Miles and A. Michael Huberman, *Qualitative Data Analysis: An Expanded Sourcebook*, 2nd ed. (Thousand Oaks, Ca: Sage, 1994) 25, sowie Wayne C. Booth, Gregory G. Colomb and Joseph M. Williams, *The Craft of Research*, 2nd ed. (Chicago: Chicago University Press, 2003) 151-159.

sagen einen Dialog führen, in welchem Sie Ihre Position schrittweise formulieren und begründen, während die Leser Ihnen fortlaufend kritische Fragen stellen.

5.2.4 Weltbild

Verständnis des Weltbildes

Fundament und gleichsam Sinn gebender Rahmen eines wissenschaftlichen Arguments ist, wie auch in der Graphik ersichtlich, das Weltbild. Synonym kann man von Weltsicht sprechen. Unter dem Weltbild verstehen wir – ganz einfach ausgedrückt – die jeweils bewussten und unbewussten Hinterkopftheorien des Autors. Jeder Mensch besitzt eine Vorstellung, warum die Dinge so sind und ablaufen, wie sie von ihm wahrgenommen werden. Jeder Mensch richtet sich ein, erklärt und deutet für sich zum besseren eigenen Verständnis die ihn umgebende Umwelt. Aufgrund dieser Vorstellungswelt, dem eigenen Weltbild, erscheinen einige Zusammenhänge logisch und nahe liegend, andere unpassend und unlogisch. Das eigene Weltbild kann man als eine in sich geschlossene, umfassende Vorstellung vom Aufbau der erfahr- und beobachtbaren Wirklichkeit verstehen, die nur im Kopf besteht und beim Argumentieren mitgeteilt werden muss, sofern die Leser nicht sowieso ein ähnliches Weltbild besitzen. Das Weltbild ist kein eindeutiger Begriff und daher auch ein nicht gerade leicht zu erklärender Bestandteil des wissenschaftlichen Argumentationsaufbaus. Daher muss man an dieser Stelle noch darlegen, welche Funktion und Bedeutung diese Weltsicht für den Wissenschaftler hat. Der Rückgriff auf das griechische „*idea*" verdeutlicht den gesamten Bedeutungsumfang, in dem wir das Weltbild erfassen wollen. So vielschichtige Begriffe wie Ansehen, Aussehen, Äußeres, Gestalt, Beschaffenheit, Art und Weise, Meinung, Vorstellung, Urbild, Idee fallen in das Bedeutungsspektrum. Unter der Weltsicht eines Menschen versteht man auch im populären Sinn seine allgemeine, grundsätzliche geistige Einstellung, eine Sicht der Dinge sozusagen. Für das wissenschaftliche Arbeiten will „Weltsicht" im Wesentlichen eine die Arbeit umgebende Geistes- bzw. Gedankenwelt bezeichnen. Genauer wird diese in der Wissenschaftstheorie untersucht.

Brücke vom Autor zum Leser

Wenn man nun andere Leser und Zuhörer von seiner eigenen Sicht eines Sachverhalts überzeugen will, muss man erklären, warum die eigene Sichtweise erlaubt und zutreffend ist. Man muss den Rezipienten die Chance geben nachzuvollziehen, warum die angeführten Beweise zur These passen und verwendet werden dürfen. Es ist unerlässlich, sein Argument möglichst so zu präsentieren, dass alle Aussagen, Annahmen und Voraussetzungen klar sind, damit substanzielle Kritik möglich wird. Würden Sie nämlich die Verbindung von These und Beweis im Dunkeln lassen, d.h. Ihr Weltbild nicht darstellen, wäre Ihr Argument nur überzeugend, wenn Ihr Leser dasselbe Weltbild besitzt – wovon nicht ausgegangen werden kann – oder Ihren Belegen einfach Glauben schenken würde. Das ist aber nicht in Ihrem Sinn, denn Sie wollen nach- und stichhaltig überzeugen und nicht nur den Leser zum Glauben anregen. Als Autor muss man aus diesem Grunde über das Verständnis grundsätzlicher Axiome informieren und sich innerhalb der bestehenden Forschungslandschaft orientieren. Aber da der Umfang einer Arbeit begrenzt ist, kann nicht jeder Aufsatz die dazugehörige

Wissenschaftstheorie mit sich führen. Im Übrigen ist es für das Denken kennzeichnend, dass sich außerhalb der Philosophie niemals alle Voraussetzungen thematisieren lassen. So ist es etwa vonnöten, die Weltsicht der Leserschaft einschätzen zu können, um lediglich das Abweichende des eigenen Weltbildes schildern zu müssen. Eine wissenschaftliche Diskussion wird gerade dann mit großer Effizienz geführt, wenn man zu weiten Teilen von gleichen zugrunde liegenden Annahmen ausgehen kann und sich wirklich auf das jeweils gewählte Thema konzentriert. Muss man dem Leser erst eine andere Weltsicht näher bringen, verliert man sich unter Umständen in Grundsatzdiskussionen. Schreibt man für Leser, deren Weltsicht mit der eigenen weitgehend übereinstimmt, braucht man gewisse Dinge nicht mehr auszuformulieren, da von einem (scheinbaren) Konsens ausgegangen werden kann und weitere Ausführungen überflüssig wären.

In der Graphik erkennt man, dass die These selbst und der sie stützende Beweis in die Weltsicht eingebettet sind. Die Einschränkungen finden auch nicht außerhalb der Weltsicht statt, sondern „darin liegend", wie es durch die Richtung der Pfeile angezeigt wird, die den Vorgang des Einwirkens darstellen. Nehmen Sie beispielsweise an, Sie hätten einen Beitrag zum Organisationsverhalten (*Organizational Behavior*) zu schreiben. Hier können Sie auf eine vertiefte Behandlung des Konstruktivismus und der subjektiven Konstruktion der Wirklichkeit verzichten, da Sie davon ausgehen dürften, dass die Leser, die nach einem solchen Beitrag greifen, die grundsätzlichen Annahmen des Konstruktivismus, der Organisationspsychologie und der Soziologie kennen.

Brücke vom Beweis zur These

Die Weltsicht ist aber nicht nur zwischen Lesendem und Schreibendem, sondern auch zwischen den einzelnen Bestandteilen des Arguments selbst das verknüpfende Element. Die Beziehung zwischen These und Beweis wird durch die Weltsicht bestimmt und muss belastbar sein, so dass die Leser der Argumentation folgen. Sie fungiert als generell-abstrakte Maxime, die aufzeigt, warum ein Beweis als Begründung einer These verwendet werden darf (einschlägig ist) und wie dieser zur Begründung der These beiträgt. Innerhalb des Weltbilds lässt sich für bestimmte Zusammenhänge bei Vorliegen eines Vorgangs oder eine Beobachtung mit relativer Sicherheit eine Konsequenz oder ein Verhalten voraussagen. Dies kann die Form annehmen: „Immer wenn eine Evidenz wie B vorhanden ist, gilt die Aussage T." Als Beispiel fungiert der Befund; die Daten der schweizerischen Arbeitskräfteerhebung (SAKE) des Bundesamts für Statistik zeigten einen Anstieg der Jugendarbeitslosigkeit über die letzten zehn Jahre an. Mit dieser Beobachtung kann ich, sofern ich den Prämissen der Erhebung und der Konstanz der übrigen Faktoren (ceteris paribus) zustimme, meine These unterstützen, dass die beständige Abnahme der Lehrstellenangebote eine Ursache dafür ist.[11]

---

[11] Der hier beabsichtigte Bezug auf das Weltbild verbindet die Ebene der Phänomene mit der Letztbegründung. Er überspringt den breiten Teil dazwischen, in dem nicht die letzten, aber die unmittelbar wirksamen Rahmenbedingungen des Argumentierens und Denkens liegen. Doch nach unserem Verständnis sind die beiden Ebenen nicht zu trennen und bedingen sich immer gegenseitig. Die wissenschaftsinterne Anlage der Untersuchung, also beispielsweise Fragen des Samples und der Datenerhebung, ist mit eingeschränkter sozialwissenschaftlicher Rationalität verbunden und somit in diesem Falle dem Alltagsverstand sehr nahe liegend. Die besagte Anlage ist immer in das Weltbild eingebettet und kann ohne dieses nicht existieren.

Zu Beginn der Entwicklung zur Forscherin oder zum Forscher ist es die Aufgabe jedes Studierenden, Weltsichten erkennen und unterscheiden zu können. Je tiefer man ein Argument analysiert, desto komplexer wird die Beziehung zwischen den Teilen untereinander, da die Einschränkungen und hervorgebrachten Beweise wiederum der Rechtfertigung und Begründung bedürfen und ihrerseits schon eine Behauptung aufstellen. Schon in der Graphik erkennt man: Ohne die Weltsicht ist ein Argument, sei es noch so gut begründet und begrenzt, haltlos – es fehlt bildlich gesprochen der Rahmen, in dem das Argument präsentiert wird.

5.3 Struktur

Kommen wir nun vom einzelnen Baustein des Textes, dem Argument, zur größeren Struktur und wie man diese schafft.

5.3.1 Strukturieren als Prozess

Wesensverwandt mit dem Argumentieren ist das Strukturieren Ihres Themas und später Ihres Textes. Sobald Sie Ihre Daten und sonstige Quellen nach Kriterien, Analogien, Kategorien oder anderen logischen Mustern ordnen, beginnen Sie mit dem Strukturieren. Sie müssen die Zusammenhänge Ihres Themas erkennen, gegebenenfalls dekonstruieren, um anschließend Ihr eigenes Gedankengebäude, Ihre Argumentation, aufbauen zu können bzw. zu entwerfen: Was hängt wie und warum zusammen? Erst wenn Sie das Thema voll erfasst haben und „durchgestiegen" sind, sollten Sie Ihre eigene Struktur entwickeln. Bei a priori schwierigen Themata macht man sich die Mühe des Verstehens, man kommt nicht umhin. Doch auch auf den ersten Blick leichtere Themen müssen in ihrer Tiefe erschlossen und durchdrungen werden, will man nicht auf dem bisherigen, gelegentlich rudimentären und banalen Stand bleiben.

Als erster Schritt bietet es sich dann meist an, eine grobe Disposition aufzustellen. Die Grobdisposition skizziert den späteren Verlauf der Gedanken und verkörpert in etwa ein ausformuliertes Inhaltsverzeichnis. Und hier unterscheiden sich sodann gute von schlechten Arbeiten. Während gute nach Ihren Aussagen und Beweisen gliedern, bilden schlechte nur den bisherigen Verlauf des Themas oder gar nur den eigenen Lernprozess im Thema ab. Die Ordnung der Argumentationskette kann prinzipiell durch induktives oder deduktives Vorgehen erfolgen. Während das induktive Vorgehen einen Entwicklungsprozess des Arguments vom Besonderen zum Allgemeinen beschreibt, werden beim deduktiven Vorgehen Schlüsse vom Allgemeinen zum Besonderen gezogen. Innerhalb dessen können die Argumente dann im Großen (Kapitel, Unterkapitel etc.) und im Kleinen (innerhalb eines Abschnitts) nach einem der folgenden Gliederungsprinzipien oder in einer Kombination derselben geordnet werden:

- sachlogische Reihenfolge,
- von alt zu neu,
- von einfach zu komplex,
- von unumstritten zu umstritten,
- chronologisch,
- vergleichend,
- einem Prozess folgend, z.B. einer empirischen Untersuchung oder einer Problemlösung,
- dialektisch,
- nach Wichtigkeit bzw. Aussagekraft, d.h. nach der Qualität der Beweise in Form von Theorien, Beispielen, Methoden, Vermutungen, gesundem Menschenverstand etc. Im Sinne einer redlichen Auseinandersetzung mit dem Thema weisen Sie auf die Vorteile und Schwächen der eigenen oder zitierten Argumentation hin.

Entscheiden Sie sich je nach Thema und Argumentation für eine entsprechende Ordnung. Diese Gliederung ist dann weiter zu differenzieren. Unklare Aspekte müssen durch Konsultation der Literatur oder Daten so lange bearbeitet werden, bis Ihnen Ihre Arbeits- und potentielle Textstruktur schlüssig erscheint. Oft hilft eine graphische Darstellung, wie ein Strukturbaum oder vernetzte Schlagwörter, um sich mit einem Thema zurechtzufinden und sich dort zu orientieren. Für die einzelnen Gliederungspunkte müssen Sie ein Nummerierungssystem – am besten das Dezimalsystem (3; 3.1; 3.1.1 etc.), das auch in diesem Text verwendet wird – als formale Gliederungsstruktur anwenden. Graphisch werden als Ergebnis der Strukturierung zwei Darstellungsweisen unterschieden: Wenn Überschriften bzw. Gliederungspunkte gleichen Ranges nicht durch Einrücken abgehoben werden, spricht man nach Lück vom **Linienprinzip**, da alles auf einer gedachten vertikalen Linie liegt:[12]

1

1.1

1.2

1.3

1.3.1

1.3.2

etc.

Beim **Abstufungsprinzip** werden die unterschiedlichen Gliederungspunkte ungleich behandelt, so werden die tiefer rangigen Punkte derart eingerückt, dass sie mit ihresgleichen gleichauf stehen:

---

[12]   Siehe Wolfgang Lück, *Technik des wissenschaftlichen Arbeitens. Seminararbeit, Diplomarbeit, Dissertation*, 9. Aufl. (München: Oldenburg, 2003) 40-42.

1

    1.1

    1.2

    1.3

        1.3.1

        1.3.2

etc.

Gliedern Sie nur so tief, wie unbedingt notwendig. Mehr als fünf Ebenen sind nur selten sinnvoll. Auch andere Gliederungen, z.B. mit römischen Ziffern und Buchstaben, sind möglich, aber nicht besser.

5.3.2 Textstruktur als Ergebnis

Ergebnis des vorgängig geschilderten Prozesses ist eine Textstruktur, wobei auf der obersten Abstraktionsebene für Ihre schriftlichen Arbeiten an der Universität im Allgemeinen ein immer gleiches Schema gilt:

- Titel
- Abstract (wenn gefordert)
- Einleitung
- Hauptteil
- Schluss
- Verzeichnisse
- Anhang
- ehrenwörtliche Erklärung

Je nach Textart und Disziplin werden noch zusätzliche Verzeichnisse oder andere Passagen notwendig.

Titel

Wählen Sie sprechende Titel, d.h. solche, die eine Frage oder Antwort beinhalten, welche anzuregen oder zu provozieren vermag. Jeder Titel sollte aber nicht mehr versprechen, als im Anschluss behandelt werden kann.

Bei Präsentationen spricht man von „*action title*". Bei manchen Arbeiten sind die Titel bereits vorgegeben. Bei anderen ist nur das Thema vorgeschrieben und Sie können und müssen selbst Titel und Eingrenzung des Themas finden. Siehe dazu auch Kapitel 4.5. Beispiel:

Thema: Konflikt in Organisationen

Titel (mit Eingrenzung): Machen Konflikte kleine, dynamische Organisationen effektiver in der Entscheidungsfindung?

Abstract

Der Abstract hat sich im deutschsprachigen Raum noch nicht überall durchgesetzt, er ist gleichwohl eine wichtige und sinnvolle Komponente einer wissenschaftlichen Arbeit. Der Abstract informiert den Leser gleich zu Beginn über den wichtigsten Inhalt des Textes. Darin erkennt man, was der Autor als den wesentlichen Beitrag des Textes erachtet und ob es sich bei einem bestimmten Leseinteresse lohnt, die gesamte Arbeit zu lesen. Typische Inhalte des Abstracts sind die Schlüsselthemen, das Forschungsproblem, die Forschungssituation, die Kernthese oder zumindest die Ausgangsfrage, die verwendete Forschungsmethode sowie das Ergebnis der Arbeit. Für die Länge eines Abstracts gilt als Richtwert der Umfang von drei Sätzen oder fünf bis maximal sieben Zeilen. Abweichungen sind in begründeten Einzelfällen möglich. Der Abstract steht vor dem eigentlichen Text und ist nicht Teil desselben.

Beispiel für einen Abstract (entnommen aus einer studentischen Seminararbeit)

Das Selbststudium ist eine Besonderheit der Universität St. Gallen (HSG) seit der Neukonzeption der Lehre im Jahre 2001, wobei die konkreten Ziele und die Definition eines „erfolgreichen" Selbststudiums das Thema dieser Arbeit darstellen. Besonders berücksichtigt wird hierbei die Motivation als ausschlaggebender Faktor im Sinne der Vorbereitung auf lebenslanges Lernen. Sowohl theoretisch als auch empirisch werden die verschiedenen Motivationsaspekte untersucht und bilden die Grundlage für die Feststellung, dass das Selbststudium der HSG eine sehr gute Einführung in das lebenslange Lernen darstellt.

Einleitung

Die Einleitung soll das Interesse des Zuhörers bzw. des Lesers für das Kommende wecken und ihm eine Orientierung über den Inhalt geben. Dazu muss sie das Publikum abholen, das heißt es auf einer begreiflichen und interessanten Ebene ansprechen. Sie sollte zum eigentlichen Thema hinführen, ohne die wesentlichen Erkenntnisse vorwegzunehmen, die zentrale Fragestellung aufzeigen und die Gliederung sowie den Verlauf der Argumentation skizzieren. Sie muss die Relevanz des Themas herausstellen, um Legitimation und Akzeptanz für die kommenden Ausführungen zu erreichen.

Es gibt mehrere Möglichkeiten, eine Einleitung aufzubauen. Je nach Situation (schriftliche oder mündliche Arbeit, wissenschaftliche oder journalistische Arbeit, Fach, Publikum oder Leserschaft, Anlass etc.) sind angemessen:

- persönliche Aufhänger (z.B.: „Gestern sprach ich mit meinem Kollegen ...", „Als ich letzten Dienstag ...", „Diese Frage hat mich schon vor zehn Jahren beschäftigt ..."),
- aktueller Bezug (z.B.: „Diese Frage spielt überall eine Rolle", „Haben Sie gestern in der NZZ gelesen?"),

- historischer Bezug (Chronik, z.B.: „Die Frage ist seit 1973 ein Thema, aber zu lange vernachlässigt ...“),

- Provokation (Denkanreiz, Staunen, Schmunzeln, Verblüffung, irrsinnige Meinung, Protest, ungeheuerliche These, Rätsel, Bosheit, Ironie),

- Ankündigung (z.B. von etwas Neuem, Interessantem, Wichtigem),

- Betonung des Nutzens (z.B.: „Durch diesen Beitrag werden Sie nicht nur mehr über X wissen, sondern dieses auch anwenden können.“),

- Erzählen einer Geschichte (z.B. Ausgangssituation, Transfer auf konkrete Situation, Lösungsalternativen),

- Herausstellen einer konkreten Empfehlung am Anfang,

- Teilhabe an Ihrem Erkenntnisprozess.

Bedenken Sie die Wirkung des ersten Satzes, von dem – wie in einer literarischen – auch in einer wissenschaftlichen Arbeit große Wirkung ausgeht.[13] Ein solcher Beginn fängt die Aufmerksamkeit der Leser oder der Zuhörer ein und macht sie neugierig, er kann sie aber auch verwirren, wenn er unangemessen gewählt ist. Den Erwartungen können Sie vielfach gerecht werden, wenn Sie dann eine pointierte Übersicht verschiedener Standpunkte geben und Ihre These vorstellen. Noch wichtiger ist allerdings, dass Sie den Fokus der Arbeit mit der zentralen Forschungsfrage klar und verständlich aufzeigen. Das kann unter Hinweis auf eine bestehende Lücke, eine neu gewählten Perspektive oder Kategorisierung respektive eine praktische Fragestellung geschehen. Abgerundet wird eine Einleitung durch einen kurzen Überblick über den grundsätzlichen Aufbau der Arbeit bzw. die Agenda der Präsentation. Bei Präsentationen umfasst die Einleitung außerdem eine Begrüßung, Vorstellung, Dank an die Organisatoren bzw. an die Technik sowie die Regeln für die Interaktion mit dem Auditorium.

Die Einleitung sollte nicht mehr als fünf Prozent des zur Verfügung stehenden Platzes einnehmen. Eine gute Einleitung kann meistens erst dann ausformuliert werden, wenn der Hauptteil bereits in den Grundzügen steht. Nur so ist gewährleistet, dass man genau weiß, was man eigentlich einleiten möchte. Es ist also sinnvoll, die Einleitung zunächst nur zu konzipieren und erst nach dem Hauptteil zu schreiben.

---

[13] Denken Sie an das „Gespenst“ in Marx und Engels Manifest der Kommunistischen Partei oder dem folgenden Anfang aus der Göttlichen Komödie:
„*Dem Höhepunkt des Lebens war ich nah,*
da mich ein dunkler Wald umfing und ich, verirrt,
den rechten Weg nicht wieder fand.“

Erster Satz des ersten Gesangs der Göttlichen Komödie nach Dante Alighieri, *Die Göttliche Komödie*, Übers. Karl Vossler, 3. Aufl. (München: Piper, 2002), im Original:
„*In mezzo del camin di nostra vita,*
mi ritrovai per una selva oscura,
che la diritta via era smarrita.“

Beispiel einer Einleitung aus einer studentischen Seminararbeit

Eine essentielle Grundlage der Sozialwissenschaften ist das Menschenbild. Die Volkswirtschaftslehre ihrerseits ging lange Zeit von dem Paradigma des klassischen homo oeconomicus aus.(1) Jener Verhaltenstyp ist durch ein rein rationales und eigennütziges Handeln definiert und verfolgt primär das Ziel, seinen Eigennutzen ständig zu steigern.(2) Diese Idee der Eigennutzenmaximierung bringt dem vorliegenden Menschenbild häufig den Vorwurf des grenzenlosen Egoismus ein. Nicht nur aufgrund dessen ist das Prinzip ab ovo „Gegenstand intensiver Auseinandersetzungen um den Gehalt der getroffenen Annahmen, um deren methodologischen Status und um die Wirkungen der Verwendung dieses Menschenbildes."(3)

Während De Alessi das geschilderte Verhaltensmodell als „dismal thought about an already dismal discipline"(4) kritisiert, moniert Dirk Baecker die Eindimensionalität der allein durch Rationalität determinierten Anthropologie der Ökonomie. In Anlehnung an Lenins (5) Religionskritik erachtet er „Rationalität [als] Opium fürs Volk"(6). Da diese strikte Fokussierung auf die absolute Ratio wie Rauschmittel wirke, lenke sie den Einzelnen von Problemen und Veränderungen seiner Umwelt ab und führe somit zu einer Entfremdung von Individuum und Realität. Baeckers Alternativansatz besteht darin, den von ihm normativ verstandenen Topos der Rationalität durch den Topos der Intelligenz zu ersetzen.(7)

In dieser Arbeit wird nun die These vertreten, dass auch der Intelligenztopos von Baecker noch unzureichend ist und durch einen weitergefassten ersetzt werden muss. Dazu werden, nach einer Einführung in das klassische Modell,(8) die Vor- und Nachteile dieses Prinzips erörtert. Hierbei soll jeweils zunächst auf methodologische Aspekte und im Anschluss daran auf die Folgen des Handelns eingegangen werden. Schließlich werden in der Synopsis Vor- und Nachteile der Modelle gegeneinander abgewogen.

[1 Siebenhüner, B. (2000): „Homo sustinens als Menschenbild für eine nachhaltige Ökonomie", gefunden am 30.10.2003 unter www.sowi-onlinejournal.de/nachhaltigkeit/siebenhuner.htm. 2 Neuloh, O. (1980): Soziologie für Wirtschaftswissenschaftler, Homo socio-oeconomicus: *Kurzlehrbuch für Studium und Praxis der Volks- und Betriebswirte*, Stuttgart: Fischer, S. 236. 3 Siebenhüner, 2000. 4 Tietzel, M. (1981): Die Rationalitätsannahme in den Wirtschaftswissenschaften, in Jürgensen, H., Littmann, K. & Rose, K. (Hrsg.), *Jahrbücher Sozialwissenschaft* (Band 32, S. 115-138), Göttingen: Vandenhoeck & Ruprechts, 115. 5 Marx sprach von „Religion als Opium des Volks". Er unterstrich damit, dass sich die Menschen die Religion selber geben, um von ihren Problemen abzulenken. Lenin hingegen sah die Religion als Instrument von Institutionen (Regierungen), um das Volk zu beruhigen und von anderen Problemen abzulenken. Er sprach daher von „Opium für das Volk". 6 Baecker, D. (1999): *Organisation als System: Aufsätze*, Frankfurt/M.: Suhrkamp, S. 318. 7 Baecker, 1999, S. 338. 8 Auf neuere Formen des Homo-oeconomicus-Modells kann in Hinsicht auf den Umfang der Arbeit nur peripher eingegangen werden.]

Hauptteil

Der Hauptteil einer Arbeit bzw. Präsentation dient im Wesentlichen der Beantwortung der Forschungsfrage und damit der Darstellung Ihrer Argumentation. Die Argumentation ist stets auf die Erarbeitung von eigenständigen und gut begründeten Wertungen, Stellungnahmen und Schlussfolgerungen ausgerichtet. Es wird folglich nicht bereits vorhandenes Wissen aus der Literatur vorgetragen, sondern die eigenen Gedanken werden sinnvoll mit der vorhandenen Literatur verbunden. Der Hauptteil kann und soll in verschiedene Unterteile gegliedert werden, die selbst (kleine) Einleitungen und Schlussfolgerungen aufweisen und durch Überleitungen miteinander verbunden sind. Letzteres gelingt durch das Wiederaufnehmen von Gedanken, die schon an einem anderen Ort geäußert wurden, durch das wiederholte Verwenden einer Metapher oder durch Zusammenfassungen. Der Hauptteil enthält die essentiellen Inhalte und – soweit nötig – nach jedem Abschnitt Hinweise, an welcher Stelle man sich gerade befindet. Als Regel empfiehlt sich, die Struktur klar und einfach anzulegen, dabei systematisch vorzugehen und die Reihenfolge der einzelnen Bausteine beizubehalten. Im Kern geht es darum, nur die für die betreffende (Forschungs-)Frage wichtigen Bausteine darzustellen. Ausgewählt werden die zu präsentierenden Inhalte nach einer Prioritätenliste. Sie unterscheidet essentielle Inhalte (*Muss-Informationen*) von wesentlich verständnisfördernden Inhalten (*Soll-Informationen*) und Hintergrundinhalten (*Kann-Informationen*).[14] Nach dieser Einteilung können Sie im weiteren Text- und Präsentationsverlauf den Muss- und Soll-Informationen Vorrang geben, wenn dies aus Verständnis- oder Zeitgründen notwendig werden sollte. Die Gedankengänge müssen auch für Außenstehende logisch nachvollziehbar sein, d.h. es muss systematisch und folgerichtig argumentiert werden.

Inhaltlich besteht der Hauptteil immer aus einer Diskussion der vorhandenen Literatur, um den Anschluss an den gegenwärtigen Forschungsdiskurs herzustellen, einer Vorstellung der eigenen Arbeitsmethoden, um das Vorgehen nachvollziehbar und kritisierbar werden zu lassen und einer Präsentation der eigenen Ergebnisse. Um den Stand des Problems darzustellen, wird die Fachliteratur nach den wesentlichen Annahmen, Konzepten, Theorien und Ergebnissen geordnet und knapp und übersichtlich erörtert. Mängel, Vorteile und Ergebnisse werden herausgearbeitet, Hypothesen formuliert und in vorhandene Literatur eingeordnet. Als Nächstes werden die Methoden der eigenen Untersuchung aufgezeigt. Dazu werden das Vorgehen geschildert und begründet, dessen Vorteile und Grenzen aufgezeigt sowie Verweise auf nicht gewählte Alternativen gegeben. Im dritten Schritt werden die eigenen Ergebnisse interpretiert und diskutiert. Die Ergebnisse werden im Licht verschiedener Theorien interpretiert und gedeutet und damit in einen größeren Zusammenhang eingeordnet, es werden die Ursachen dargelegt, Vergleiche mit anderen Befunden angestellt, um Gemeinsamkeiten und Unterschiede festzuhalten, und es sollten neue Schlussfolgerungen gezogen werden.[15]

Nachdem Sie bereits nach einer der diskutierten Ordnungen gegliedert haben (siehe „Gliederungsprinzipien" 5.3.1), sollten Sie für den Hauptteil noch aus übergeordneten Gesichtspunk-

---

[14] Christine Stickel-Wolf und Joachim Wolf, *Wissenschaftliches Arbeiten und Lerntechniken*, 2. Aufl. (Wiesbaden: Gabler, 2002) 241.

[15] Vgl. dazu auch G. Hall, „Aufbau einer wissenschaftlichen Veröffentlichung", *Publish or Perish*, Hrsg. G.M. Hall (Bern: Hans Huber, 1998) 9-14.

ten die Abfolge der Präsentation bzw. der Textbausteine bestimmen und damit die Spannungskurve gestalten, um eine optimale Diskussion Ihrer Ergebnisse zu garantieren. Es geht um die Choreographie dessen, was vermittelt werden soll. Man nennt dies auch: einen Ablaufplan[16] entwerfen, wobei jedes der drei vorgestellten Vorgehen Vor- und Nachteile bietet.

Im **informationsorientierten Ablaufplan** folgt der Zieldarstellung die Diskussion der einzelnen Themenaspekte, und erst anschließend werden Ergebnisse und Empfehlungen abgegeben:

Ziel/Themenaspekt A/Themenaspekt B/Themenaspekt C/ Ergebnisse/Empfehlung

Der informationsorientierte Ablaufplan entspricht einem linearen Verlauf. Er eignet sich am besten für die reine Wissensvermittlung. Die Spannungskurve erreicht ihren Höhepunkt am Ende bei der Zusammenfassung der Ergebnisse und der daraus abgeleiteten Handlungsempfehlung. Das kann auch nachteilig wirken: Da das Publikum erst am Ende die Ergebnisse und die sich daraus ergebenden Konsequenzen absehen kann, besteht die Gefahr, dass die Zuhörer/Leser vorher „abschalten" und den roten Faden verlieren.

Der **empfehlungsorientierte Ablaufplan** beginnt mit der Empfehlung und einer Ergebnisvorschau, gibt anschließend Beweise der einzelnen Ergebnisse und eine Wiederholung der daraus abgeleiteten Empfehlung am Schluss:

Empfehlung/Vorschau auf die Ergebnisse/Ergebnis A/Ergebnis B/Ergebnis C/Empfehlung

Die Gefahr, dass Leser oder Zuhörer abschalten, ist beim empfehlungsorientierten Ablaufplan weitaus geringer. Durch das Voranstellen der Ergebnisse und der daraus abgeleiteten Empfehlung wird dem Leser bzw. Zuhörer sofort klar, worauf die Arbeit abzielt. Dieser Ablaufplan empfiehlt sich deshalb insbesondere für Überzeugungspräsentationen. Es besteht jedoch die Gefahr, dass insbesondere Empfehlungen, die den Einstellungen der Zuhörer zuwiderlaufen, von Anfang an nicht akzeptiert werden, so dass das Ziel verfehlt wird. Deshalb müssen der Ablaufplan für die Leser bzw. Zuhörer und ihre Voraussetzungen wie Erwartungen angemessen sein.

Der **ergebnisorientierte Ablaufplan** wählt einen dazwischenliegenden Weg. Bei ihm werden nach den Zielen die wichtigsten Ergebnisse/Schlussfolgerungen/Konsequenzen jedes Themenaspekts dargestellt und am Ende nochmals zusammengefasst:

Ziel/Themenaspekt A und Ergebnis A/Themenaspekt B und Ergebnis B/Themenaspekt C und Ergebnis C/Zusammenfassung der Ergebnisse/Empfehlung

Der ergebnisorientierte Ablaufplan empfiehlt sich häufig, wenn mit einer Überzeugungspräsentation (die das Denken verändern soll) Ziele verfolgt werden, die – wie im vorigen Absatz dargestellt – den Interessen und Einstellungen der Zuhörer entgegenlaufen. Die Ergebnisse werden nacheinander dargestellt. Erst abschließend wird daraus die Empfehlung abgeleitet. Damit wird versucht, schrittweise größtmögliche Akzeptanz für die auf den ersten Blick für die Leser bzw. das Publikum nicht einsichtige Empfehlung zu schaffen.

---

[16] Vgl. Gene Zelazny, *Say It with Presentations: How to Design and Deliver Successful Business Presentations* (New York: McGraw-Hill, 2000).

Schluss

Der Schluss hat die Aufgabe,

1. Leitfragen aufzugreifen und zu beantworten,

2. über den Kern des Themas hinauszugehen und den Gesamtzusammenhang darzulegen oder, soweit angemessen, die Gefühle anzusprechen,

3. Stachel zu setzen, zum Nachdenken anzuregen,

4. bei Präsentationen zur Diskussion überzuleiten, z.B. indem Fragen an das Publikum gerichtet werden.

Entsprechend werden die wesentlichen Erkenntnisse und Ergebnisse („messages") aus dem Hauptteil aufgegriffen und in konzentrierter Form dargestellt. Bei manchen Arbeiten bietet es sich an, Handlungsempfehlungen oder Aktionen anzugeben, die sich allerdings klar aus den vorherigen Ausführungen ergeben müssen und von diesen begründet werden. Dabei ist darauf zu achten, dass nicht krampfhaft Zusammenfassungen oder gar Ausblicke angeboten werden, die nichts zum Verständnis der Arbeit und der Bedeutung ihrer Ergebnisse beitragen. Der Verständlichkeit wegen sollte man die Forschungsfrage/-these und die Struktur der Argumente nochmals aufgreifen, so dass der schlüssige Gesamtzusammenhang den Lesern bzw. den Zuhörern vor Augen geführt wird. Umfangreiche Ausführungen und neue Informationen sind hier fehl am Platz. Sie gehören in den Hauptteil. Gegebenenfalls sind offene Fragen klar aufzuzeigen und weiterführende Thesen zu formulieren. Der Schluss nimmt etwa die letzten fünf Prozent des Textumfangs ein.

Ausschnitt einer Synthese einer studentischen Seminararbeit

Die Frage, was konkret „erfolgreiches" Selbststudium für einen HSG-Studenten heißt, kann klar beantwortet werden: die Vorbereitung auf lebenslanges Lernen. Inwieweit das Selbststudium aber wirklich in der Lage ist, die Motivation zu einer solchen Aufgabe herzustellen, ist schwerer festzustellen.

Nach dem theoretischen Konzept zu urteilen, ist das Selbststudium ideal, als Motivationslieferant den Anstoß zum lebenslangen Lernen zu geben. Es betont ganz klar die Autonomie der Studierenden, ohne dabei die soziale Einbindung zu vernachlässigen. Es fördert die Eigenverantwortlichkeit, ohne sich völlig von der Unterstützung durch die Lehrkräfte zu distanzieren. Bei der Auswertung des Fragebogens wurde zudem deutlich, dass die Relevanz des Lernstoffes in Bezug auf das spätere Leben, das persönliche Interesse am Lernstoff und die Beurteilung des Selbststudiums allgemein sehr hoch bzw. sehr positiv ausfallen. Der durchschnittliche Zeitaufwand liegt unter dem offiziell geforderten Maß. Alle Faktoren scheinen sich positiv auf die Motivation auszuwirken. Des Weiteren steht noch die Lernplattform zur Verfügung, die im Idealfall die Ideen von sozialer Einbindung, Autonomie, Unterstützung und Eigenverantwortlichkeit in sich vereint. Man muss zu der Einschätzung kommen, dass das Selbststudium die Studenten klar zum Ziel führt.

5.4   Schreibprozess

Die Arbeitshaltung, die Struktur im Kleinen (Argument) und die im Großen (Text) kennen wir nun. Es lohnt sich, den Arbeitsprozess nochmals aus der Sicht des Schreibens anzusehen, denn Schreiben ist kein angeborenes Talent, sondern kann und muss durch langwierigen Arbeitseinsatz erlernt und verbessert werden. Obwohl es gleich dem Sprechen einen Akt der Kommunikation darstellt, ist es doch aus verschiedenen Gründen eine viel komplexere Handlung.[17] Das Schreiben ist zeitlich und räumlich von seiner Aufnahme, vom Lesen beziehungsweise vom „Hören" entkoppelt. Die dadurch fehlende Interaktivität zwingt den Autor, die Perspektive des Lesers selber einzunehmen und seine Gedanken in allgemein verständlicher und ansprechender Art und Weise zu präsentieren. Deshalb sollte sich der Schreibende intensiv mit seinen Gedanken auseinander setzen, bevor er diese zu Papier bringt. Oftmals entsteht schließlich etwas ganz anderes als ursprünglich gedacht. Schreiben, selbst in Form des Dichtens, ist niemals ein vollkommen spontaner Akt, sondern ein iterativer Prozess des Formulierens, Verwerfens und Verbesserns. Dazu werden in den drei folgenden Unterkapiteln Hinweise angeboten. In jedem Fall erfordert der Schreibprozess Ruhe und Konzentration. Deshalb sollten Sie an einem ruhigen Ort und an einem aufgeräumten Schreibtisch arbeiten. Ob Sie nun mit dem Personalcomputer oder auf Papier schreiben, ist eine Frage persönlicher Gewohnheit. Ein zweites Dokument oder das Journal liegt für alle Einfälle zum Thema und zu anderen Fragen bereit, so dass der Arbeitsfluss am eigentlichen Text nicht gestört wird.

5.4.1   Entwerfen und Verwerfen

Schon während Sie exzerpieren (siehe Kapitel zur Quellenauswertung) entstehen erste Bausteine eines Textes. Im Laufe der Quellenauswertung entwickeln sich immer mehr Gedanken für eine eigene Struktur und eigenständige Aussagen, so dass der Übergang von der Quellenauswertung (Forschung) zur eigenen Darstellung (Schreiben) fließend ist, und die Arbeitsphasen ineinander übergehen.

Das Wesentliche der Schreibphase ist, dem Schreibfluss nachzugeben und ohne groß zu verbessern und an den Formulierungen zu feilen, die entstehenden Ideen zu Papier zu bringen. Oftmals wird beim Schreiben der bisherige Planungsprozess wieder in Frage gestellt bzw. wiederholt. Geplante Hauptthemen werden an den Rand gedrängt oder weggelassen oder man erkennt, dass eine zentrale Information für die Argumentation fehlt. Sobald dann der erste eigene Text steht, kann und muss nachgearbeitet werden.

Jetzt kennen einige kaum einen eigenen Schreibfluss aus der bisherigen Erfahrung oder hatten Mühe, in einen solchen zu kommen. Mangelnder Schreibfluss vermag indes behoben werden. Wenn noch genügend Zeit vorhanden ist, kann es beispielsweise hilfreich sein, mit dem Thema im Hinterkopf einmal Abstand vom Text zu nehmen und anderen

---

[17] Vgl. zu den folgenden Ausführung auch Sky Marsen, *Professional writing – the complete guide for business industry and IT* (Houndmills/New York: Palgrave Macmillan, 2003) 1 ff.

Interessen nachzugehen. Über Nacht, nach einer anderen Lektüre, deckt man oftmals neue Perspektiven für die gestellten Fragen auf und findet Motivation für einen weiteren Entwurf. Zusätzliche Möglichkeiten sind, den eigenen Text oder eine Quelle für den Text einfach abzutippen oder komplexe Zusammenhänge aufzuzeichnen bzw. die bisherigen Textfragmente und Ideen neu zu ordnen oder zu Kategorien (Clustern) zusammenzuführen.[18] So gerät man oftmals in den Schreibfluss und kommt über fehlende Ideen hinweg.

Zum Entwerfen gehört auch das Verwerfen. In dieser Phase ist es wichtig, das bisher Geschriebene kritisch zu überdenken und zu hinterfragen. Bei längeren Arbeiten ist es daher sinnvoll, zwischen der Entwurfsphase und dem Überarbeiten etwas Zeit verstreichen zu lassen, so dass auch mental der nötige Abstand geschaffen wird. Es geht nicht nur darum, den Text sprachlich auszufeilen und von Rechtschreib- und Grammatikfehlern zu befreien; es sind vor allem auch die Struktur, die Kernaussagen und die Argumente nochmals zu überprüfen. Es hilft dabei, vom Großen zum Kleinen vorzugehen. Folgende Fragen unterstützen Sie, ein kritisches Licht auf den Text zu werfen:

- Ist das Thema des Textes klar formuliert?
- Ist der Aufbau in dieser Art und Weise sinnvoll? Sind die Abschnitte richtig organisiert? Zieht sich ein roter Faden durch die Argumentation oder werden nur zahlreiche Aspekte an vielen unterschiedlichen Stellen kurz aufgegriffen?
- Sind die verwendeten die einschlägigen und aktuellen Quellen? Habe ich genügend Quellen, um meine Argumentation abzustützen?
- Ist der sprachliche Stil durchgängig und passend gewählt? Ist die Wortwahl mannigfaltig und treffend?
- Macht die visuelle Gestaltung einen professionellen Eindruck? Entspricht sie den Erwartungen der Leser? Wie müsste sie sein, damit diese übertroffen würden?

Wenn Sie beim eigenen aufmerksamen Lesen keine Verbesserungen mehr anbringen können, so versuchen Sie Folgendes: Formatieren Sie Ihren Text neu, indem Sie Schriftart, Spaltenbreite und Zeilenabstand verändern, drucken Sie ihn aus und lesen Sie ihn erneut. Durch die veränderte Erscheinung ist Ihr Auge offen für Fehler, die Sie bislang übersehen haben. Es kann hilfreich sein, sich den eigenen Text in dieser Phase von jemandem, der ihn nicht kennt, vorlesen zu lassen. So erhält man einen Eindruck davon, wie er sich im Kopf eines Lesers anhören könnte, und man erhält Anhaltspunkte für die Revision. Man kann den Vorleser anschließend auch bitten, das Gelesene kurz zusammenzufassen, um zu überprüfen, wie viel von der Argumentation hängen geblieben ist.

Sie durchlaufen nun so lange mehrfach die verschieden Arbeitsphasen vom Recherchieren zum Argumentieren, bis Sie von der Struktur und der Sprache Ihres Textes überzeugt sind. Je höhere Ansprüche Sie für sich entwickelt haben und je mehr Sie sehen, desto häufiger werden Sie weitgehend unbewusst diesen Prozess durchlaufen, d.h. entwerfen und verwerfen. Entwerfen und Verwerfen ist folglich weniger ein Zeichen mangelnden Könnens als vielmehr Zeichen professionellen Arbeitens.

---

[18] S. Otto Kruse, *Keine Angst vor dem leeren Blatt: Ohne Schreibblockaden durchs Studium* (Frankfurt am Main: Campus, 1993) 23-26.

5.4.2   Reflexion des eigenen Schreibprozesses

Dies ist die Phase, die leider meistens vernachlässigt und ausgelassen wird. Das Nachbereiten hingegen muss bewusst geschehen. Es ist oftmals schwer, sich nach „Abschluss" oder Abgabe der Arbeit noch weiter damit zu beschäftigen, jedoch ist es der Mühe auf jeden Fall wert. Der Zeitaufwand für das Nachbereiten ist gering im Vergleich zum Nutzen für spätere Arbeiten. Hier sollte der gesamte Arbeitsprozess, von der Recherche über das Entwerfen bis hin zum Überarbeiten, nochmals überblickt und hinterfragt werden. Man kann sich beispielsweise folgende Fragen stellen:

- Welche Notizen, die während der Recherche gemacht wurden, habe ich letztlich verwendet?
- Hat sich die Ordnungsmethode bewährt?
- Habe ich zum richtigen Zeitpunkt mit den richtigen Personen gesprochen?
- Wie unterscheiden sich die verschiedenen Fassungen des Textes? Wofür habe ich am meisten Zeit aufgewendet? Was hat mir geholfen, einen wesentlichen Schritt weiterzukommen? Welche Arbeitstechniken helfen mir am besten weiter?
- Was werde ich beim nächsten Mal anders anpacken und wie meinen Arbeitsprozess verbessern?

Oftmals ist es auch möglich, sich vom Leser direkt ein Feedback zu holen und zu überprüfen, wie der Text angekommen ist. Schon ein kurzes Gespräch von fünf Minuten oder eine E-Mail von fünf Zeilen können eine nächste Arbeit erheblich verbessern.

5.4.3   Schreibstil verbessern

Um Ihren Schreibprozess zu verbessern, sollten Sie nicht nur entwerfen und verwerfen und über die eigene Arbeit nachdenken, sondern auch gezielt an Ihrem Stil arbeiten. Ihr Schreibstil ist der Ausdruck Ihrer intellektuellen Fähigkeit und Ihrer Persönlichkeit. In vielen Stilfragen kann daher auch nicht von richtigem oder falschem Stil gesprochen werden. Normalerweise entwickelt jeder Autor mit den Jahren einen eigenen, bewusst oder unbewusst. Es ist wichtig zu erkennen, dass der Schreibstil keine Konstante darstellt. Jeder kann seinen Schreibstil verändern, anpassen oder ausfeilen. Den eigenen Stil kann man nicht über Nacht ändern. Auch dies ist ein langwieriger iterativer Prozess, genauso wie die Erstellung eines Dokuments. Das folgende Kapitel gibt einige Tipps, wie man am eigenen Stil arbeiten kann, weil sich mit wenigen und wichtigen Regeln zu Sprache und Stil bereits große Fortschritte erzielen lassen.

Seinen eigenen Stil analysieren (1)

Folgende Fragen können und sollen an den eigenen Text gestellt werden:

- War es angebracht, in diesem Text so viele nominale Wendungen (-ung, -heit, -keit) zu gebrauchen?
- Welche für mich neuen Wörter oder von mir geschaffenen Wörter (Neologismen) habe ich in diesem Text verwendet?
- Habe ich die Fachterminologie richtig benutzt?
- Wechsle ich den Satzbau und nutze dabei Relativsätze, Partizipien, parataktische oder hypotaktische Wendungen?
- Setze ich an den passenden Stellen Aktiv- respektive Passivkonstruktionen ein?
- Verwende ich eine bildhafte, griffige Sprache?

Zur Inspiration und um seinen eigenen Stil besser analysieren zu können, hilft die Lektüre und Analyse anderer Texte. Gutes Schreiben kommt vom Lesen. Durch bewusste Lektüre entwickeln Sie einen Blick für die verschiedenen Qualitäten von Sprache, derer wir uns bedienen müssen, wenn wir uns verständlich und gut ausdrücken wollen.

Grammatikalisch korrekt schreiben (2)

Eine korrekte Anwendung der Grammatik ist eine notwendige Voraussetzung für eine wissenschaftliche Arbeit. Selbstverständlich können in diesem Rahmen die Regeln der deutschen Grammatik nicht einmal ansatzweise dargestellt werden. Es wird lediglich auf häufige Fehler und Problembereiche beispielhaft hingewiesen.[19]

Falscher Bezug

Falsche Bezüge sorgen gelegentlich für Lacheffekte:

Das Kind stieß gegen die Flasche vor Frau Meyer, die auf den Boden fiel und gegen ein Stuhlbein rollte.

Wer ist jetzt gegen das Stuhlbein gerollt – die Flasche oder Frau Meyer? Das Relativpronomen „die" ist nicht eindeutig auf einen Gegenstand bzw. eine Person bezogen.

---

[19] Noch mehr Details, Beispiele und Ratschläge finden Sie in Stilistiken und Schreibschulen. Im Rahmen dieses Kapitels wurde vor allem auf Wolf Schneider, *Deutsch für Profis. Wege zu gutem Stil* (München: Goldmann, 2001), Ivo Hajnal und Franco Item, *Schreiben und Redigieren – auf den Punkt gebracht* (Frauenfeld/Stuttgart/Wien: Huber, 2000) und Karl-Dieter Bünting, Axel Bitterlich und Ulrike Pospiech, *Schreiben im Studium: Ein Trainingsprogramm* (Berlin: Cornelsen Verlag Scriptor, 1996) zurückgegriffen.

Tempusfehler

Plötzliche Wechsel der Zeitform im Text sind oft unbegründet. Die korrekte Form für einen wissenschaftlichen Text ist in der Regel das Präsens (Gegenwart), wenn nicht explizit auf die Vergangenheit Bezug genommen wird.

Falscher Satzbau

Es gibt viele Möglichkeiten, einen Satz zu bauen, doch einige sind schlichtweg falsch. Ein Beispiel eines zu komplizierten und falschen Satzes:

Bei der Analyse der Daten ergab sich, wenn man den Einfluss der externen Temperaturstörung herausrechnet und eine Datenglättung vornimmt, die eine deutlichere Aussage erlaubt, dieser Zusammenhang ist signifikant.

> „Bei der Analyse der Daten ergab sich, [...] dieser Zusammenhang ist signifikant" ist kein korrekter Satz.

> Richtig wäre: ... erlaubt, ein signifikanter Zusammenhang.

Man bemerke hier ebenfalls den gravierenden und gern gemachten stilistischen Fehler, einen zweistelligen Einschub zu verwenden (Temperaturstörung und Datenglättung) und an dessen zweiten Teil noch einen weiteren, einen Relativsatz, anzuhängen, der sich nur auf diesen zweiten Teil bezieht. Auf diesen Relativsatz folgt dann das Objekt, das sich weder auf den Relativsatz noch auf den zweiten Teil des Einschubs noch auf den ersten Teil, sondern auf den Anfang des Satzes, auf den Hauptsatz, bezieht. Dieser Zusammenhang ist zwar zu realisieren, aber unnötig schwer.

Fehlende Deklination

Ein typischer Fehler aus der Umgangssprache: Substantive oder Adjektive werden nicht korrekt dem Fall angepasst. Beispiel:

> Falsch: Der Versuch, in dessen unvorhergesehenen Verlauf ...

> Richtig: Der Versuch, in dessen unvorhergesehenem Verlauf ...

In der deutschen Grammatik stehen die Zusätze zu Substantiven im selben Fall wie diese.

> Falsch: An einem Tag wie jeder andere ...

> Richtig: An einem Tag wie jedem anderen ...

> Falsch: Nach Auskunft von Emil Meyer, des Präsidenten ...

> Richtig: Nach Auskunft von Emil Meyer, dem Präsidenten ...[20]

---

[20]   Wolf Schneider, *Deutsch für Profis. Wege zu gutem Stil* (München: Goldmann, 2001) 220.

Falscher Konjunktiv

Indirekte Rede wird in den meisten Fällen durch den Konjunktiv I wiedergegeben werden. Der Konjunktiv I ist eine schwierige Form – die Abgrenzung zum Konjunktiv des Unwirklichen oder des Unmöglichen (Irrealis) fällt selbst vielen professionellen Schreibern schwer.

> Falsch: X behauptet, der Text hätte sich mit dem Zusammenhang zwischen Weltzinssatz und Inlandszins befasst.

> Der oben verwandte Konjunktiv II ist nur korrekt, wenn es sich um ein irreales Geschehen, zum Beispiel um eine offensichtliche Falschaussage des X gehandelt hat. In der indirekten Rede sollte Konjunktiv I verwendet werden:

> Richtig: X behauptet, der Text befasse sich mit dem Zusammenhang zwischen Weltzinssatz und Inlandszins.

Die Grundregel nach Duden-Grammatik lautet: „Die indirekte Rede soll im Konjunktiv I stehen, sofern dessen Formen eindeutig sind." Oft sind die Formen aber nicht eindeutig. In diesen Fällen muss auf Konjunktiv II zurückgegriffen werden.

> Falsch: Ich sagte, ich habe ...

> Richtig: Ich sagte, ich hätte ...

Eine Reihung vieler Konjunktive ist für den Leser oft ermüdend. Fühlt man sich also im Umgang mit dem Konjunktiv der indirekten Rede unsicher oder möchte unerwünschte Häufungen umgehen, so ist dies möglich,

- indem man den Satz mit *„Wie Meyer sagte"* oder *„Nach Meyers Worten"* beginnt; der Konjunktiv der indirekten Rede darf dann im gesamten Satz nicht verwendet werden![21]
- indem man z.B. einer Interviewaussage den Satz voranstellt: *„Nach Darstellung des Befragten ist der Sachverhalt folgendermaßen zu erklären: ...".*

Angemessene Sprache benutzen (3)

Eine wissenschaftliche Arbeit muss in einer sachlichen, wissenschaftlichen Sprache geschrieben werden. Zu vermeiden sind:

- Umgangssprache: coole Sache ... ,
- saloppe Formulierungen: Greenspan sollte besser locker bleiben ... ,
- ungenaue Ausdrücke: Die Rezession war ganz schön kräftig ... ,
- Dialekt.

Zu verwenden sind vielmehr klar definierte Begriffe der Fachsprache, ohne sich in vermeintlich präzise Fremdworte oder in englische Ausdrücke zu flüchten. Wie für den Schulaufsatz gilt für wissenschaftliche Arbeiten: Abwechslung im Ausdruck! Suchen Sie jeweils passende Synonyme. Dennoch birgt jedes Synonym das Risiko in sich, dass es nicht vollkommen trifft, sondern entweder eine andere Intensität ausdrückt (Wind – Sturm) oder sich

---

[21] Schneider 222.

auf einer anderen Stilebene bewegt (Gesicht – Antlitz).[22] In solchen Fällen ist auf ein Synonym besser zu verzichten. In vielen Fällen sind aber Synonyme treffend. Ein Text wird um einiges abwechslungsreicher, wenn z.B. für das Wort „aber" die Synonyme „gleichwohl" oder „indes" verwendet werden.

In der Wissenschaft herrscht eine unpersönliche Schreibweise vor. Eher selten melden sich Autorin oder Autor direkt mit einem „ich" oder „wir" zu Wort. Üblich sind Formulierungen mit „man", die Verwendung des reflexiven „sich" oder die Verwendung des Passivs.

Persönlich: Ich fand einen Zusammenhang zwischen X und Y.

Mit „man": Man fand einen Zusammenhang zwischen X und Y.

Passiv: Zwischen X und Y wurde ein Zusammenhang gefunden.

Natürlich ist das „ich" in einem wissenschaftlichen Text nicht völlig verboten. In Einleitung oder Schluss ist eine persönliche Bemerkung durchaus erlaubt. Auch in wissenschaftlichen Arbeiten muss man manchmal von seiner eigenen Person sprechen, wenn das eigene Erleben wesentlich für die Ergebnisse der Arbeit ist.

Wohl überlegt eingesetzt tragen Füllwörter wie *auch, doch, freilich, andauernd, bekanntlich, eigentlich* etc. zur Qualität eines Textes bei. Werden Füllwörter aber unkontrolliert und überreichlich verwendet, sind sie dem Textverständnis nicht besonders dienlich. Deshalb sollten beim Feilen an einem Text möglichst viele Füllwörter gestrichen werden.[23]

Vergleiche und sprachliche Bilder können komplexe Sachverhalte verständlich und die Sprache aussagekräftiger und angenehmer zu lesen machen. Allerdings sollte man sich in einer wissenschaftlichen Arbeit vor einer zu bildhaften, blumigen Sprache hüten:

„Man sollte aufpassen, dass nicht der Zahn der Zeit, der schon so manche Träne getrocknet hat, während er im Trüben fischte, auch über diese Wunde Gras wachsen lassen wird."[24]

„,PC-Kurse liegen voll im Trend, das Angebot ist aber fast unüberschaubar. Lernwilligen fällt es oft schwer, die Bits von den Bytes zu trennen und das für sie optimale Schulungsprogramm zu finden.' – Die Spreu kann man vom Weizen trennen, die Hülse vom Kern, aber nicht die Bits von den Bytes! Ein Byte hat acht Bit, das eine ist Ganzes, das andere Teil, da gibt es nichts aufzudröseln."[25]

---

[22] Schneider 76.

[23] Schneider 131.

[24] Karl-Dieter Bünting, Axel Bitterlich und Ulrike Pospiech, *Schreiben im Studium: Ein Trainingsprogramm* (Berlin: Cornelsen Verlag Scriptor, 1996) 240.

[25] Daniel Perrin, *Schreiben ohne Reibungsverluste: Schreibcoaching für Profis* (Zürich: Wird, 1999) 37.

Hier ein Beispiel für gelungene bildhafte Sprache in einem Text von Norbert Elias über den Soziologen Talcott Parsons:

> *„Man kommt seiner Vorstellung am nächsten, wenn man sagt, dass er sich eine Gesellschaft wie ein Blatt Karten in der Hand eines bestimmten Spielers vorstellt: Jeder Gesellschaftstyp, so scheint es Parsons zu sehen, stellt eine verschiedene Mischung der Karten dar. Aber die Karten selbst sind immer die gleichen; und die Anzahl der Karten selbst ist klein, wie mannigfaltig auch die Kartenblätter sein mögen."*[26]

In der Wissenschaft, aber auch in der Politik oder im Journalismus wird häufig mit vielen Nomen oder Gruppen von Substantiven formuliert. Wie die Dudenredaktion bemerkt, ist dabei „der Gebrauch schwerfälliger Bildungen wie Inanspruchnahme, Nichtbefolgung, Außerachtlassung, Zurverfügungstellung etc." besonders unschön.[27] Demnach sollte man, da der Nominalstil umständlich und kompliziert wirkt, auf eine Häufung von Substantivbildungen verzichten. Eine Satzkonstruktion, welche das Verb verwendet, wirkt dagegen lebendiger und ist besser zu verstehen.

Typische Beispiele für den Nominalstil:

> *Die Prüfungsanmeldung hat innerhalb von zwei Wochen, unter Einhaltung und Berücksichtigung der Semestereinschreibung, zu erfolgen.*

> *Bekanntmachung des Ministeriums für Umwelt, Landwirtschaft und Forsten über die Erteilung der Genehmigung nach § 7 des Atomgesetzes zur Ertüchtigung von Behältern für den Lastfall Bemessungserdbeben des Kernkraftwerkes Biblis, Block A. Vom 26.02.2002 / Bundesrepublik Deutschland / Land Hessen*

Leicht verständliche Sätze bilden und die Satzstruktur variieren (4)

Einerseits gilt: Kurze einfache Sätze sind besser zu verstehen als lange Sätze. Andererseits verlangt der Ausdruck von komplexen Gedanken auch einen aufwändigeren Satzbau. Eintönige Reihen von immer gleichen Satzstrukturen sind für die Leser anstrengend und ermüdend. Besonders häufig verwenden ungeübte Autoren Reihungen von einfachen Hauptsätzen (Parataxe). Zwei Hauptsätze hintereinander ohne Nebensätze klingen oft hart und ungelenk. Deshalb sollte der zweite Hauptsatz mit einem angehängten Nebensatz (Hypotaxe) für Abwechslung, Sprachfluss und Bewegung sorgen.[28] Allerdings werden unnötig lange Schachtelsätze (Hypotaxe) die Leserschaft kaum zufrieden stellen. Grundsätzlich gilt: So einfach wie möglich, aber nicht einfacher!

---

[26] Norbert Elias, *Über den Prozess der Zivilisation. Soziogenetische und psychogenetische Untersuchungen – Erster Band: Wandlungen des Verhaltens in den westlichen Oberschichten des Abendlandes* (Frankfurt/Main, 1981) XVI-XV, zitiert nach: Bünting, Bitterlich und Pospiech 242.

[27] Newsletter vom 5. Mai 2003 unter `http://www.duden.de`. Klicken Sie im Menü Newsletter auf das Duden-Newsletter-Archiv und wählen Sie dann das Jahr 2003 aus.

[28] Schneider 123.

Hier die Auflösung eines umständlichen Schachtelsatzes[29]:

Original:

Wie der Fernsehsender NBC gestern unter Berufung auf eine am Samstag nach der Empfehlung zur Einleitung eines Amtsenthebungsverfahrens vorgenommene Untersuchung berichtete, waren 72% der Befragten mit der Amtsführung Clintons zufrieden.

Verbesserung:

Wie der Fernsehsender NBC gestern unter Berufung auf eine Umfrage berichtete, waren 72% der Befragten mit der Amtsführung Clintons zufrieden. Die Umfrage war am Samstag vorgenommen worden, nachdem der Senat die Empfehlung zur Einleitung eines Amtsenthebungsverfahrens ausgesprochen hatte.

Logisch strukturieren (5)

Wie schon beim Aufbau der Argumentation festgehalten, zeichnet sich guter Stil durch eine logische und angemessene Struktur aus. Die einzelnen Textteile stehen zueinander in Beziehung und folgen so aufeinander, dass man als Leser leicht folgen kann. Deshalb helfen weder zu kurze Abschnitte (ein Abschnitt besteht immer aus mehr als einem Satz, weil sonst gar kein Abschnitt nötig wäre) noch zu lange Textabschnitte, die verschiedene Themen oder Aspekte behandeln und deshalb nicht leicht erfasst werden können. Irrelevante Aspekte, Floskeln und Banalitäten entfallen immer.

5.5   Bewertungskriterien wissenschaftlicher Arbeiten

Wenn hier nun Bewertungskriterien für wissenschaftliche Arbeiten angesehen werden, so einerseits weil aus deren Analyse Erkenntnisse für den Arbeitsprozess gewonnen werden können, und andererseits weil manche Studierende durch die Anforderungen für Prüfungsleistungen motiviert werden – ob dies nun wünschenswert ist oder nicht. Ein Kriterium (von griech. *kritérion*) ist dem Wortsinn nach ein „entscheidendes Kennzeichen" – ein „Unterscheidungszeichen". Die Kriterien wissenschaftlichen Arbeitens stehen somit als Kennzeichen und Merkmale für die Wissenschaft. Für Schulabgänger sind diese Regeln eher neu, da in der Schulzeit höchstens die Grundzüge wissenschaftlichen Arbeitens vermittelt wurden. Die Regeln wissenschaftlichen Arbeitens aber gelten nicht nur für die Tätigkeiten in Forschung und Lehre an einer Universität, sondern auch für das sich dem Studium anschließende Berufsleben von Akademikern. Bestimmte Regeln und Kriterien zeichnen typische Arbeiten gerade in Berufen aus, auf die sich einige Studierende vorbereiten wollen (so das Verfassen von Plädoyers, Executive Summaries oder Konzepte für Geschäftsmodelle).

---

[29] Ivo Hajnal und Franco Item, *Schreiben und Redigieren – auf den Punkt gebracht* (Frauenfeld/Stuttgart/Wien: Huber, 2000) 68. Das Beispiel stammt aus der Berner Zeitung vom 21.12.1998.

Zwar legen erfahrungsgemäß viele Dozierende bei der Korrektur von Seminararbeiten ihr eigenes Bewertungsschema zu Grunde, jedoch unterscheiden sich die Kriterien für wissenschaftliches Arbeiten nicht prinzipiell. Trotz der scheinbaren Objektivierung gilt es natürlich zu beachten, dass jede Korrektorin und jeder Korrektor einen höchstpersönlichen Ermessensspielraum in der Anwendung und Auslegung der Kriterien hat und auch haben darf. Die Kriterien geben lediglich eine Bandbreite vor, eine Orientierung für deren Anwendung und Interpretation. Dabei werden an eine Seminararbeit im fortgeschrittenen Studium höhere Anforderungen gestellt als an eine im Anfangsstadium, wobei insbesondere die Zusammenhänge zwischen verschiedenen einschlägigen Diskussionen und die Eigenständigkeit (Komplexitätsgrad, Innovation) in der Behandlung des Themas höhere Beachtung erfahren. Die folgenden Ausführungen zielen auf vier Anforderungsbereiche ab, wobei sich gewisse Ansprüche überschneiden.

5.5.1 Umgang mit dem Thema (Forschungsfrage)

Bei dieser Kriteriengruppe geht es um die „Übersetzung" der Aufgabe in die eigene Arbeit.

Ist die Forschungsfrage klar?

Bei jeder Seminararbeit sollte eine Forschungsfrage bzw. ein Forschungsziel klar definiert sein. Auch wenn das Thema der Seminararbeit vom Dozierenden vorgegeben wird, bedeutet das in den seltensten Fällen, dass dieses bereits mit der passenden Forschungsfrage identisch ist. Meist muss der Student die Forschungsfrage durch intensive Auseinandersetzung mit dem Thema selbst entwickeln. Es muss deutlich erkennbar sein, welche Problemstellung in der Seminararbeit behandelt wird, da das Ziel der Arbeit in der Beantwortung der Forschungsfrage liegt. Meistens ist es notwendig, das zu behandelnde Thema sinnvoll einzugrenzen, um eine zu allgemeine und daher oberflächliche Gedankenführung zu vermeiden. Die Eingrenzung darf nicht beliebig vorgenommen werden, sondern muss thematisch zweckmäßig und zulässig sein, d.h. sie darf keinen zur Beantwortung der Forschungsfrage relevanten Sachverhalt ausblenden. Achten Sie dabei auf eine stichhaltige Begründung Ihrer Auswahlentscheidung.

Themenstellung sachlich richtig erfasst und in die Forschungsfrage umgesetzt?

Während es bei der ersten Frage darum geht, ob eine prinzipiell geeignete Forschungsfrage klar herausgearbeitet wurde, muss nun noch überprüft werden, ob diese auch zum vorgegebenen (gestellten) Thema passt und dessen wesentlichen Kern erfasst. Alle Gedankengänge und Überlegungen müssen sich auf die Forschungsfrage und die Problemstellung beziehen.

Schwierigkeitsgrad der Fragestellung?

Viele Studierende sind in Sorge, wenn sie ein schwieriges Thema bzw. eine schwierige Forschungsfrage zu bearbeiten haben. Sie fürchten unter anderem, dass ihr größerer Aufwand für ein vergleichsweise bescheideneres Ergebnis zu wenig honoriert wird. Deshalb sollten Bewertungskriterien die Schwierigkeit der Fragestellung berücksichtigen.

5.5.2   Inhalt der Arbeit

Mit Hilfe dieser Kriteriengruppe werden die Aussagen des Textes beurteilt.

Inhaltlich richtig?

Der Inhalt des gewählten Themas muss sachlich zutreffend bearbeitet werden. Dies zeigt sich daran, dass der Autor die Kernelemente des Themas verstanden und logisch verknüpft hat, die Fachterminologie benutzt sowie fähig war, verschiedene Zusammenhänge und Perspektiven zu berücksichtigen. Pauschalisierende, unbegründete und nicht vertretbare Aussagen und Schlussfolgerungen entwerten auch die übrigen, inhaltlich richtigen Stellen.

Tiefe angemessen?

Die gewählte Themenstellung muss in angemessener inhaltlicher Tiefe bearbeitet werden. Der Text muss insgesamt auf einem vergleichbaren Generalisierungsgrad und an den zentralen Punkten genügend detailliert ausgeführt sein. Oberflächliche Abhandlungen sind zu vermeiden, d.h. entweder entfallen sie, weil sie keinen Nutzen bieten oder sie werden auf die Forschungsfrage hin vertieft.

Eigenständige Aussagen?

Damit ein eigener Beitrag geleistet werden kann, müssen selbstständig wohl begründete Gedanken formuliert, sinnvolle Schlussfolgerungen gezogen und, wenn möglich, weiterführende Aspekte und Fragen aufgeworfen werden. Der inhaltliche Nutzen einer Arbeit zeigt sich vor allem in dieser eigenständigen, d.h. originellen, intelligent durchdachten und fachkompetenten Auseinandersetzung mit dem durch das Erkenntnisinteresse vorgegebenen Gegenstand. Grundlage dessen ist eine systematische Untersuchung auf Basis einer kritischen Auseinandersetzung mit existierenden Forschungsergebnissen zum jeweiligen Thema. Es geht um den Neuigkeitsgrad der Aussagen und deren Begründung.

Bezug zum wissenschaftlichen Diskurs?

Hier stellt sich die Frage, wie gut Ihre Arbeit zur laufenden Debatte des jeweiligen Feldes passt. Sind Ihre Ausführungen auf offene Punkte gerichtet? Bezieht Ihre Argumentation Ideen, Einschränkungen und Erkenntnisse anderer Arbeiten und Forscher mit ein? Ordnen Sie Ihre Arbeit methodisch und inhaltlich richtig ein? Gibt Ihre Arbeit Impulse für folgende Arbeiten? Dazu muss die relevante Literatur fundiert analysiert und interpretiert werden. Eine kritische Auseinandersetzung mit der einschlägigen Forschungsliteratur bedeutet gerade nicht, jedes Forschungsergebnis vorbehaltlos zu akzeptieren. Oft wird man in der Literatur unterschiedlichen Meinungen zum gleichen Thema begegnen, welche eigenständig überprüft, bewertet und mit eigenen Ideen verknüpft werden müssen. Man darf sich nicht davor scheuen, bestehende Forschungsergebnisse begründet zu kritisieren. Eine gute Begründung ist die notwendige Grundlage jeder sinnvollen Kritik.

5.5.3   Struktur der Arbeit

Diese Kriteriengruppe ist der Ordnung des Textes gewidmet.

Sind Einleitung, Hauptteil und Schluss zweckmäßig gestaltet?

Hier geht es um die Frage der Proportion, der inneren Logik der einzelnen Teile und des Bezugs zueinander angesichts der Erfordernisse, die sich aus Forschungsfrage, gewähltem Vorgehen und vorhandener Arbeit ergeben.

Wird die Fragestellung bearbeitet?

Korrektoren überprüfen, ob Gliederung und Text die Frage beantworten helfen, die im Titel aufgeworfen wurde. Es muss geklärt werden, ob und inwieweit die sinnvollerweise zu erwartenden Fragen und Unterpunkte angesprochen bzw. bearbeitet worden sind.

Sind Gliederung und Textaufbau durchgängig auf die Erarbeitung von eigenständigen Wertungen, Stellungnahmen und Schlussfolgerungen ausgerichtet?

Bei dieser Frage geht es um die Unterscheidung von wenig ertragreichen lehrbuchartigen Darstellungen gegenüber Beiträgen zur Lösung, also den Stil der Abhandlung. Alle Elemente müssen auf die Fragestellung ausgerichtet sein und zu deren Beantwortung einen Beitrag leisten. Überflüssige, d.h. allgemeine Darstellungen stören dabei. Ferner muss der Text dem abstrakten Ziel der Arbeit und dem Stil des wissenschaftlichen Arbeitens entsprechen.

Lässt die Struktur einen roten Faden, eine „storyline", erkennen?

Während die erste Frage auf die Logik innerhalb der Gliederung und des Textes abzielt, die zweite auf Abstimmung von Struktur und Thema, die dritte auf die Passung zwischen Struktur und den Anforderungen wissenschaftlichen Arbeitens, zielt diese vierte Frage auf das Zusammenspiel von Gliederung und Leser ab. Es geht darum, wie intuitiv eingängig und „spannend" Gliederung und Text sind. Man könnte auch von der Qualität des Erzählflusses sprechen.

5.5.4   Formale Qualität der Arbeit

Manche Studierende glauben, dass eine formal gut aussehende Arbeit bereits eine gute wissenschaftliche Arbeit ist. Das trifft nicht zu. Die formale Qualität einer Arbeit stellt vielmehr eine Mindestanforderung dar, damit eine Arbeit überhaupt akzeptiert wird. Der Umkehrschluss, dass eine formal zureichende Arbeit schon eine ausreichende Bewertung garantiert, gilt indes nicht. Die Dozierenden zielen bei der Bewertung einer ausreichenden Menge an Arbeiten und deren Vergleich auf die inhaltlichen Kriterien ab. So ist es auch zu erklären, dass in Bewertungsrastern die inhaltlichen Kriterien häufig höher gewichtet werden. Die formale Perfektion einer Arbeit wird vorausgesetzt – die inhaltliche Qualität ist entscheidend für eine gute Bewertung.

Ein

- übersichtliches, gut strukturiertes Layout,
- eine korrekte Rechtschreibung und Grammatik,
- eine korrekte, einheitliche Zitierweise
- und korrekte Verzeichnisse

machen die formale Qualität einer wissenschaftlichen Arbeit aus.[30] Folgende Aspekte sollten Sie zum Layout beachten:

1. Auf dem **Deckblatt** müssen folgende Angaben stehen:
   – Titel der Arbeit
   – Name der verantwortlichen Dozentin bzw. des Dozenten
   – Name, Adresse, Telefonnummer und E-Mail-Adresse der Verfasserin bzw. des Verfassers
   – Semesterzahl
   – Abgabedatum
   – Muttersprache (sofern nicht Deutsch)

2. Das **Inhaltsverzeichnis** muss sämtliche Gliederungen des Textes aufführen. (Hinweis: Viele Textverarbeitungsprogramme können Inhaltsverzeichnisse automatisch erstellen, wenn man den Text beim Schreiben mit Formatvorlagen gliedert. Das Gleiche gilt für ein etwaiges **Tabellen- oder Abbildungsverzeichnis**. Es lohnt sich, diese Funktionen des Programms genauer kennen zu lernen.)

---

[30] Anhand dieser Kriterien lässt sich die formale Qualität der Arbeit beurteilen. Vorab sei folgender Hinweis gestattet: Zahlreiche Ratgeber äußern sich umfassend und mit erstaunlicher Akribie zu den Formalia einer Seminararbeit. Konsultieren Sie z.B. Walter Krämer, *Wie schreibe ich eine Seminar- oder Examensarbeit?* (Frankfurt a.M.: Campus, 1999) insbes. 97-116, 217-233; Christoph Metzger, *Lern- und Arbeitsstrategien. Ein Fachbuch für Studierende an Universitäten und Fachhochschulen*, 5. Aufl. (Aarau: Sauerländer, 2002) ab 117, und Umberto Eco, *Wie man eine wissenschaftliche Abschlussarbeit schreibt*, 6. Aufl. (Heidelberg: C.F. Müller, 1993) insbes. 231- 264 oder auch Manuel R. Theisen, *Wissenschaftliches Arbeiten*. 10. Aufl. (München: Vahlen, 2000).

3. Besonders in juristischen Arbeiten ist ein **Abkürzungsverzeichnis** sinnvoll. Alle verwendeten Abkürzungen sind aufzuführen; auf die Erklärung allgemein gebräuchlicher Abkürzungen (usw., u.a., ...) kann man verzichten.

4. Jede Arbeit enthält ein **Literaturverzeichnis** (siehe Kapitel „Quellen und ihre Nutzung"). Wenn z.B. in einer juristischen Hausarbeit viele Materialien (Botschaften und Berichte des Bundesrates, Amtliches Bulletin der Bundesversammlung, Berichte von Expertenkommissionen, Gesetzesentwürfe etc.) verwendet werden, müssen diese in einem **Materialverzeichnis** aufgeführt werden.

5. Die **Zeilenschaltung** ist in normalem Text 1,3- bis 1,5-zeilig, in Fußnoten einzeilig.

6. Die **Schriftart** soll eine Größe von 10 bis 12 Punkt haben und gut lesbar sein.

7. Die **Seiten** müssen vollständig und durchgängig (gegebenenfalls ohne Titel und Inhaltsverzeichnis) **nummeriert** werden (Paginierung genannt) und sind nur einseitig zu beschriften.

8. Links muss genug Platz zum Heften, Klammern oder Binden gelassen werden. Rechts muss ein **Korrekturrand** vorhanden sein. Bei juristischen Arbeiten ist oft ein Korrekturrand von mindestens 5 cm vorgeschrieben.

9. Generell empfiehlt sich ein übersichtliches und **zurückhaltendes Layout.**

10. Häufig wird auch noch eine **eidesstattliche Erklärung** an den Schluss gestellt, welche die Autorenschaft und die Verwendung nur der zulässigen Hilfsmittel bestätigt.

Diese Kriterien mögen eine Hilfe sein, die eigene Arbeit zu überprüfen und zu verbessern. In manchen Bewertungsbögen werden auch noch explizit „Stärken und Schwächen" der Arbeit angesprochen. Es hilft, sich genau darüber selbstkritische und realistische Gedanken zu machen und die eigene Arbeit entsprechend zu verbessern.

5.6   Literatur

Alighieri, Dante. *Die Göttliche Komödie*. Übers. Karl Vossler, 3. Aufl. München: Piper, 2002.

Booth, Wayne C. Gregory G. Colomb and Joseph M. Williams. *The Craft of Research*. 2nd ed. Chicago: Chicago University Press, 2003.

Bourgeois, L.J., III. „Performance and Consensus". *Strategic Management Journal* 1 (1980): 227-248.

Bünting, Karl-Dieter, Axel Bitterlich und Ulrike Pospiech. *Schreiben im Studium: Ein Trainingsprogramm*. Berlin: Cornelsen Scriptor, 1996.

Duden. Das große Wörterbuch der deutschen Sprache, 3. Aufl. 10 Bd. Mannheim: Dudenverlag, 1999.

Duden-Sprachberatung. Newsletter vom 5. Mai 2003. 07.08.03 http://www.duden.de.

Eco, Umberto. *Wie man eine wissenschaftliche Abschlussarbeit schreibt.* 6. Aufl. Heidelberg: C.F. Müller, 1993.

Emrich, Hinderk M. „Schreib-Partikel und ihre allmähliche Verfertigung". *Lust und Last des wissenschaftlichen Schreibens.* Hrsg. Wolf-Dieter Narr und Joachim Stary. Frankfurt am Main: Suhrkamp, 1999, 54-57.

Groys, Boris. *Über das Neue.* Frankfurt am Main: Fischer, 1999.

Hajnal, Ivo und Franco Item. *Schreiben und Redigieren – auf den Punkt gebracht.* Frauenfeld: Huber, 2000.

Hall, G. „Aufbau einer wissenschaftlichen Veröffentlichung". *Publish or Perish.* Hrsg. G.M. Hall, Bern: Hans Huber, 1998, 9-14.

Huff, Anne S. *Writing for Scholary Publication.* Thousand Oaks, Ca.: Sage, 1999.

Köbler, Gerhard. *Etymologisches Rechtswörterbuch.* Tübingen: Mohr, 1995.

Krämer, Walter. *Wie schreibe ich eine Seminar- oder Examensarbeit?* Frankfurt a.M.: Campus, 1999.

Kruse, Otto. *Keine Angst vor dem leeren Blatt: Ohne Schreibblockaden durchs Studium.* Frankfurt am Main: Campus, 1993.

Little, Daniel. *Varieties of Social Explanation: An Introduction to the Philosophy of Social Science.* Boulder, Co: Westview Press, 1991.

Lück, Wolfgang. *Technik des wissenschaftlichen Arbeitens. Seminararbeit, Diplomarbeit, Dissertation.* 9. Aufl. München: Oldenbourg, 2003.

Marsen, Sky. *Professional Writing.* Houndmills etc.: Palgrave Macmillan, 2003.

Maxwell, Joseph A. *Qualitative Research Design. An Interactive Approach.* Thousand Oaks, Ca: Sage, 1996.

Metzger, Christoph. *Lern- und Arbeitsstrategien. Ein Fachbuch für Studierende an Universitäten und Fachhochschulen.* 5. Aufl. Aarau: Sauerländer, 2002.

Miles, Matthew B. and A. Michael Huberman. *Qualitative Data Analysis: An Expanded Sourcebook.* 2nd ed. Thousand Oaks, Ca: Sage, 1994.

Mittelstraß, Jürgen. „Was heißt: sich im Denken orientieren?". *Vernunft, Handlung und Erfahrung. Über die Grundlagen und Ziele der Wissenschaften.* Hrsg. Oswald Schwemmer, München: C.H. Beck, 1981.

Perrin, Daniel. *Schreiben ohne Reibungsverluste: Schreibcoaching für Profis.* Zürich: Wird, 1999.

Punch, Keith F. *Introduction to Social Research: Quantitative and Qualitative Approaches.* London: Sage, 1998.

Ramage, John D. and John C. Bean. *Writing Arguments: A Rhetoric with Readings.* 4th ed. Boston: Allyn and Bacon, 1998.

Schneider, Wolf. *Deutsch für Profis. Wege zu gutem Stil.* München: Goldmann, 2001.

Stickel-Wolf, Christine und Joachim Wolf. *Wissenschaftliches Arbeiten und Lerntechniken.* 2. Aufl. Wiesbaden: Gabler, 2002.

Stier, Winfried. *Empirische Forschungsmethoden.* 2. Aufl. Berlin: Springer, 1999.

Stinchcombe, Arthur L. „A structural analysis of sociology". *The American Sociologist* 10 (1975): 57-64.

Strunin, Leo. „Wie man einen Übersichtsartikel schreibt". *Publish or Perish: Wie man einen wissenschaftlichen Beitrag schreibt, ohne die Leser zu langweilen oder die Daten zu verfälschen.* Hrsg. George M. Hall. Bern: Hans Huber, 1998, 91-98.

Theisen, Manuel R. *Wissenschaftliches Arbeiten.* 10. Aufl. München: Vahlen, 2000.

Thielemann, Ulrich. „Wonach fragt wissenschaftliche Forschung? Eine Skizze grundlegender Erkenntnisinteressen und Methodologien". Unveröffentl. Arbeitspapier. Universität St.Gallen, 2002.

Walter-Busch, Emil. *Organisationtheorien von Weber bis Weick.* Chur: G+B Verlag Fakultas, 1996.

Wittgenstein, Ludwig. *Tractatus Logico-Philosophicus*; *Tagbücher 1914-1916; Philosophische Untersuchungen.* Frankfurt am Main: Suhrkamp, 1984.

Zelazny, Gene. *Say It with Presentations: How to Design and Deliver Successful Business Presentations.* New York: McGraw-Hill, 2000.

Kapitel

6 Wirkungsvoll präsentieren und verständlich visualisieren

Warum sind wirkungsvolles Präsentieren und verständliches Visualisieren Fähigkeiten, die Studierende möglichst früh erlernen und deshalb oft üben sollten? Die aktive Gestaltung der Übungen und Seminare durch Studierende mit Hilfe von Vorträgen, Diskussionsbeiträgen und Präsentationen ist wichtig in jedem Universitätsstudium. Sie als Studierende werden folglich Schaubilder mit dem Computer gestalten und Präsentationen vor kleinerem, manchmal auch größerem Publikum halten. Sowohl Sie selbst als auch Ihre Kommilitonen und Dozierenden profitieren davon, wenn Sie gut präsentieren. Im Berufsleben gehören Präsentationen zum Standard.

Auch wenn in manchen Ratgebern behauptet wird, es gäbe die ideale Präsentation – wir kennen sie nicht. Aber wir kennen bessere und schlechtere. Die Güte einer Präsentation misst sich letztendlich am veränderten Denken, am geweckten Interesse, am verbesserten Verständnis und an gewonnener Unterstützung des Auditoriums. Sie lebt von Ihrem persönlichen Stil, Ihren Stärken und Schwächen. Gutes Präsentieren lässt sich erlernen. Denn viele erfahrene Vortragende konnten beispielsweise Ihre anfängliche Nervosität beim Vortragen durch Wahl realistischer Ziele, gründliche Vorbereitung, Entspannung und „sichere Sprungbretter" reduzieren.

Dieses Kapitel gibt Ihnen dazu und zu den übrigen Themenfeldern des Präsentierens (6.1) und Visualisierens (6.2) eine Übersicht. Sie lernen Schritt für Schritt eine Präsentation logisch zu konzipieren, verständlich zu visualisieren und wirkungsvoll durchzuführen.

6.1   Wirkungsvoll präsentieren

Das Vorgehen für eine wirkungsvolle Präsentation gliedert sich in vier Themen: das Konzept der Präsentation (6.1.1), die eigentliche Präsentation (6.1.2), Diskussion und Nachbereitung (6.1.3) sowie die Hintergründe wirkungsvollen Präsentierens (6.1.4).

6.1.1   Präsentationen konzipieren

Die Konzeption einer Präsentation ihrerseits lässt vier Schritte erkennen: die Analyse der Adressaten, die Festlegung der Ziele, die Analyse der Situation und die Gliederung.

Adressaten analysieren (1)

Einige würden als Einstieg in die Konzeption einer Präsentation eine Zieldefinition erwarten. Unser Vorgehen verfolgt einen anderen Ansatz. Die Adressaten sind entscheidend für die Festlegung der Absichten und Anliegen der Präsentation. Ist der Adressatenkreis bekannt, können die Ziele viel angemessener und genauer formuliert werden. Bestimmte Auditorien schließen gewisse Ideen von vornherein aus, andere verlangen die Berücksichtigung bestimmter Aspekte. Dennoch sollten Sie versuchen, das Publikum für ihre Aussage zu gewinnen und nicht einfach die Aussage nach ihm richten, also nicht das sagen, was Sie vermeintlich als dessen Erwartung zu antizipieren meinen, sondern Ihre eigene Argumentation darstellen.

Um seine Adressaten zu erreichen, muss als Erstes, d.h. vor der weiteren Konzeption, klar werden, auf welche Interessen, Einstellungen und Reaktionen des Publikums man treffen wird. Andernfalls läuft man Gefahr, dass die Zuhörer die eigene Argumentation nicht aufnehmen können, beispielsweise weil sie von der Fülle der Informationen erschlagen werden oder diametral gegenläufige Einstellungen (anderes Weltbild) zur Kernaussage haben oder ganz einfach die fachlichen Voraussetzungen fehlen. Insbesondere die Beantwortung folgender Fragen hilft bei der Identifikation der Bedürfnisse der Adressaten:[1]

- Wie vertraut sind die Zuhörer mit dem präsentierten Sachverhalt?
- Welches Vorwissen haben sie?
- Welche Relevanz hat das Thema für sie?
- Wie sind sie zu Ihrer Kernaussage eingestellt?

---

[1]   In Anlehnung an Gene Zelazny, *Say It with Presentations: How to Design and Deliver Successful Business Presentations* (New York: McGraw-Hill, 2000) 13-19, Martin Hartmann, Rüdiger Funk und Horst Nietmann,: *Präsentieren: Präsentationen: Zielgerichtet und Adressatenorientiert*, 3. Aufl. (Weinheim und Basel: Beltz, 1995) 30-33, und Christine Stickel-Wolf und Joachim Wolf, *Wissenschaftliches Arbeiten und Lerntechniken*, 2. Aufl. (Wiesbaden: Gabler, 2002) 235.

■ Was implizieren die Kernaussagen für die folgende Diskussion? Welche Reaktionen provozieren Sie bei den Zuhörern? Werden die Zuhörer in Zukunft anders handeln wollen?

■ Wird ein erkenntnisorientierter Sachdiskurs oder interessensgeleiteter Politikdiskurs erwartet?

■ Auf welcher Ebene kann das Publikum angesprochen werden?

■ Wie nehmen die Adressaten die Präsentation als Gesamtbild wahr?

■ Entsprechen die verwendeten Medien den Bedürfnissen der Zuhörer?

Um diese Fragen besser beantworten zu können, mag man sich an den folgenden vier Bezügen orientieren und vorhandene Gemeinsamkeiten nutzen:

■ Soziokulturelle Bezüge: Alter, Kultur, Lebenssituation

■ Intellektuelle Bezüge: Bildungshintergrund, Sprachkompetenz, Intelligenz, Vorinformation

■ Psychologische Bezüge: Interesse, Motivation, Wahrnehmungssensibilität

■ Zielbezug: informieren, motivieren, Entscheidungen vorantreiben, beruhigen, Position beziehen, Gefühle aussprechen, Denken verändern

Sobald man sich im Klaren ist, welche Adressaten zu welchem Zweck unter welchen Voraussetzungen angesprochen werden sollen, widmet man sich der Zielfestlegung.

Ziele festlegen (2)

Nur sorgfältig gewählte und begründete Ziele erlauben, auf die Bedürfnisse der Zuhörer einzugehen und überhaupt die Aufmerksamkeit der Zuhörer zu erhalten. Um das Anliegen der Präsentation herauszuarbeiten, stellt man sich immer wieder die Frage: Was möchte ich mit dieser Präsentation aussagen beziehungsweise erreichen? Mögliche Botschaften und Inhalte sind:

■ Information
  – Verschaffen eines Überblicks
  – Vermittlung von Wissen und bestimmten Problemlösungen

■ Argumentation und Überzeugung (Denken konkret verändern)
  – Akademischer Diskurs: Erkenntnis
  – Beratung
  – Treffen von Entscheidungen
  – Handlungsaufforderung

■ Problembewusstsein verstärken
  – Sensibilisierung
  – Motivation
  – Vertiefung
  – Anregung

■ Unterhaltung

Festlegung von Zielen einer Präsentation

Sie haben die Aufgabe, eine Präsentation im Rahmen einer Übung vorzunehmen. Das Thema ist schon vorgegeben: Die Vorstellung der „Five Forces"-Analyse von Porter. Es geht darum, den anderen Studierenden Information zu vermitteln, oder eben, ihr Denken bezüglich dieses Ansatzes zu verändern. Ein Ziel könnte sein, insbesondere die blinden Flecken dieses Analyserasters oder dessen Risiken zu verdeutlichen. Sie müssen festlegen, was Sie von den Zuhörern nach Ihrem Vortrag erwarten.

In einem kurzen Satz sollte aufgeschrieben werden, was die Zuhörer nach Ihrer Präsentation konkret tun oder denken sollen. Formulieren Sie Ihre Ziele möglichst exakt. Das Ziel der Präsentation muss realistisch gewählt werden. Bei einer **Informationspräsentation** kann die Beschränkung auf wenige Informationen notwendig werden, wenn nur wenig Zeit zum Präsentieren zur Verfügung steht. Bei einer **Überzeugungspräsentation** müssen die Einstellungen des Publikums ganz genau analysiert werden, um die Ziele möglichst realistisch formulieren zu können. Darüber hinaus muss die Präsentation eine Reaktion der Zuhörer provozieren. Die Teilnehmer der Präsentation sollen zu einem neuen Denken oder bestimmten Handeln aufgefordert werden. Kann bei den Adressaten mit den Kernaussagen keine Einstellungsänderung erreicht werden, obwohl man sich genau dieses Ziel für die Präsentation (eine Überzeugungspräsentation) gesetzt hat, muss das Publikum eventuell zusätzlich auf der emotionalen Ebene angesprochen werden.

Nach der Erstellung der Präsentation ist dann nochmals auf die Ziele und deren Behandlung zurückzukommen. Werden die anfangs gestellten Fragen genau beantwortet? Adressatenanalyse und Zieldefinition interagieren; sie bilden das Fundament des Präsentationskonzepts.

Situation analysieren (3)

Nachdem das Präsentationsziel genau festgelegt wurde, müssen die äußeren Rahmenbedingungen und gegebenenfalls Restriktionen bei der Konzeption des Ablaufs und der Visualisierung berücksichtigt werden. Jede an und für sich verständliche und überzeugende Präsentation scheitert, wenn z.B. die zur Verfügung stehende Zeit falsch eingeschätzt wurde oder das verwendete Präsentationsmedium (z.B. Beamer) nicht einwandfrei funktioniert.

Timing

In aller Regel ist die zur Verfügung stehende Zeit vorgegeben. Falls man als Präsentierender selbst Einfluss auf die Länge der Präsentation hat, so sollte man sie spätestens nach 45 Minuten beenden, da dann die Aufmerksamkeit der Zuhörer stark nachlässt.[2] Das Wichtigste beim Timing ist die strikte Einhaltung der Zeitvorgabe. Damit zeigt der Präsentierende, dass

---

[2]   Hartmann, Funk and Nietmann 67.

er seine Ziele innerhalb eines vorher definierten Rahmens erreichen kann. Außerdem gebietet der Respekt gegenüber dem Publikum die Einhaltung der Zeitvorgabe: Der Präsentierende verfügt schließlich über die Zeit der Zuhörerschaft. Um die Zeitvorgabe einzuhalten, eignen sich folgende Maßnahmen:[3]

- Wahl eines weniger umfassenden Präsentationsziels.
- Beschränken der zu vermittelnden Daten auf das absolut Notwendige.
- Zusammenfassen, Verdichten und Selektieren der Information: Hintergrundinformationen untergewichten, Kernaussagen besonders herausstellen,
- Reduktion der Texte und Schaubilder auf wenige Aussagen, um so auch in kurzer Zeit die Präsentation abschließen zu können und flexibler – je nach Hörerfeedback und Zeitspielraum während der Präsentation – Hintergrundinformationen geben zu können oder diese wegzulassen.
- Verschieben von nicht essentiellen Informationen in die Backup-Folien, die am Ende der Präsentation zur Klärung von Fragen des Publikums bereitgehalten werden.
- Testen der Präsentation im Sinne einer Generalprobe.
- Versand eines Handouts einige Tage vor der Präsentation, kurzes Zusammenfassen zu Beginn der Präsentation, anschließendes Aufbauen auf dieser Zusammenfassung während der Präsentation.
- Pünktlich anfangen.

Medienwahl

Als Präsentierender sollte man sich genau überlegen, welche Medien für die eigene Präsentation in Frage kommen. Die Medienwahl kann durch viele Faktoren beeinträchtigt sein und ergibt sich aus technischen und räumlichen Gegebenheiten, dem Ziel der Präsentation, der Größe des Publikums, der Art der Veranstaltung oder der zur Vorbereitung zur Verfügung stehenden Zeit. Das wichtigste Auswahlkriterium resultiert aus der Feststellung, dass alle Medien nur Hilfsmittel sind, professionell eingesetzt werden müssen und nicht die Aufgaben eines guten Präsentierenden ersetzen können. Je nach Präsentationszweck stehen der Vortragende oder der zu transportierende Inhalt im Mittelpunkt der Präsentation. Folgende Präsentationsmedien werden in der Praxis am häufigsten eingesetzt:[4] Overheadprojektor, Beamer, Schreibtafeln/Whiteboard, Flipchart, Pinnwand, Tonband/Video.

Handelt es sich um die Präsentation von Informationen, so z.B. einer Gruppenarbeit im Rahmen einer Abschlusspräsentation, so bietet eine Präsentation mit Beamer (soweit vorhanden) die Möglichkeit, die breite Palette der Visualisierungsmöglichkeiten (Animationen, Audio-/Videoausschnitte) zu nutzen, kleine Änderungen und Anpassungen noch direkt vor der Präsentation vorzunehmen und bei Rückfragen schnell und unkompliziert zu der entsprechenden Darstellung mittels Suchbefehlen zurückzukehren, ohne dabei lange in den Folien stöbern zu müssen. Ist die Präsentation dagegen fester Bestandteil des

---

[3]   Zelazny, *Say It with Presentations*: 20-23, und Hartmann, Funk und Nietmann 67ff.

[4]   Für eine ausführliche Darstellung der einzelnen Präsentationsmedien vgl. Zelazny, *Say It with Presentations* 24-27.

Seminarbetriebs und die gestellte Aufgabe die Erarbeitung eines Konzepts in Zusammenarbeit mit dem Publikum, so können Overheadfolien das geeignetere Mittel sein, da Ergebnisse der Diskussion in vorbereitete Vorlagen von mehreren Personen gleichzeitig mit Folienstiften eingefügt werden können. Manchmal kann auch der Einsatz von mehreren Präsentationsmedien sinnvoll sein, z.B. Schlussfolgerungen via Beamer, Beispieltexte via Overheadprojektor und neue Ideen aus dem Publikum via Flipchart darzustellen. Grundsätzlich gilt die Regel, dass alle Medien (z.B. Overheadprojektoren), die nicht gebraucht werden, aus dem Sichtfeld der Betrachter zu entfernen sind.

Räumliche Rahmenbedingungen

Neben Zeit und Medien müssen die räumlichen Gegebenheiten bei der Konzeption der Präsentation bedacht werden. Sie setzen der Präsentation meist technische Grenzen. Im Einzelnen muss man Folgendes beachten:

- **Lichtverhältnisse:** Lässt sich der Tagungsraum – zumindest in der vorderen Hälfte – abdunkeln?
- **Raumgröße:** Die Raumgröße gibt einen Anhaltspunkt für die einsetzbaren Medien und die Visualisierung der Informationen. Flipcharts und Tafeln eignen sich nur in kleineren Räumen. Beamer und Overheadprojektor müssen in großen Räumen lichtstark sein und weit genug von der Projektionsfläche entfernt stehen, damit ein entsprechend großes und scharfes Bild entsteht. Die Bildgestaltung muss entsprechend angepasst werden, damit alles auch von der letzten Zuhörerreihe aus gelesen werden kann. Mehr dazu findet sich im Abschnitt „Verständlich Visualisieren". Zweckmäßigerweise werden ab cirka 100 Personen Mikrophon und Lautsprecheranlage eingesetzt, weil dann die Stimme nur noch selten raumfüllend ist.
- **Sitzordnung:** In den meisten Fällen ist sie vorgegeben. Wenn sie verändert werden kann, ist die Form eines zum Präsentierenden offenen „V" einzurichten, alternativ die eines „U". Beide Formen ermöglichen es, die Präsentation interaktiv mit dem Publikum zu gestalten, und sie bieten Bewegungsfreiheit.
- **Rednerpult:** Wo steht das Rednerpult? Kann der Präsentierende von überall gesehen werden? Ein Rednerpult kann für die Handhabung von Manuskripten durchaus sinnvoll sein. Es ist aber auch immer eine Barriere zwischen dem Präsentierenden und dem Publikum. Kann der Präsentierende darauf verzichten, ist das der Interaktion mit den Zuhörern nur förderlich.

Gut gliedern (4)

Jede Präsentation sollte „klassisch" in drei Teile gegliedert werden: Einleitung, Hauptteil, Schluss. Die Gewichtung und Gestaltung dieser drei Teile hängt von der jeweiligen Situation ab, wobei man sich an den entsprechenden Angaben in Kapitel 5 orientieren sollte.

6.1.2 Präsentationen durchführen

Nachdem ein Präsentationskonzept (vgl. Kapitel 6.1.1) erarbeitet, die Informationen visualisiert (vgl. das folgende Kapitel 6.2) und die nötigen Vorbereitungen vor Ort getroffen wurden, kann der Präsentierende in Aktion treten. Ob sich die großen Mühen, die mit der Vorbereitung verbunden waren, auch lohnen und das Präsentationsziel erreicht wird, hängt von der Fähigkeit des Präsentierenden ab, die Botschaft während der Präsentation wirksam und nachhaltig zu vermitteln. Diesem Ziel kommt man durch die Beachtung der folgenden Regeln zur Haltung, zum Verhalten und zum Umgang mit der Technik, vor allem aber durch Übung näher.

Haltung (1)

Zunächst darf sich der Präsentierende nie in den Vordergrund stellen. Im Mittelpunkt jeder Präsentation steht das Publikum. Deshalb versteht es sich von selbst, dass der Präsentierende **Respekt** und Wertschätzung gegenüber seinem Publikum zeigen muss, um akzeptiert zu werden.[5]

Neben dem Respekt für das Publikum als erster Charakteristik eines guten Redners zeichnet sich die Haltung zweitens durch begründetes **Selbstvertrauen** aus. Dieses kann man durch Übung gewinnen, wobei hier zwei verschiedene Aspekte angesprochen sind: Zum einen gewinnt der Präsentierende Übung durch jede Präsentation, die er vornimmt. Je häufiger er präsentiert, desto besser lernt er den Umgang mit dieser Situation. Es ist also gerade Neulingen zu empfehlen, vorhandene Ängste abzubauen und möglichst früh und oft zu üben. Zum anderen erlangt der Präsentierende Selbstvertrauen durch das Einüben der jeweiligen Präsentation. Oftmals fehlt eine entsprechende Vorbereitung wegen vermeintlicher Zeitknappheit. Der Erfolg der Präsentation wird aber durch die Vertrautheit mit der Präsentation wesentlich erhöht. Es empfiehlt sich daher dringend, vorher zu proben.

Drittens muss der Präsentierende von den Inhalten, Ergebnissen und Empfehlungen, die in der Präsentation vorgestellt werden, **fachlich überzeugt** sein. Das Publikum spürt in der Regel genau, wenn ihm dieser Inhalt widerspricht. In diesem Fall ist es besser, einen Kollegen präsentieren zu lassen, dessen Einstellung besser mit den Ergebnissen und Empfehlungen übereinstimmt.

Die vierte Eigenschaft, die einen guten Präsentierenden ausmacht, ist dessen **Enthusiasmus**. Eine Präsentation ist immer ein Spiegel des persönlichen Engagements. Der Präsentierende muss persönlich voll hinter der Präsentation stehen. Diesen Eindruck kann man verstärken, indem man an das Auditorium kurze und eindeutige Fragen richtet oder auflockernde Elemente einsetzt. Hierfür eignen sich Signale (Körpersprache, Stilmittel, Medien), Geschichten, Beispiele (konkret, spannend, gut zugeordnet), Metaphern, Vergleiche (anschaulich, sinnvolle Referenzpunkte, ohne zu viele und langweilende Details), Anknüpfungspunkte, Irritationen, Provokationen, Teilzusammenfassungen sowie Aufgaben. Auch der Einsatz von Stilmitteln wie Alliteration, Reim, Neologismen, Lautmalerei („... und es wallet und siedet und brauset und zischet ..."), Lautsymbolik (helle und

---

[5]   Vgl. Hartmann, Funk und Nietmann 46: „Partneraussage".

dunkle Vokale), bildhaftes Sprechen (Metaphern nutzen, Deutungsperspektiven nahe legen, unterschiedliche Bereiche verbinden) zur Illustration, Anregungen, Äußerung von Kritik, Übertragung oder Ansprache von Konnotationen bieten sich für eine persönliche, abwechslungsreiche Gestaltung an.

Verhalten (2)

Einige Grundregeln sind Voraussetzung für eine erfolgreiche und verständliche Präsentation:[6]

- Die Aussprache muss deutlich, laut und natürlich sein.

- Der Präsentierende sollte zum Publikum sprechen, es manchmal auch direkt ansprechen und möglichst Augenkontakt mit ihm halten.

- Der Redner sollte seinen ganzen Stimmbereich ausschöpfen. Auf keinen Fall sollte seine Stimme monoton wirken. Unterschiedliches Betonen von Haupt- und Nebenpunkten, das Einsetzen von Pausen oder unterschiedliche Sprechgeschwindigkeit eignen sich hierfür.

- Der Präsentierende sollte sein Gewicht auf beide Beine verteilen und nicht die Hände in die Hosentasche stecken.

- Sollten dem Redner sachliche Fehler unterlaufen, die von Zuhörern während der Präsentation bemerkt werden, muss er den Fehler zugeben. Eine gute Strategie ist, sich bei dem aufmerksamen Zuhörer für die Richtigstellung zu bedanken. Das zeigt den Respekt des Präsentierenden vor dem Publikum.

- Ruhige Atmung bis tief in den Bauch hinein reduziert das Lampenfieber.

Umgang mit der Technik (3)

Medien zur Visualisierung unterstützen den Vortrag – nicht mehr und nicht weniger. **Overheadfolien** helfen bei der Visualisierung: Sie wurden mit dem Computer erstellt und sind übersichtlich (siehe Abschnitt 6.2). Der Projektor steht an geeigneter Stelle, so dass er weder Publikum noch Redner verdeckt oder stört und ein scharf wie groß projiziertes Bild sichtbar wird. Man sollte die Zuhörer durch die Folien führen, indem man hilft, die darauf dargestellte Information schnell und richtig zu rezipieren. Während der Überleitung von einer auf die nächste Folie bleibt die schon besprochene Folie noch liegen. Beim Folienwechsel legt der Präsentierende eine Sprechpause ein. Sie dient als gedanklicher „Absatz", damit das Publikum die vorgestellte Information aufnehmen und verarbeiten kann. Wenn möglich, wechselt man als Redner die Folien selbst. Zum Deuten werden Zeigeinstrumente (Stift, Pointer etc.) statt der Finger benutzt. Häufige Bewegungen der Zeigeinstrumente lassen unklar werden, auf was gezeigt werden soll.

---

[6]   Für eine ausführlichere Darstellung der Präsentationstechniken siehe auch Zelazny, *Say It with Presentations* 107-13, und Stickel-Wolf und Wolf 236-39. Eine eingehende Behandlung der Körpersprache findet sich in Christian Püttjer und Uwe Schnierda, *Optimal präsentieren: So überzeugen Sie mit Körpersprache* (Frankfurt/New York: Campus, 2001) und in Stickel-Wolf und Wolf 252-56.

Beamer schaffen hervorragende Möglichkeiten einer animierten Präsentation und einer farbigen Gestaltung auch ohne Farbdrucker, doch bei technischen Problemen verlieren sie ihren positiven Effekt völlig. Der Beamer ist so zu positionieren, dass er bequem mit dem PC verbunden werden kann, das Publikum nicht stört und ein optimales Bild auf die Projektionsfläche wirft. Durch geeignete Vorbereitung lassen sich technische Hindernisse zumindest minimieren, wenn auch nicht ganz vermeiden. Ursachen von Problemen sind nicht nur die Funktionen einzelner Teile des Beamers (Lampenausfall, Kühlungsphase etc.), des Laptop (Systemabsturz, Batterieschwäche, Stromstecker passt nicht, Dateiausfall etc.) und der Peripheriegeräte (Batterie der Maus schwach, Kabel zu kurz etc.), sondern vor allem deren Zusammenspiel (Beamer erkennt Signal nicht, Bild verzerrt wegen verschiedener Auflösung, Zugang zum Internet oder zu Datenbanken nicht vorhanden, Ladezeiten via Funk-LAN zu lang etc). Deshalb muss eine Präsentation ohne Hilfsmittel möglich bzw. ihr Ersatz in Form von Folien vorbereitet sein. Probleme sind nicht auszusitzen, und es ist auch nicht intensiv an einer technischen Lösung zu arbeiten, sondern mit Rücksicht auf das Publikum gilt es, vor allem Zeit zu sparen und schnell zu einer neuen Lösung ohne große Kommentare überzugehen. Nach einer kurzen Entschuldigung, ohne Anschuldigung von Dritten, beginnt man mit der eigentlichen Präsentation oder fährt damit fort. Auch im weiteren Verlauf sollte man nicht mehr auf die leider fehlende Technik verweisen, weil man sich damit nur selbst als einen Vortragenden darstellt, der nicht zu einem vollständig gelungenen Vortrag in der Lage ist.

Tafeln und **Flipcharts** können der ergänzenden Visualisierung dienen und z.B. für zu klärende Begriffe, Fragen und Anregungen aus dem Publikum, für Ideenlisten etc. genutzt werden. Beide Medien sollte man nicht zu voll schreiben, weil das erstens viel Zeit in Anspruch nimmt und zweitens die Schrift in der Regel zu klein ausfällt, so dass Teile des Publikums das Tafelbild nicht mehr lesen können.

6.1.3 Präsentationen diskutieren und nachbereiten

Nach dem Schlussteil der Präsentation, in dem gegebenenfalls (nochmals) auf Ergebnisse, Perspektiven, Lösungsalternativen und konkrete Empfehlungen eingegangen wurde, leitet der Präsentierende – wenn dies möglich ist – direkt von der Darstellungsphase in die so genannte Austauschphase über,[7] d.h. zum Gespräch, zur Diskussion. Das kann z.B. mithilfe einer Eröffnungsfrage geschehen, die der Redner an das Publikum stellt. Grundsätzlich sollte zu Beginn der Präsentation geklärt werden, ob Fragen schon während des Vortrags gestellt werden dürfen oder erst am Ende. Eine klar zu favorisierende Alternative gibt es nicht; beide Möglichkeiten haben Vor- und Nachteile. In der Austauschphase erhält der Präsentierende Aufschluss darüber, inwieweit er Informationen verständlich vermitteln konnte und welche Einstellungen die Zuhörer zu den präsentierten Ergebnissen und Empfehlungen haben. Eine Interaktion während oder im Anschluss an den Vortrag des Redners ist die Haupteigenschaft, die die Präsentation von einem reinen Vortrag abhebt. Umso wichtiger ist es, dass sich der Präsentierende auf eventuell aufkommende Fragen vorher gezielt vorbereitet.

---

[7]   Vgl. Hartmann, Funk und Nietmann 83ff.

Zunächst können in einer Diskussionsrunde Fragen gestellt und beantwortet werden. Dabei können sowohl Verständnisfragen gestellt als auch die Ergebnisse und Konsequenzen der Präsentation diskutiert werden. Der Vortragende kann sich also einer ganzen Anzahl kritischer Einwände gegenübersehen. Er sollte sich dementsprechend vorbereiten auf Fragen nach folgenden Punkten:

- der angewandten **Methode**,
- den gewählten **Theorien**,
- den präsentierten **Definitionen**,
- den getroffenen **Annahmen**,
- den **Gütekriterien**,
- den **nicht** beantworteten Fragen.

Dazu hat der Präsentierende idealerweise Backupfolien vorbereitet. Der Präsentierende leitet in der Regel die Diskussionsrunde. Sollte eine neutrale Person anwesend sein (z.B. ein Dozent), so kann er die Moderation übernehmen. Der Vorteil: Die Moderation durch einen Unabhängigen erlaubt eine ausgewogenere Diskussion, da der Präsentierende als Diskussionsleiter gleichzeitig auch Stellung beziehen muss und dadurch oft mehr spricht als das Publikum. Als Regeln für den Umgang mit Fragen[8] lässt sich festhalten:

- Der Präsentierende sollte geduldig der Frage zuhören.
- Nachdem man die Frage gehört hat, sollte man eine Denkpause einlegen.
- Die Frage kann, muss aber nicht wiederholt werden. Sinnvoll ist es dann, wenn man sich nicht sicher ist, ob jeder im Raum die Frage verstanden hat.
- Der Präsentierende sollte nur die gestellte Frage beantworten, nicht mehr und nicht weniger.
- Die Antworten sollten an das gesamte Publikum gerichtet werden, nicht nur an den fragenden Zuhörer.
- Der Präsentierende sollte so lange bei der Frage verharren, bis sie umfassend beantwortet ist. Gegebenenfalls ist beim Fragesteller nachzufragen, ob die Frage ausreichend beantwortet wurde.

Aus der Diskussionsrunde kann ein Frage- und Maßnahmenkatalog abgeleitet werden, der als Grundlage für die Planung der einer Präsentation folgenden Schritte dient, sei es eine schriftliche Ausarbeitung oder ein Projekt in der Praxis. Will man mit den Zuhörern in Kontakt bleiben, z.B. über eine Expertentagung hinaus, so dienen dazu:

- Versand des Präsentationsmanuskripts, des Foliensatzes, eines Handouts oder einer Seminararbeit mit der Bitte um Feedback und Verbesserungsvorschläge
- Gespräch mit einzelnen Teilnehmern der Präsentation (z.B. den Entscheidungsträgern)
- standardisierte Umfrage unter den Zuhörern

---

[8]   Vgl. Zelazny, *Say It with Presentations* 119-24, und Stickel-Wolf und Wolf 259-62.

Will man Feedback über seine Präsentationsleistung, so kann man dies am besten in zwei Schritten gewinnen: Zunächst identifiziert man im Sinne einer Selbstreflexion die Stärken und Schwächen der Präsentation. In einem zweiten Schritt spricht man mit einzelnen Teilnehmern, von denen offenes und konstruktives Feedback zu erwarten ist.[9]

6.1.4 Hintergründe guter Präsentationen

Weder Sie noch die Autoren haben erstmalig über die Fragen der Präsentation nachgedacht. Vielmehr können wir auf umfangreiche Arbeiten zurückgreifen, aus denen einige Erkenntnisse vorgestellt werden, um so ein besseres Verständnis des Präsentierens zu erreichen.

Klassische Rede (1)

Die heutigen Erkenntnisse guter Präsentationen beruhen auf einer über zwei Jahrtausende alten Auseinandersetzung mit der Redekultur, der Rhetorik[10]. Die Rhetorik ist keine einzuhaltende Vorschrift, sondern der Versuch, die immer wieder auftretenden Elemente von Redesituationen zu beschreiben und zu systematisieren. Dass sie nichts an Aktualität eingebüßt hat, zeigt dieser kleine Einblick: Auch wenn Platon einer anderen philosophischen Richtung, den Sophisten, vorwarf, die Rhetorik um ihrer selbst Willen zu betreiben und mehr dem Schein als dem Sein zu frönen, sah er gleichwohl den Wert einer präzisen Sprache, verbunden mit einer bestimmten Eloquenz. Aristoteles, Schüler Platons, systematisierte die Rhetorik, indem er die Unterscheidung zwischen formaler und informaler Argumentationsführung einführte sowie die Trennung von logischen (*logos*), emotional ansprechenden (*pathos*) und auf der Redlichkeit des Redners (*ethos*) gründenden Beweisen. Die römische Schule, allen voran Cicero, entwickelte auf den griechischen Vorbildern aufbauend die Rhetorik weiter. Demnach ist das Ziel der Rede, das Denken durch Belehren oder Beweisen zu verändern und die Hörer durch Gewinnen, Erfreuen oder Aufstacheln emotional zu bewegen. Im rhetorischen Unterricht nahm neben der theoretischen Aneignung und der Nachahmung guter Reden das praktische Üben (*declamatio*) eine herausragende Rolle ein. Das Declamatio definiert für den Redner einen Kanon von fünf Schritten:

1. **Inventio:** Inhalt der Rede, sich bewusst machen, was man sagen will
2. **Dispositio:** Anordnung der Argumente
3. **Elocutio:** Angemessene, verständliche/klare, korrekte und stilistisch-ästhetische sprachliche Gestaltung (vier Tugenden)
4. **Memoria:** Lernen
5. **Pronuntiatio:** Vortrag

---

[9] Vgl. Hartmann, Funk und Nietmann 53-56.

[10] Für eine ausführlichere Beschäftigung mit diesem Thema sind zu empfehlen (Auswahl): Gert Ueding, Hrsg. *Historisches Wörterbuch der Rhetorik*. Tübingen: Niemeyer, 1992-; Gert Ueding und Bernd Steinbrink. *Grundriß der Rhetorik. Geschichte – Technik – Methode*, 3. Aufl., Stuttgart: Metzler, 1994; William A. Covino and David A. Joliffe, eds. *Rhetoric: Concepts, Definitions, Boundaries*. Boston: Allyn and Bacon, 1995. Brian Vickers. *In Defence of Rhetoric*. Oxford: Oxford University Press, 1989.

Der Vortrag, also die tatsächliche Umsetzung der ersten vier Schritte in einer Rede, enthält vier konstituierende Teile:

1. **Exordium:** Einleitung für Aufmerksamkeit und Wohlwollen

2. **Narratio:** Schilderung des Sachverhalts

3. **Argumentatio:** Beweisführung durch Darlegung des eigenen Standpunkts (*probatio*) und Widerlegung des Gegenstandpunkts (*reputatio*) gemäß den Regeln der Logik; die Argumente können dabei nach Wichtigkeit zu- oder abnehmen, sie können teleologisch, dialektisch, analytisch oder narrativ geordnet werden.

4. **Peroratio:** Schluss für Wiederholung der Kernaussagen und Ansprache von Emotionen

Diese Traditionen der Rhetorik sind bis heute erhalten. Sie prägen (gute) Reden in der Politik wie in anderen Öffentlichkeiten und damit die Wirkung des gesprochenen Worts.

Vier Ebenen einer Präsentation (2)

Aus der modernen Kommunikationsforschung stammt die Erkenntnis, dass eine Präsentation auf vier Ebenen abläuft, die nachfolgend stichwortartig vorgestellt werden:[11]

Inhaltsebene (1)

Damit wird Folgendes angesprochen:

- Wissenschaftstheoretische und methodische Aspekte: wissenschaftstheoretische Begründung, Bedeutung des Erkenntniszuwachses, Beitrag zur Grundlagenforschung bzw. Relevanz für die Praxis, Einordnung in einen größeren Zusammenhang, wissenschaftstheoretisch begründetes Vorgehen, fundierte und interessante Hypothesengenerierung, Validität und Verlässlichkeit der Untersuchungsmethoden
- Theoretische Aspekte: Forschungsstand, Interdisziplinarität, theoretische Tiefe
- Begrifflichkeit, Argumentation

Diskursebene (2)

Damit wird Folgendes angesprochen:
- Themenabgrenzung
- Aufgabenbegründung
- Logik
- Qualität der Argumentation
- Stilsicherheit
- Eigenständigkeit

---

[11] Friedemann Schulz von Thun, *Miteinander Reden*, Bd. 1. (Reinbek bei Hamburg: Rowohlt, 1981/1990) 14.

Sprachebene (3)

Damit wird Folgendes angesprochen:

■ Sprachniveau, insbesondere Fachsprache

■ Verständlichkeit

■ Sprachliche Logik der Textteile (Bezüge, Rhythmus etc.)

Formebene (4)

Damit wird Folgendes angesprochen:

■ Formaler Aufbau

■ Wissenschaftliche Verankerung (Zitate, Referenzen, Anmerkungen, Verzeichnisse)

■ Visuelle Gestaltung

■ Vortrag

Nutzen Sie diesen Kriterienkatalog (vgl. Kapitel 5) für Ihre Präsentation.

6.2   Verständlich visualisieren

Die Verständlichkeit so mancher Präsentation hängt maßgeblich von der Visualisierung der Daten bzw. Informationen in Bildern ab. Weil eine entsprechende Visualisierung in der heutigen Welt vielfältiger Medienerfahrungen aus Fernsehen, Zeitungen, Zeitschriften und dem Internet besonders anspruchsvoll und gleichzeitig in den wirtschafts- und sozialwissenschaftlichen Arbeitsgebieten in Wissenschaft und Praxis sehr üblich ist, wird dies nachfolgend vertieft. Dabei lassen sich drei Typen von Visualisierungen unterscheiden: Text (6.2.1), Konzept (6.2.2) und quantitative Zusammenhänge (6.2.3). Für alle gelten die Regeln einer Präsentation als Ganzes (6.2.4).

6.2.1   Gestalten von Textfolien

Textschaubilder helfen dem Zuhörer, den Gedankengang zu gliedern. Die Strukturierung der Gedanken fördert bei komplexen, qualitativen Zusammenhängen die Verständlichkeit. Textfolien bieten sich bei einer logischen Reihe von Gedanken an. Sie können Zusammenhänge herausstellen und einzelne Kernaussagen bekräftigen. Textfolien eignen sich am besten für:

■ Agenden

■ Zusammenfassungen

■ Aufzählungen

■ Gegenüberstellungen von Vor- und Nachteilen

■ Hervorhebungen von Kernaussagen

■ Empfehlungen

Folgende Faustregeln für die Gestaltung von Textfolien haben sich als sinnvoll erwiesen:[12]

- **Übersichtlichkeit**: so wenig wie möglich, keine „Spielchen", so klar strukturiert wie möglich.

- **Lesbarkeit**: Schriftgröße mindestens 16 Punkt, der Kontrast muss möglichst groß sein, beste Lesbarkeit ist bei schwarzer Schrift auf weißem Hintergrund oder heller Schrift auf dunklem Hintergrund gegeben.[13]

- **Schrifttype**: Einsatz nur einer Schriftart, Variation mittels verschiedener Schriftschnitte (fett, kursiv, unterstrichen), einfache Schriftarten, wie sie im Fließtext gebräuchlich sind, keine Auszeichnungsschriften verwenden.

- **Farbgestaltung**: eher spärlicher Umgang mit Farbe, Wahl eines kontrastreichen Farbkonzepts.

- **Überschriften**: Sie bilden einen Sinnzusammenhang, der auf der Folie dargestellt wird. Dabei sind aktiv formulierte Aussagetitel, so genannte *action titles*, besonders hilfreich, z.B. „den Innovationsprozess mittels Kreativitätstechniken gestalten" oder „organisationale Schwächen beseitigen"; allenfalls eignen sich auch Stichwörter als Titel wie: „Innovationsprozess" oder „organisationale Schwächen".

- **Einheitliches Layout**: Um der Präsentation einen Rahmen zu geben und die Übersichtlichkeit zu verbessern, sollten die wiederkehrenden Elemente in der gesamten Präsentation gleich aussehen. Hierzu kann ein so genannter Folienmaster angelegt werden, der das Format von Überschriften, Logo, Platz für Textkörper, Seitenzahl und Veranstaltungsdatum vordefiniert. Der Folienmaster sollte möglichst Platz sparend angelegt werden, um genügend Raum für die Gestaltung der einzelnen Folien zu haben. Ziel ist eine ästhetisch ansprechende Unterstützung Ihrer Aussage.

- **Sprache**: dem Adressatenkreis angemessen.

Zunächst visualisiert der Gestalter die Informationen in einer ausführlichen Variante. Um in einem zweiten Schritt größtmögliche Verständlichkeit zu erzielen, wird aus der Langvariante, die dem Präsentierenden als Manuskript dienen und an das Publikum als Handout abgegeben werden kann, eine Kurzversion „herausdestilliert"[14]:

- Informationen, die vorgetragen werden, werden in der Kurzversion von solchen getrennt, die gezeigt werden.

- Die Aussagen werden auf Stichwörter oder kurze Sätze (sechs und weniger Wörter) reduziert.

Durch die Reduktion der Folieninhalte sind dem Präsentierenden – wie aufgeführt – größere Freiheiten gegeben: Er kann Zusammenhänge besser elaborieren und Informationen – je nach Bedarf – während des Vortrags stärker oder schwächer gewichten. Generell sollten Textfolien daher plakativ gestaltet und verständlich aufgebaut sein. Es gilt: Weniger ist mehr. Die Folien sollten nicht überfüllt werden und es sollten nicht zu viele Folien sein.

---

[12] Vgl. Hartmann, Funk und Nietmann 116 und Stickel-Wolf und Wolf 248f.

[13] Für eine Abstandstabelle siehe Zelazny, *Say It with Presentations* 82.

[14] Vgl. Zelazny, *Say It with Presentations* 77.

Um komplexe Zusammenhänge verständlich darzustellen, reicht manchmal die Informationsreduktion allein nicht aus. Dann kann es sinnvoll sein, Textfolien in Konzeptschaubildern darzustellen. Diese konzeptionellen Visualisierungen werden im folgenden Abschnitt eingehender behandelt.

6.2.2 Darstellen konzeptioneller Zusammenhänge

Um bestimmte Zusammenhänge einprägsam zu visualisieren, bieten sich Konzeptschaubilder an, z.B. für Wechselwirkungen, Interaktion, Hindernisse oder Hebelwirkung. Während bei Textschaubildern und bei quantitativen Zusammenhängen die Gestaltungsmöglichkeiten begrenzt sind und mehr Vorgaben gelten, bietet die Visualisierung konzeptioneller Zusammenhänge Freiraum. Die hier vorgestellten Schaubilder dienen als Ideensammlung. Es werden lediglich einige wenige „Basisversionen" vorgestellt, die vom Gestalter nach Belieben variiert werden können. Eine ausführliche Sammlung findet sich bei Zelazny.[15]

Ein Konzeptschaubild sollte immer beschriftet werden. Auch für diese Kategorie von Visualisierungen gilt: Einfacher ist besser, weniger ist mehr! Visualisierungen sollen lediglich dem Verständnis des Betrachters – also des Publikums – dienen. Der Gestalter sollte bei der Visualisierung verschiedene Schaubildvarianten austesten und dann die verständlichste Variante umsetzen. Es folgen zwölf Typen für die graphische Aufbereitung konzeptioneller Zusammenhänge:

Einflusskräfte	Gliederung/Prozess	Vertikaler Verlauf
Kreislauf	Wechselwirkung	Kursänderung

Abbildung 6.1: Konzeptionelle Zusammenhänge als Bilder

---

[15] Vgl. Gene Zelazny, *Wie aus Zahlen Bilder werden: Der Weg zur visuellen Kommunikation* (Wiesbaden: Gabler, 1999) 163ff.

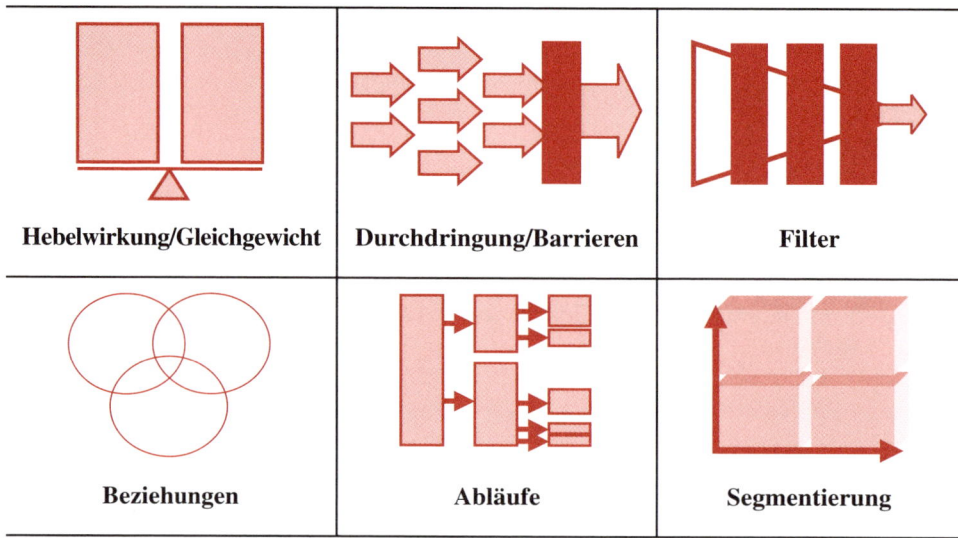

Abbildung 6.1:   Konzeptionelle Zusammenhänge als Bilder *(Forts.)*

In der Betriebswirtschaftslehre sind Segmentierungen in Form so genannter Portfolios eine beliebte Form der Darstellung. Im Grunde sind Portfolios nichts anderes als eine einfache Form der Tabelle bzw. einer Matrix. Die einfachste Form sind 2x2-Portfolios, hier am Beispiel der BCG-Matrix:

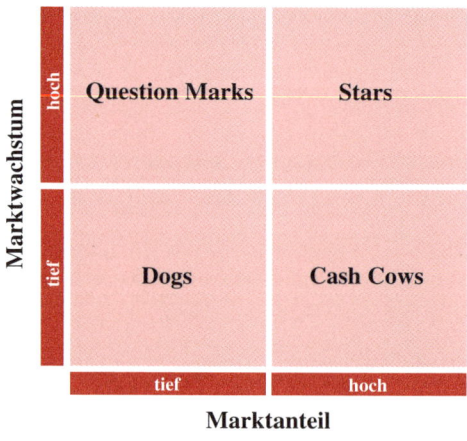

Abbildung 6.2:   Portfolio

Dieses Portfolio dient der Klassifizierung von Produkten respektive Geschäftseinheiten nach Marktwachstum und Marktanteil, wobei vier Typen mit griffigen Titeln, „Dogs", „Stars" etc., geschaffen wurden.[16]

---

[16]   Bruce Hedley, „Strategy and the business portfolio", *Long Range Planning* 10 (1977): 9-15.

6.2.3 Umsetzen von quantitativen Daten in Graphiken

Wir folgen dem hier eingesetzten Schema, um für die Daten die passende Schaubildform zu finden:[17]

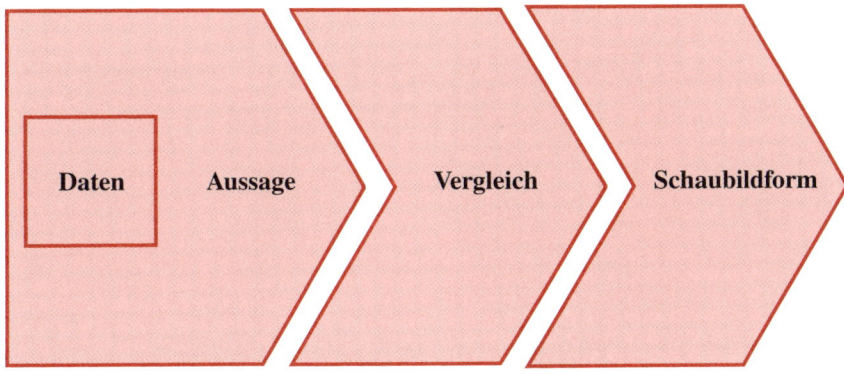

Abbildung 6.3: Von den Daten zum richtigen Schaubild

Bevor Sie an die graphische Umsetzung Ihres Datenmaterials gehen, sollten Sie sich bewusst machen, wie Ihre Daten beschaffen sind. Unterscheiden Sie zwischen abhängigen und unabhängigen Elementen:

Von **unabhängigen Elementen** spricht man, wenn sie in Bezug auf die restlichen Daten fixiert sind oder einen wohl definierten Maßstab bilden. Gemeint sind stabile Größen wie Länder, Orte, Konzepte etc. oder veränderliche Größen wie Zeit, Temperatur oder Entfernung, von denen die Wirkung ausgeht. Diese unabhängigen Elemente bilden den **Beobachtungsrahmen**.

Abhängige Elemente ändern sich durch die unabhängigen Elemente. Sie reagieren auf externe Einwirkungen. Abhängige Elemente sind die **zur Beobachtung stehenden Variablen**.

Beispiele:

1. Verglichen werden die Arbeitslosigkeitsraten in der Schweiz, Italien, Deutschland und den Niederlanden. Die vier Länder sind die unabhängigen Elemente, die Arbeitslosenzahlen sind abhängig: Die Zahlen beziehen sich auf die unabhängigen Fälle der Länder.

2. Beobachtet werden die Wachstumsraten des Bruttoinlandsprodukts in der Schweiz von 1990 bis 2000. Die Jahre von 1990 bis 2000 dienen als Zeitmaßstab und sind unabhängig. Die Wachstumsraten sind von den Jahren abhängig.

---

[17] Nach Zelazny, *Wie aus Zahlen Bilder werden* 20.

Wenn Sie wissen, welche Daten Sie kommunizieren wollen, stellt sich die Frage, auf welche Aussage Sie Wert legen. Hier ein einfaches Beispiel von Zelazny,[18] wie man aus einer einfachen Tabelle völlig unterschiedliche Informationen gewinnen kann:

Umsatzstruktur für Januar nach Regionen		
	Unternehmen A	Unternehmen B
Nord	13%	39%
Süd	35%	6%
Ost	27%	27%
West	25%	28%

1. Unternehmen A und B haben eine unterschiedliche Umsatzstruktur.

2. Die regionalen Umsatzschwerpunkte liegen bei Unternehmen A anders als bei Unternehmen B.

3. Unternehmen A hat den höchsten Anteil im Süden, Unternehmen B im Norden; oder: Unternehmen A ist am schwächsten im Norden, Unternehmen B im Süden.

4. Den höchsten Umsatzanteil hat Unternehmen A im Süden, wo Unternehmen B am schwächsten ist.

5. Im Süden hat Unternehmen A einen deutlichen Vorsprung vor B; im Osten und Westen sind die beiden gleichauf; im Norden ist A gegenüber B im Rückstand.

Je nach Aussage werden Sie eine andere Darstellung wählen müssen! Wenn Sie Ihre Aussage gefunden haben, teilen Sie dem Publikum die Aussage mit, indem Sie einen entsprechenden Titel finden. Anstelle eines Stichworttitels verwenden Sie einen Aussagetitel:

Stichworttitel: Verlauf des indischen Bevölkerungswachstums

Aussagetitel: **Die indische Bevölkerung hat sich verdreifacht**.

Stichworttitel: Bakterienwuchs je Petrischale

Aussagetitel: **In Schale E liegt das Wachstum weit zurück.**

Stichworttitel: Anteile der Divisionen an Entwicklungsausgaben

Aussagetitel: **Auf die Spezialchemie entfallen 45% der Entwicklungsausgaben.**

Ihre Aussage können und sollten Sie, wenn möglich, durch Vergleiche qualifizieren. Es gibt fünf verschiedene Vergleichstypen:

---

[18]   Vgl. Zelazny, *Wie aus Zahlen Bilder werden* 22ff.

Strukturvergleich

Der Strukturvergleich befasst sich mit der Aufteilung einer Gesamtheit. Es geht immer um Anteile bzw. Prozent der Gesamtmenge.

Beispiele:

1. 6% der Studierenden stammen aus Österreich.

2. 10% der Neugründungen sind Spin-offs von Universitäten.

3. Zwei von drei Kunden bestellen per Telefon oder Fax.

Rangfolgevergleich

Einzelne Werte werden gegeneinander gestellt und verglichen. Sie können kleiner, größer, besser, schlechter oder etwa gleich sein. In jedem Fall wird eine Rangordnung aufgestellt.

Beispiele:

1. Bei Produkt A gab es die meisten Garantiefälle, während Produkte B und C weniger Rücklauf hatten.

2. Im Vergleich mit den direkten Konkurrenten liegen wir mit unserer Dividendenrendite an dritter Stelle.

3. Das Betreuungsverhältnis Professoren/Studierende ist an allen Universitäten des Landes etwa gleich groß.

Zeitreihenvergleich

Der Zeitreihenvergleich ist die meistverwandte Beziehung. Es wird die Entwicklung von Werten über einen bestimmten Zeitraum betrachtet. Sie können steigen, fallen oder stagnieren.

Beispiele:

1. Die Anzahl der Sinologie Studierenden sank von 1980 bis 2000 kontinuierlich.

2. Trotz der Bemühungen zur Gewichtsreduktion steigt das Durchschnittsgewicht der produzierten Autos seit zehn Jahren an.

3. Die Population des Rotmilans ist seit 1990 starken Schwankungen unterworfen. Ein Trend ist nicht zu erkennen.

Häufigkeitsvergleich

Im Häufigkeitsvergleich wird eine Menge von Ereignissen in verschiedene Klassen unterteilt und ihre Anzahl angegeben.

Beispiele:

1. Innerhalb der ersten zwei Wochen erfolgen die meisten Stornierungen.

2. Jeder zehnte Studierende ist jünger als 22 Jahre, immerhin 20% sind älter als 30 Jahre.

3. In der Altersstruktur der Zuschauer sind zwischen den beiden TV-Sendern deutliche Unterschiede erkennbar.

Korrelationsvergleich

Der Korrelationsvergleich zeigt, ob zwischen zwei Variablen Abhängigkeiten bestehen. In seiner einfachen Form wird von einem linearen Zusammenhang ausgegangen – wenn Wert A steigt, steigt auch Wert B in einem gewissen, konstanten Verhältnis.

Beispiele:

1. Mit zunehmendem Alter steigt das Herzinfarktrisiko.

2. Je höher das Einkommen unserer Kundinnen und Kunden, desto teurere Produkte wählen sie.

3. Zwischen dem Alter unserer Außendienstmitarbeiter und dem erzielten Umsatz besteht kein Zusammenhang.

	Strukturen Anteile an einem Ganzen	**Rangfolgen** Reihung und Positionierung von Objekten	**Zeitreihen** Veränderungen über die Zeit	**Häufigkeiten** Häufigkeiten in Grössenklassen	**Korrelationen** Beziehungen zwischen Variablen
Beschreibung	Anteil einzelner Komponenten am Ganzen • Gewinnanteil • Marktanteil • Umsatzanteil • Prozentsatz	Wertende Gegenüberstellung einzelner Objekte • Position • Größe • Dauer • Volumen ...	Veränderungen im periodischen Zeitverlauf (Wochen, Monate, Jahre) • Steigerung • Stagnation • Rückgang	Häufigkeit in verschiedenen, aufeinander folgenden Größenklassen • Verteilung • Häufigkeit • Bereich	Bestehen Beziehungen/Zusammenhänge zwischen Variablen? • Veränderung • Variation • Zusammenhang
Indikatoren	Wachsen, Steigen, Fallen, Sinken, Schwanken, Zunehmen, Verändern	Erster ..., Liegt vor/nach ..., x-ter von ..., Gleichauf mit ..., Größer als ..., Kleiner als ..., Mehr/weniger ..., Liegt zwischen/über/unter	x% von ..., Anteil ..., Ein Zehntel der/von, Der überwiegende Teil ..., Der kleinste/größte Teil ...	Verteilt sich in ..., ... im Bereich x-y, in Konzentration von ..., am höchsten/niedrigsten von ..., Die meisten/wenigsten in ...	Variiert (nicht) mit, Steigt (nicht) mit ..., entwickelt sich parallel zu ..., Relativ zu ..., Abhängig/unabhängig von ...

Diese Qualifikationen Ihrer Aussagen durch Vergleiche lassen sich visualisieren, wobei es wiederum fünf verschiedene Typen von Schaubildern gibt[19]:

| Kreis-
diagramm | Balken-
diagramm | Säulen-
diagramm | Kurven-
diagramm | Punkte-
diagramm |

Abbildung 6.4:   Typen von Schaubildern

---

[19]   Vgl. Zelazny, *Wie aus Zahlen Bilder werden: Der Weg zur visuellen Kommunikation* 33.

Nicht zu jedem Vergleich passt jedes Schaubild. Die folgende Tabelle nimmt eine Zuordnung vor:[20]

Abbildung 6.5: Zuordnung Schaubild – Vergleich

Anhand der Zuordnung durch die Tabelle stellen wir beispielhaft für die verschiedenen Vergleichstypen einige Umsetzungen in Schaubilder dar:

Strukturvergleich graphisch

Das Kreisdiagramm ist das ideale Einsatzgebiet für den Strukturvergleich.

Der Kreis ist ein Ganzes und in unterschiedlich große Segmente geteilt.

Fast jede zweite Baumnuss aus Dulumbaya!

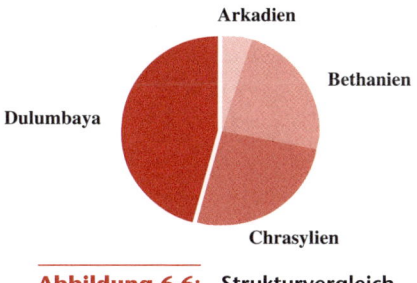

Abbildung 6.6: Strukturvergleich

---

[20] Adaptiert von Zelazny, *Wie aus Zahlen Bilder werden: Der Weg zur visuellen Kommunikation* 37.

Heben Sie den wichtigsten Sektor heraus (z.B. durch eine dunklere Farbe oder durch „Herausbrechen" aus dem Kreis) und stellen Sie nicht mehr als sechs Kreisstücke dar. Falls Ihre Daten differenzierter sind, fassen Sie kleinere Anteile als „Sonstiges" zusammen.

Zwei Regeln sollte man bei der Anwendung von Kreisdiagrammen beachten:

1. Sie sind nur dann anwendbar, wenn wenige Teile in ihrer Summe die Gesamtheit (100%) ergeben.

2. Spielereien wie geschichtete Pyramiden, dreidimensionale Torten, Würfel und Ähnliches irritieren bei der Abschätzung der Größen. Bleiben Sie beim einfachen Kreis!

Zwei Gesamtheiten lassen sich besser mit Säulen darstellen:

Abbildung 6.7:   Strukturvergleich in Säulenform

Rangfolgevergleich graphisch

Rangfolgen lassen sich am besten durch Balkendiagramme darstellen. Die Varianten sind vielfältiger, als man im ersten Augenblick denkt:[21]

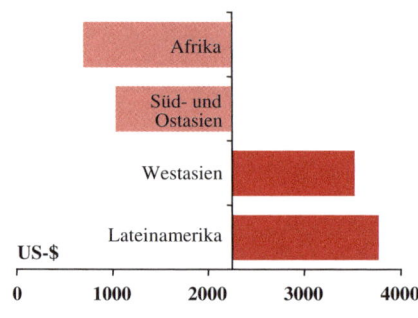

Abbildung 6.8:   Rangfolgevergleich

Zeitreihenvergleich graphisch

Zeitreihen lassen sich durch Säulen oder Kurvendiagramme darstellen. Für wenige Punkte, z.B. sechs Jahreszahlen, ist das Säulendiagramm gut geeignet, viele Punkte, z.B. viele Tage, Monate etc., werden am besten in einem Kurvendiagramm gezeigt.

---

[21]   Weitere Varianten finden Sie bei Zelazny: *Wie Aus Zahlen Bilder werden* 44.

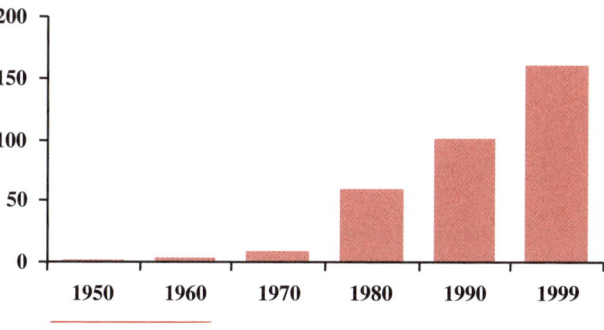

Abbildung 6.9: Zeitreihen im Säulendiagramm

Gut geeignet sind Kurvendiagramme, wenn man die Entwicklung mehrerer Werte vergleichen will.

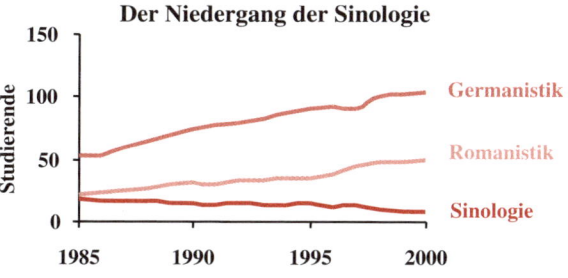

Abbildung 6.10: Zeitreihen im Kurvendiagramm

Häufigkeitsvergleich graphisch

Hier kommen typischerweise Häufigkeitssäulen („Histogramme") zur Anwendung:

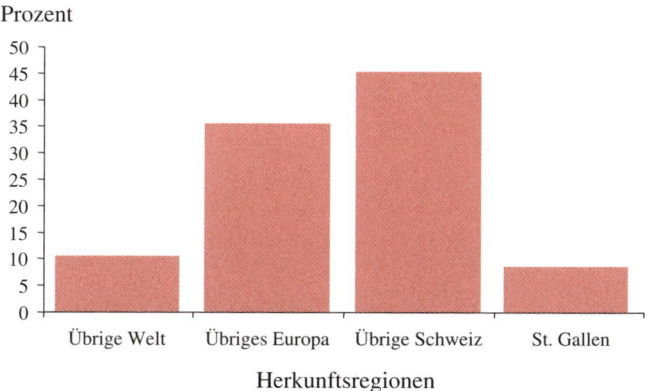

Abbildung 6.11: Häufigkeitsvergleich

Korrelationsvergleich graphisch

Korrelationen kann man durch ein Punktediagramm darstellen: Auf den Achsen sind die Variablen aufgetragen, deren Zusammenhang untersucht werden soll. Wenn ein perfekter positiv-linearer Zusammenhang gegeben wäre, lägen alle Punkte auf einer gedachten Linie, die vom Achsenkreuz nach rechts oben zeigt. Eine „Wolkenbildung" um diese Ideallinie deutet auf einen Zusammenhang hin, eine chaotische Verteilung lässt – so wie hier – keinen Zusammenhang erkennen:

Zwischen der Veränderung des Aktienkurses und der Entwicklung des Bonuses besteht kein Zusammenhang

Abbildung 6.12: Korrelationsvergleich

Texttabellen

Texttabellen können in konziser Form systematische Sachverhalte aufzeigen.[22]

Vergleich von Tabellen, Balkendiagrammen und Grafen

	Präzision	**Rhetorische Wirkung**	**Ausdruck**
Tabellen	Hoch	objektiv	deskriptiv
Balkendiagramme	Tief	objektiv/subjektiv	deskriptiv/narrativ
Grafen	Tief	subjektiv	narrativ

Die Gefahr bei Texttabellen ist die Neigung zum Vereinfachen. Sachverhalte, die weniger eindeutig als in diesem Beispiel sind, erläutert man besser im Text.

---

[22]   Vgl. Booth, Colomb and Williams 241ff.

Formale Regeln für Schaubilder

- Beschriften Sie Achsen und Daten genau und geben Sie immer die Einheiten an.

- Nummerieren Sie graphische Darstellungen und Tabellen separat.

- Werten Sie jede Graphik oder Tabelle im Text bzw. in Ihrem Vortrag explizit aus. Graphiken oder Tabellen sollen das, was Sie in Ihrem Text oder Vortrag ausführlich sagen, begleiten und visualisieren, aber niemals ersetzen.

- Wenn Sie die Graphik in einen Text einbinden: Positionieren Sie Graphiken und Darstellungen möglichst nahe an der Textstelle, auf die sie sich bezieht.

6.2.4   Die Präsentation als Ganzes gestalten

Die in diesem Kapitel gewonnenen Erkenntnisse werden nun nachfolgend exemplarisch an einer aus dem studentischen Kontext stammenden Präsentation verdeutlicht.

Ausgangspunkt ist die Definition eines **Masters** in Ihrem Präsentationsprogramm. Im Master werden die wichtigsten Formatierungen für die gesamte Präsentation festgelegt. Dies sind:

- Titelbereich
- Objektbereich
- Schriftart
- Schriftgröße
- Überschriften (Ebenen, Einzüge, Hervorhebungen)
- Kopf- und Fußzeilen
- Bildmarken
- Hintergrundbilder

Wenn Sie über die nötigen Fähigkeiten verfügen, können Sie die Master selbst erstellen. Wir empfehlen Ihnen als Alternative, die von der Software angebotenen Vorlagen oder Ihnen z.B. von der Universität zur Verfügung gestellte professionelle Master zu verwenden.

Titelfolie

Die erste Folie ist die **Titelfolie**. Die Titelfolie enthält als wichtigste Botschaft den eigentlichen Präsentationstitel, das Datum sowie die Angaben zu den Präsentierenden, also Name und Vorname, eventuell Funktion oder Institution (Firma, Institut, etc.). Daneben kann diese Folie eine Bildmarke oder noch einen Untertitel beinhalten.

Agenda

Auf die Titelfolie folgt die **Agenda**. Die Agenda ist die Richtschnur, welche dem Auditorium den Aufbau und die Struktur der Präsentation vermittelt, wobei sprechende Titel für die in Klammern aufgeführten exemplarischen Punkte zu verwenden sind. Die Agenda enthält allerdings nur die wichtigsten Eckpunkte der Präsentation und sollte übersichtlich gestaltet sein, d.h. nicht mehr als zwei Gliederungsebenen enthalten. Daneben kann die Agenda auch über die geplante Dauer der Präsentation Auskunft geben. Es ist wichtig, dass schon die Agenda ein vernünftiges Zeitmaß für die Vermittlung der Präsentationsinhalte vorgibt. Bei längeren Präsentationen können Sie die Agenda zur Orientierung und Ankündigung eines neuen Abschnitts wiederholt einsetzen.

Inhaltsfolien gestalten Sie nach den unter 6.2 aufgestellten Regeln. Achten Sie dabei insbesondere auf Übersichtlichkeit, strukturierte Argumentationsführung und Konsistenz. Neben Textfolien eignen sich dabei Schaubilder und Text/Grafik-Kombinationen.

Beschränken Sie sich auf die Kernaussagen und planen Sie mindestens zwei Minuten Sprechzeit pro Folie ein.

6.3   Checkliste

6.3.1   Wirkungsvoll präsentieren

■ **Die Präsentation konzipieren**

1. Adressatenanalyse

   – Welche Interessen, Einstellungen und Reaktionen sind von Ihrem Publikum zu erwarten?
   – Welches Vorwissen haben die Zuhörer? Welche Relevanz hat das Thema für sie?
   – Auf welcher Ebene soll das Publikum angesprochen werden?

2. Zielfestlegung

   – Welche Ziele wollen Sie mit Ihrer Präsentation erreichen?
   – Handelt es sich um eine informationsorientierte oder eine überzeugungsorientierte Präsentation?

3. Situationsanalyse
   - Timing: Haben Sie die für die Präsentation zur Verfügung stehende Zeit eingeteilt?
   - Medienwahl: Welche Medien eignen sich für die Erreichung des Präsentationsziels am besten?
   - Räumliche Rahmenbedingungen: Haben Sie die Grenzen und räumlichen Gegebenheiten bei der Konzeption der Präsentation berücksichtigt?

4. Struktur

   Einleitung:
   - Wie können Sie die Aufmerksamkeit des Publikums für Ihre Präsentation gewinnen?
   - Wie informieren Sie das Publikum über das weitere Vorgehen?

   Hauptteil:
   - Welche Untergliederung ist die sinnvollste, um die Inhalte logisch zu strukturieren und stringent zu argumentieren?
   - Welcher Ablaufplan sollte gewählt werden, um das Präsentationsziel zu erreichen?
   - Wie sind die einzelnen Argumente anzuordnen?

   Schluss:
   - Welches sind die Kernaussagen, die Sie zusammenfassen wollen?
   - Welche Handlungsempfehlungen und Lösungsalternativen wollen Sie vorstellen?
   - Greifen Sie Leitfragen auf und leiten Sie über in die Diskussion!

■ **Die Präsentation durchführen**

1. Haltung
   - Bringen Sie dem Publikum Respekt entgegen: Die Zuhörer stehen im Mittelpunkt Ihres Vortrags, nicht Sie!
   - Bereiten Sie die Präsentation gut vor, um begründetes Selbstvertrauen zu erlangen.

2. Verhalten
   - Sprechen Sie deutlich, laut und natürlich.
   - Sprechen Sie zum Publikum.
   - Schöpfen Sie den ganzen Stimmbereich aus.
   - Stecken Sie nie die Hände in die Hosentasche, verteilen Sie das Gewicht auf beide Beine.
   - Geben Sie sachliche Fehler zu und bedanken Sie sich beim Zuhörer für die Richtigstellung.

3. Umgang mit der Technik
   - Overheadfolien: Fügen Sie beim Folienwechsel gedankliche Pausen ein.
   - Anstatt mit dem Finger auf einen Punkt zu deuten, nutzen Sie Zeigeinstrumente.
   - Beamer: Testen Sie Beamer und Laptop rechtzeitig vor Präsentationsbeginn auf Funktionstüchtigkeit. Haben Sie immer eine Alternativlösung (z.B. Overheadfolien) parat.

■ **Die Präsentation diskutieren und nachbereiten**

1. Leiten Sie noch am Ende des Vortrags zur offenen Diskussion über.

2. Moderieren Sie die Frage- und Antwortrunde im Anschluss an die Präsentation gegebenenfalls selbst.

3. Bereiten Sie sich gezielt auf eventuelle Fragen vor.

4. Halten Sie Backupfolien mit Hintergrundinformationen bereit.

6.3.2 Verständlich visualisieren

■ **Gestalten von Textfolien**

– Halten Sie Ihre Folien übersichtlich: keine Spielereien!
– Die Schriftgröße sollte 16 Punkt nicht unterschreiten. Ideal sind 24 Punkt.
– Setzen Sie nur eine, möglichst lesbar geschnittene, Schriftart ein. Vermeiden Sie Auszeichnungsschriftarten.
– Gehen Sie sparsam mit Farbe um. Verwenden Sie kontrastreiche Farben!
– Wählen Sie Aussagetitel. In manchen Fällen eignen sich auch Stichworttitel.
– Verwenden Sie ein einheitliches Layout, dem Sie in der gesamten Präsentation folgen.
– Passen Sie Ihre Texte dem Adressatenkreis an.
– Destillieren Sie eine Kurzversion aus der ausführlichen Variante heraus: Trennen Sie Informationen, die nur vorgetragen werden von solchen, die ebenfalls gezeigt werden.

■ **Darstellen konzeptioneller Zusammenhänge**

– Beschriften Sie Konzeptschaubilder immer.
– Wählen Sie eingängige, leicht verständliche Schaubilder, die sich intuitiv erschließen.

■ **Umsetzen von quantitativen Daten in Grafiken**

– Unterscheiden Sie abhängige von unabhängigen Elementen.
– Welche Daten wollen Sie kommunizieren?
– Welche Aussagen und Schlüsse sollen visualisiert werden?
– Finden Sie das passende Schaubild zum zu visualisierenden Vergleich.

6.4 Literatur

Booth, Wayne C., Gregory G. Colomb, and Joseph M. Williams. *The Craft of Research. Chicago Guides to Writing, Editing, and Publishing*. Chicago: University of Chicago Press, 1995.

Covino, William A. and Brian Vickers. *In Defence of Rhetoric*. Oxford: Oxford University Press, 1989.

Hall, G.: „Aufbau einer wissenschaftlichen Veröffentlichung". *Publish or Perish*. Hrsg. G.M. Hall. Bern: Hans Huber, 1998, 9-14.

Hartmann, Martin, Rüdiger Funk und Horst Nietmann. *Präsentieren: Zielgerichtet und Adressatenorientiert*. 3. Aufl., Weinheim und Basel: Beltz, 1995.

Hedley, Bruce. „Strategy and the business portfolio". *Long Range Planning* 10 (1977), 9-15.

Joliffe, David A. ed. *Rhetoric: Concepts, Definitions, Boundaries*. Boston: Allyn and Bacon, 1995.

Minto, Barbara. *The Pyramid Principle: Logic in Writing and Thinking*. 3rd ed. London: Financial Times Prentice Hall, 2002.

Püttjer, Christian und Uwe Schnierda. *Optimal Präsentieren: So Überzeugen Sie mit Körpersprache*. Frankfurt/New York: Campus, 2001.

Schulz von Thun, Friedemann. *Miteinander reden*. Bd. 1. Reinbek bei Hamburg: Rowohlt, 1981/1990.

Stelzer-Rothe, Thomas. *Vortragen und Präsentieren im Wirtschaftsstudium: Professionell Auftreten in Seminar und Praxis*. Berlin: Cornelsen, 2000.

Stickel-Wolf, Christine und Joachim Wolf. *Wissenschaftliches Arbeiten und Lerntechniken*. 2. Aufl. Wiesbaden: Gabler, 2002.

Zelazny, Gene. *Say It with Presentations: How to Design and Deliver Successful Business Presentations*. New York: McGraw-Hill, 2000.

---. *Wie aus Zahlen Bilder werden: Der Weg zur visuellen Kommunikation*. 5. Aufl. Wiesbaden: Gabler, 1999.

Ueding, Gert, Hrsg. *Historisches Wörterbuch der Rhetorik*. Tübingen: Niemeyer, 1992-.

Ueding, Gert und Bernd Steinbrink. *Grundriß der Rhetorik. Geschichte, Technik, Methode*, 3. Aufl. Stuttgart: Metzler, 1994.

Kapitel

7 Lernen und Lerntechniken

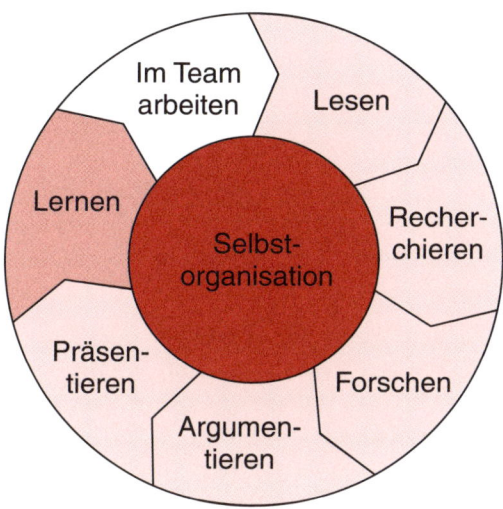

„Der Reihe von Büchern, die Lernen zum Gegenstand haben, ein weiteres hinzuzufügen, bedarf einer Rechtfertigung", so beginnt Gerhard Steiner die Einleitung zu seinem Buch „Lernen".[1] Und er hat Recht damit: Es gibt einen gewaltigen Literaturapparat zum Thema Lernen. Wie rechtfertigt sich also das vorliegende Kapitel?

Es soll primär dazu dienen, ansatzweise die nützliche Erkenntnis zu vermitteln, wie leicht erfolgreiches Lernen zu lernen ist. Einige wenige zentrale Konzepte werden in aller Kürze vorgestellt und es wird auf einer sehr pragmatischen Ebene geklärt, was die Tätigkeit „Lernen" bedeutet und welche individuellen Entfaltungsmöglichkeiten Lernen erlaubt. Im Wesentlichen handelt es sich um eine Starthilfe, um einen Denkanstoss. Zu Beginn geht es um die inneren Voraussetzungen bei der lernenden Person (7.1), anschließend um die Planungsmethode (7.2). Danach wird kurz ein idealtypischer Lernprozess skizziert (7.3), dem Literaturempfehlungen (7.4) folgen.

Wenn wir über das Lernen sprechen, so sind Lernen und Lernmanagement zu differenzieren. Das gezielte Gestalten des eigenen Lernprozesses stellt eine völlig andere Aufgabe dar als die originäre Tätigkeit des Lernens selbst. Wenn wir uns Gedanken über den opti-

---

[1] Gerhard Steiner, *Lernen. 20 Szenarien aus dem Alltag*, 2. Aufl. (Bern/Göttingen/Seattle/Toronto: Huber, 1996) 8.

malen Lernverlauf machen und beispielsweise Lernpläne erstellen, so erfüllen wir klassische Managementaufgaben, sind quasi Manager gegenüber uns selbst, daher auch der Begriff „Selbstmanagement". Wenn wir aber dann tatsächlich über den Büchern sitzen und uns mit einer einzelnen Aussage, Theorie oder Interpretation befassen, finden wir uns in der Rolle eines „ausübenden Organs" wieder; bei der Einhaltung von Lernplänen müssen wir Regeln befolgen, die wir zuvor selbst (als Manager) aufgestellt haben. Diese beiden Rollen müssen auseinander gehalten werden.[2]

7.1   Innere Voraussetzungen

7.1.1   Motivation

Wenn wir lernen, dann tun wir das aus bestimmten Gründen: Etwas treibt uns an oder, wie Kugemann und Gasch ausführen, wir haben ein Motiv: „Für das Lernen, aber auch für alle anderen Handlungen von Menschen ist es wichtig, aus welchen Gründen das geschieht und welche Wünsche und Bedürfnisse dahinter stehen. Die Wissenschaft fasst das unter dem Begriff ‚Motive' zusammen."[3]

Motiviert sein heißt eigentlich nichts anderes, als in irgendeiner Form Interesse daran haben, den Lernstoff aufzunehmen. Und dieses Interesse kann, muss aber nicht notwendigerweise fachlicher Natur sein. Für manche Fächer lernt man gerne (der Gehalt des Stoffgebiets an sich motiviert) und für manche weniger gerne. Die Prüfungen will man aber auch in den ungeliebten Fächern bewältigen (hier motiviert eher die Makroperspektive, z.B. die Aussicht auf den erstrebten Abschluss). Es lässt sich unschwer feststellen, dass es offenbar zwei Sorten von Motivation gibt.

Im Idealfall liegt die so genannte **intrinsische Motivation** vor. Das ist dann der Fall, „wenn eine Person eine Handlung um ihrer selbst Willen, wegen der ihr innewohnenden Anreize ausführt".[4] Vereinfacht gesagt besteht hier „echtes Interesse" am Lerngegenstand.

Häufig aber fungiert ein externer Faktor als Antrieb für das Lernen. Man nennt es **extrinsische Motivation**, „wenn eine Handlung hauptsächlich wegen bestimmter mit ihr verbundener Konsequenzen, die zu der Handlung selbst in keinem direkten Verhältnis stehen, erfolgt".[5] Den wesentlichen Unterschied zwischen diesen beiden Motivationsarten kann man noch besser erkennen, wenn man näher betrachtet, wie die Begriffe in der wissenschaftlichen Debatte (der Psychologie) geprägt wurden. Daher ein kurzer Exkurs: Den Ausgangspunkt bei der Erforschung des Phänomens Motivation stellte der gesunde Men-

---

[2]   Vgl. dazu Steiner, *Erfolgreich lernen* 15-18.

[3]   Walter F. Kugemann und Bernd Gasch, *Lerntechniken für Erwachsene* (Reinbek bei Hamburg: Rowohlt, 2002) 79.

[4]   Kristine Grotian und Karl Heinz Beelich, *Lernen selbst managen. Effektive Methoden und Techniken für Studium und Praxis* (Berlin/Heidelberg: Springer, 1999) 44.

[5]   Mihaly Csikszentmihalyi und Ulrich Schiefele, „Die Qualität des Erlebens und der Prozeß des Lernens", *Zeitschrift für Pädagogik* 39.2 (1993) 207.

schenverstand (common sense reasoning) dar, d.h. man orientierte sich zu Beginn an den unter Laien gebräuchlichen Erklärungen für motiviertes Verhalten, an konkret bestimmbaren äußeren Zielen. Wie Staw es beschreibt, war die wissenschaftliche Theorie zunächst „based on an assumption of instrumentalism such that individuals are considered to be doing things for specifiable ends".[6] Aus dieser Grundannahme erwuchs der extrinsische Motivationsbegriff. „The valued goal is […] considered to be external to the process of ‚doing'. That is, in analyzing behavior, an individual will probably be considered to be performing an act for some goal independent of the activity itself (e.g., higher pay, promotion to a better job)."[7]

Erst später wurde die These formuliert, Motivation könne auch intrinsischer Natur sein. Staw zieht in seinen Erläuterungen eine klare Trennlinie zu den Theorien der extrinsischen Motivation: „But, actions may sometimes be valued for their own sake, and they may be self-sustained without any external inducement. In these situations, behavior can be said to be intrinsically motivated" (25). Und er definiert abschließend: „Thus, whereas extrinsic motivation emphasizes the value an individual places on the ends of an action and the probability of reaching these ends, intrinsic motivation refers to the pleasure or value associated with the activity itself (25)."

Es hat sich gezeigt, dass intrinsisch motivierte Studierende zumeist effektiver lernen. Man spricht von „Flow" oder auch von einem „Flow-Erlebnis",[8] wenn man seine Gedanken und Empfindungen im Einklang auf eine Handlung richtet und störende Einflüsse (vgl. Konzentration) ausblendet. Entscheidend ist die unmittelbare Umsetzung der Energie, die ein solch bereicherndes Lernerlebnis freisetzt, in den weiteren Lernprozess, d.h. man sollte ohne Reibungsverlust gleich das nächste Problem anpacken. So kann man sich selbst eine „positive Aufwärtsspirale" schaffen und ein höheres Leistungsniveau erreichen.

Der Lernpsychologe Lewin entwickelte 1936 die Valenzentheorie. Er untersuchte den Lernenden selbst und die auf ihn wirkenden Kräfte der Umwelt, vor allem soziale Faktoren wie etwa Erwartungen des Lebenspartners. Diese Erwartungen stellen für den Lernenden positive Valenzen dar und er entwickelt aus ihnen heraus Motivation. Dahmer leitet aus der Lewin'schen Valenzentheorie zwei ständige Forderungen für das effektive Lernen ab:

1. „Schaffen Sie sich klare Vorstellungen von Ihrem Ausbildungsziel. Erst dann können Sie es als positive Valenz sehen, die Sie anstreben, erst dann werden Sie sich damit identifizieren. Es wird Ihr Ziel.

2. Untergliedern Sie das Gesamtziel Ihres Studiums in immer konkretere Teilziele (zum Beispiel Prüfungsabschnitte – Fächer – Themenkreise – Lehrbuchkapitel – Abschnitte). Machen Sie sich immer wieder die Bedeutung dieser Teilziele als Voraussetzung für

---

[6] Barry M. Staw, „Intrinsic and Extrinsic Motivation", *Readings in Managerial Psychology*, eds. Harold J. Leavitt, Louis R. Pondy and David M. Boje (Chicago: University of Chicago Press, 1980) 24.

[7] Staw 24.

[8] Grotian und Beelich 46 sowie Mihaly Csikszentmihalyi, Flow – *Das Geheimnis des Glücks* (Stuttgart: Klett-Cotta, 1992).

das Erreichen des Gesamtzieles klar. Auch das augenblickliche Lernen von Einzelheiten sehen Sie dann in einem größeren Zusammenhang, und es wird zu einer positiven Valenz."[9]

Die Erfahrung zeigt, dass Erfolgserlebnisse die beste Motivation sind (auch ein Flow-Erlebnis ist im Prinzip ein Erfolgserlebnis). Die Untergliederung großer Ziele und Visionen in Teilziele ist somit die wichtigste Lernstrategie, um sich zu motivieren. Man kann anschließend die Zielerreichung beispielsweise auch mit Belohnungen koppeln, was die Motivation verstärkt. Von Bedeutung ist dabei, dass die Ziele einerseits anspruchsvoll, andererseits aber erreichbar bzw. realistisch sind. „Das schaffe ich doch mit links" ist als Einstellung ebenso falsch wie „Das schaffe ich nie". Setzen Sie sich immer ambitionierte, aber erreichbare Ziele.

7.1.2   Konzentration

Um effektiv lernen zu können, ist es notwendig, sich entsprechend zu konzentrieren. Cottrell spricht in diesem Zusammenhang von „creating a state of mind for study".[10] In der Praxis kann man das am besten durch ritualisierte Handlungen, so genannte „study triggers" erreichen, die Sie auf die Arbeit einstimmen. Das können Konzentrationsübungen, stille Momente, Aufräumen des Schreibtisches, Betrachten eines Kunstwerks und vieles andere mehr sein. Für Lernende gilt es herauszufinden, welche Rituale am besten zur eigenen Persönlichkeit passen. Probieren geht dabei über studieren.

Trotz der eben genannten Möglichkeit, proaktiv für Konzentration zu sorgen, muss man sich natürlich auch in einer Lage befinden, in der Konzentration möglich ist. Kurz, man sollte sich eine geeignete Lernumgebung schaffen. Der Arbeitsplatz will studierfreundlich gestaltet sein.[11] Störfaktoren sollen eliminiert werden. Besonders Lärm ist ein oft unterschätzter Störfaktor. Es gibt zwar geteilte Meinungen darüber, ob und durch welche Musik das Lernen begünstigt werden könnte; empirische Befunde aus der Gehirnforschung belegen jedoch, dass gruppierte Hintergrundschalle jeglicher Natur eine Störwirkung auf kognitive Informationsverarbeitungsprozesse im menschlichen Kurzzeitgedächtnis haben.[12] Man spricht vom so genannten „Irrelevant Sound Effect" (ISE). Zwar ist die Beeinträchtigung interindividuell, d.h. von Mensch zu Mensch, verschieden stark, aber doch bei jeder Versuchsperson nachzuweisen. Zunächst vermutete man, dass nur sprachlicher Schall Lernende beeinflusst, da die semantische Bedeutung des Hintergrundschalls für die zentrale Störvariable gehalten wurde; inzwischen ist jedoch nachgewiesen, dass auch nichtsprachliche Schalle, also Sinustonfolgen, Geräusche und rein instrumentale Musik signifikante

---

[9]   Hella Dahmer, *Effektives Lernen. Didaktische Anleitung zum Selbststudium und zur Gruppenarbeit* (2. Aufl. Stuttgart/ New York: Schattauer, 1979) 51.

[10] Stella Cottrell, *The Study Skills Handbook* (Houndmills: Palgrave, 1999) 61.

[11] Anregungen hierzu finden sich u.a. bei Metzger 44-45, Schräder-Naef 108-112, Cottrell 63.

[12] Spitzbarth, Manuela, *Irrelevant Sound Effect. Auswirkungen gruppierter Hintergrundschalle auf die serielle Behaltensleistung* (Hamburg: Kovač, 2001) 1.

Leistungsbeeinträchtigungen bewirken können.[13] Für die konzentrierten Lerneinheiten kommt Hintergrundmusik deshalb nicht in Frage.

Zur vollständigen Behandlung des Themas Konzentration gehört auch die Erwähnung der so genannten Lerntypen. In der pädagogisch-didaktischen Literatur ist umstritten, ob man eine zutreffende Typologisierung von Lernenden gemäß deren jeweiliger Bevorzugung bestimmter Sinnesmodalitäten überhaupt vornehmen kann. Drei dennoch aus der Diskussion hervorgegangene zentrale Lerntypen sind:

- der auditive Lerntyp (Lernen durch Hören),

- der visuelle Lerntyp (Lernen durch Sehen),

- der haptische (Gr. „$hapt\sigma$": fassen), auch motorisch genannte Lerntyp, der durch Handeln, durch aktives Nachahmen von Handlungen oder Vorgängen lernt.

„Das würde aber bedeuten, dass der eine Skifahren durch Hören lernt, der andere durch Sehen, der dritte durch Handeln. Das stimmt natürlich nicht, denn kein Mensch lernt Skifahren, ohne zu handeln. Genauso lernt keiner Landkartenlesen ohne zu sehen."[14] In der Realität, so auch der aktuelle Forschungsstand, sind wir daher alle Mischtypen, also zu Teilen auditiv, visuell und haptisch Lernende.[15]

7.1.3 Emotionen

Hier sei noch kurz ein Phänomen betrachtet, das sehr viel mit der bereits erwähnten intrinsischen Motivation gemein hat. Es gibt Lerninhalte, für die man „Feuer und Flamme" ist, mit denen man auch emotional sehr viel verbindet. Diese Inhalte nimmt man leichter auf als andere. Es ist empirisch belegt, „dass emotionale Beteiligung das Lernen erheblich verbessert".[16] Es müssen aber nicht unbedingt positive Emotionen sein, die unsere Behaltensleistung verbessern. Akute Aufregung und emotionale Beteiligung verursachen vermehrte Wachheit, und zwar „zunächst einmal unabhängig von der Valenz der Emotion".[17] So erinnern wir uns noch Jahre später an Details emotional aufrüttelnder Situationen, die negativ (Autounfall) oder positiv (Sieg im Sport) auf uns gewirkt haben.

Emotionen gestalten die Prädisposition des Lernenden gegenüber den relevanten Inhalten mit. Es ist daher keineswegs ratsam, die emotionale Komponente des zu Lernenden (und viele Inhalte haben eine solche) außen vor zu lassen und alles auf eine nüchterne Faktenebene zu reduzieren. Gerade in den Sozialwissenschaften meint Lernen in vielen Fällen auch die emotionale Durchdringung des Stoffes bzw. die Vermengung der verschiedenen Stoffgebiete zu einer Einheit, mit der man dann plötzlich auch emotional Dinge verbinden kann. Spitzer bringt es auf den Punkt: „Ganz allgemein lässt sich folgendes festhalten: Was

---

[13] Spitzbarth 3.

[14] Kugemann und Gasch 93.

[15] Falk-Frühbrodt, Christine: „Lerntypen II", *Website des IFLW Berlin*, 2003, 24. Feb. 2004, `http://www.iflw.de/wissen/lerntypen_II.htm`.

[16] Spitzer, Manfred, *Lernen. Gehirnforschung und die Schule des Lebens* (Darmstadt: Wissenschaftliche Buchgesellschaft, 2002) 159-160.

[17] Spitzcr 158.

den Menschen umtreibt, sind nicht Fakten und Daten, sondern Gefühle, Geschichten und vor allem andere Menschen (160)." Es ist also auch keineswegs zielführend – so sehr man dies aus einer nüchternen wissenschaftlichen Sicht vielleicht vermuten würde –, sämtliche Emotionen kategorisch aus seinem Lernumfeld zu verbannen.

7.1.4 Schlaf, Ernährung, Sport

Schlaf ist nicht bloße „Leerzeit", in der man abschaltet. Ganz im Gegenteil, der Körper regeneriert sich im Schlaf wortwörtlich: Man lernt sogar dabei, man verarbeitet Informationen. Der Leser mag es schon einmal selbst erlebt haben: Man müht sich an einem besonders schwierigen Mathebeispiel ab, bis man nicht mehr kann, kommt zu keiner Lösung, gibt dann resigniert auf und fällt erschöpft ins Bett. Am nächsten Morgen setzt man sich erholt wieder an dieselbe Aufgabe und siehe da: Bereits beim ersten Versuch kommt man auf den richtigen Lösungsweg.

Das ist kein Zufall. Der Mensch durchläuft im Schlaf periodisch gewisse Phasen. Gemäß einem typischen Schlafprofil beginnt der Mensch die Nacht mit einem leichten Schlaf, fällt dann in den Tiefschlaf, dann wieder in den leichten Traumschlaf bzw. REM-Schlaf (Rapid Eye Movement), dann wieder in den Tiefschlaf etc. In den Tiefschlafphasen werden genau jene neuronalen Verbindungen, die während des Lernens zuvor geknüpft worden sind, erneut aktiviert: Das so genannte „Postprocessing" findet statt. Es empfiehlt sich daher, kurz vor dem Schlafengehen wichtige Lerninhalte zu repetieren. Die Tiefschlafphasen sorgen dann für die Übertragung des Gelernten „vom eher kleinen und flüchtigen Speicher Hippocampus in den großen Langzeitspeicher Großhirnrinde".[18]

Forschungsarbeiten zeigen, dass das Off-line-Nachbearbeiten von erlebten bzw. gelernten Inhalten der Hauptzweck des Schlafens ist, dass wir sogar allein aus diesem Grund schlafen. Gehirnforscher haben sich nämlich die berechtigte Frage gestellt: „Warum […] schlafen Menschen und höhere Tiere überhaupt? Niedere Tiere tun dies nicht. Irgendwann im Verlauf der Evolution ist Schlaf also entstanden. Dies geschah offensichtlich trotz der erheblichen Nachteile, die der Schlaf für den Schläfer bringt. Lebt er im Wasser, muss er trotz des Schlafs auftauchen und Luft holen, lebt er in eine Gruppe und ist Raubtieren ausgesetzt, muss er auf der Hut sein. […] Dies zeigt jedoch überdeutlich, dass der Schlaf eine wichtige Funktion haben muss. Es gäbe ihn sonst nicht. Diese Funktion besteht […] möglicherweise in der Optimierung der Informationsverarbeitung."[19]

Wichtig für einen optimalen Lernerfolg ist daher auch die Schlafhygiene. Selbst in „heißen Phasen" der Prüfungsvorbereitung soll man so weit wie möglich ein „normales Leben führen",[20] sich also ausreichend erholen. Spitzer mahnt alle Lernwütigen und Nachtschwärmer: „Wer Fakten zu lernen hat, sollte auf seinen Schlaf achten. Keineswegs sollte er also die Nacht zum Tage machen in der irrigen Annahme, auf diese Weise noch mehr lernen zu können. Plakativ gewendet: Wer sich den Schlaf raubt, um zu lernen, der stört den im Kopf

---

[18] Spitzer 133.
[19] Spitzer 134-135.
[20] Grotian und Beelich 117.

eingebauten Lehrmeister bei der Arbeit, d.h. beim nächtlichen Repetieren dessen, was tagsüber gelernt wurde. Jeder Lernende sollte durch einen vernünftigen Lebensrhythmus dafür Sorge tragen, dass der natürliche Schlaf, insbesondere die fein abgestimmte Abfolge der Schlafphasen – die Schlafarchitektur – nicht gestört wird."[21] Er gibt aber auch zu bedenken: „Leider sind gleich eine ganze Reihe gesellschaftlicher, ökonomischer und kultureller Faktoren permanent am Werk, unseren Schlaf zu sabotieren (132)". Wehren wir diesen Sabotageakten und schließen nachts die Augen!

Zu den physiologischen Grundvoraussetzungen, die effektives und effizientes Lernen begünstigen, gibt es verschiedene Forschungsarbeiten.[22] Von Bedeutung sind die Ernährung[23] (Vitamine, Mineralien etc. in sinnvollen Mengen) und vor allem auch Sport. Geistige Ausdauer kann wesentlich durch körperliche Ausdauer verbessert werden. Die Römer nannten dies „mens sana in corpore sano".[24]

7.2   Planungsmethode

Gut geplant ist beim Lernen schon halb gewonnen. Der Abschnitt Planungsmethode widmet sich den Aufgaben, die Lernende in der schon zu Beginn des Kapitels erwähnten Rolle als Selbstmanager wahrnehmen müssen, um den Rahmen für einen erfolgreichen Lernprozess optimal zu gestalten.

7.2.1   Zeitanalyse

Ein Fehler, den viele Studierende machen, wenn sie sich die (Lern-)Zeit einteilen wollen, ist vorschnelles Handeln. Beim Thema Zeitmanagement geht es in einem ersten Schritt nicht darum, sich einen ausgefeilten Stundenplan zurechtzulegen und diesen von heute auf morgen „einzuführen". Zu Beginn muss stattdessen erst einmal das aktuelle persönliche Verhalten analysiert werden. Man muss der Frage nachgehen, wofür man eigentlich im Moment seine Zeit vorwiegend einsetzt. Ebendies geschieht mittels Zeitanalyse bzw. Verfassen von „Tagesrapporten" oder „Zeittagebüchern". Bei dieser Methode beobachtet man sich selbst über den Zeitraum von etwa einer Woche einmal ein wenig genauer und fertigt eine Mitschrift über die persönliche Zeitgestaltung an. Dies kann in verschiedenen Formen erfolgen, z.B. anhand eines Standardrasters aus einem Tageskalender oder auch anhand eigens dazu erdachter persönlicher Notizsysteme, jeder nach seinem Geschmack.[25] Zweckmäßig ist dabei in jedem Fall die Gruppierung von Tätigkeiten in Oberkategorien, so kann man nämlich

---

[21] Spitzer 132.

[22] Für einen umfassenden Überblick siehe statt vieler Walter Edelmann, *Lernpsychologie*, 6. Aufl. (Weinheim: Beltz, 2000), Kapitel 3 und 6; ferner zu der Wirkung der Ernährung auf das Lernen: Norman Kretchmer, J.L. Beard and Steven Carlson, „The role of nutrition in the development of normal cognition", *American Journal of Clinical Nutrition* 63.6 (1996): 997-1001.

[23] Cottrell 47.

[24] „Ein gesunder Verstand in einem gesunden Körper"; Juvenal, *Satiren* X 356 .

[25] Layouttechnische Anregungen finden sich u.a. bei Cottrell 69-71, Metzger 39-41, Stickel-Wolf und Wolf 282-284 und Schräder-Naef 140-145.

beispielsweise den Lern- und eventuellen Arbeitsaufwand einerseits den „Leerzeiten", der Freizeit und den im Schlaf verbrachten Stunden andererseits gegenüberstellen.

Sobald man sich einen Überblick über die Ist-Situation verschafft hat, werden sich auch ganz deutlich Möglichkeiten zeigen, wie man Zeit sparen oder zumindest effizienter zum Lernen nutzen kann:

- Fernsehzeiten radikal kürzen, am besten den Fernseher abschaffen.
- Allgemeine Informationsaufnahme durch Internet, Zeitungen, Zeitschriften, Werbung, Gebrauchsanleitungen etc. fokussieren und reduzieren.
- Zwischenzeiten beim Warten, Routinehandlungen (z.B. Anstehen in der Mensa, Zähneputzen, Spülen, Einkaufen usw.) bewusst machen und zum Repetieren nutzen.
- Unwichtiges abklemmen, vermeiden, absagen, d.h. Anfragen und Ideen für das Privatleben, das Studium und andere Aktivitäten kritisch hinterfragen und auf ihren Wert für Ziele und Lebenslust überprüfen.

Die Identifikation der persönlichen „Zeitdiebe" sowie die Evaluation geeigneter Maßnahmen zur Verbesserung der Zeitdisziplin und zur gewinnbringenden Zeitnutzung bilden die Grundlage zur Gewinnung zusätzlicher produktiver Zeit.

7.2.2   Planerstellung

Wenn man von Lernplänen spricht, muss klar zwischen so genannten Stundenplänen und Plänen zur Prüfungsvorbereitung unterschieden werden.

Ein Stundenplan ist ein Lernplan für die Vorlesungszeit. Hier ist das Hauptziel, das Lernen zu einem fixen Tagesbestandteil zu machen und es gleichsam in die sonstigen (universitären) Aktivitäten einzubetten. Es ist von Vorteil, sich täglich dieselben Zeitfenster ausschließlich zum Lernen frei zu halten (siehe Kapitel 1). Dies hat nämlich den positiven Effekt, dass man die Tugend zur Gewohnheit werden lässt und allein schon aus Routine auch während des Semesters regelmäßig mitlernt. Ein konsequenter Lernrhythmus ist mit einem Schwungrad vergleichbar: Er hilft, den toten Punkt des Anfangens und Durchhaltens zu überwinden. Vorschläge, wie man einen solchen Stundenplan gestalten könnte, finden sich u.a. bei Metzger (36-37), Stickel-Wolf und Wolf (304), Müller (100) und Schräder-Naef (159) sowie in Kapitel 1.

Bei der Prüfungsvorbereitung und in intensiveren Lernphasen muss man die Planung anders gestalten. Hier ist das Ziel nicht mehr nur die Aneignung einer Lernroutine und deren segmentäre Einpassung in das „operative Tagesgeschäft" – das Lernen ist nunmehr die dominante Tätigkeit im Tagesverlauf. Für solche Phasen empfiehlt es sich (da ist sich die gesamte Fachliteratur einig), vom Tag X an, also vom Prüfungs- oder Abgabetag an, **rückwärts** zu planen. „Working backwards from deadlines" heisst es bei Cottrell.[26] Gute Planungsgrundmuster für Lernphasen finden sich bei Kugemann und Gasch (123-129) und Schräder-Naef (203-204).

---

[26]   Cottrell 73.

Phase	Zeiteinheit (Tag bzw. Halbtag)	Tätigkeit
Vorbereitung	1	Planerstellung
	2	Allgemeine Vorbereitungen
	3	
	4	Ruhepause
Informationsauf-bereitung	5	Informationsaufbereitung Themenfeld 1 Grundlagen der Managementlehre
	6	
	7	
	8	
	9	Pause
	10	Zeitreserve
	11	Informationsaufbereitung Themenfeld 2: Strategie und Technologiemanagement
	12	
	13	
	14	
	15	Pause
	16	Informationsaufbereitung Themenfeld 3: Geschäftsprozesse
	17	
	18	
	19	
	20	Pause
	21	Zeitreserve
Einprägen	22	Einprägen Grundlagen der Managementlehre
	23	
	24	Pause
	25	Einprägen Strategie und Technologiemanagement
	26	
	27	Pause
	28	Einprägen Geschäftsprozesse
	29	
	30	Pause
	31	Zeitreserve
Wiederholung	32	Wiederholung Grundlagen der Managementlehre
	33	Wiederholung Strategie und Technologiemanagement
	34	Wiederholung Geschäftsprozesse
	35	Zeitreserve
	36	Abschlusspause
Prüfung		

Abbildung 7.1:
Prüfungsspirale[27]

---

[27] Nach Kugemann und Gasch 123-129.

Selbst wenn man sich voll dem Lernen widmet, alle übrigen Aktivitäten zurückfährt und Leerzeiten/„Zeitdiebe" soweit als möglich eliminiert, wird man kaum über 50 Stunden reiner Lernzeit hinauskommen. Schlaf, Essen, Sport, Musik und Körperpflege erfordern ihre Zeit, weshalb regelmäßig kürzere und längere Pausen eingelegt werden müssen.

Eine Checkliste zur Prüfungsvorbereitung mit vielen guten Anregungen haben Grotian und Beelich zusammengestellt. Es folgt ein Auszug aus dieser Checkliste:[28]

- Lernziel definieren (nach Minimum-Maximum-Prinzip),
- Vollständigkeit der eigenen Unterlagen prüfen,
- einsetzbare Lernhilfen (Kartei) analysieren und auswählen,
- Stoffumfang mit der zur Verfügung stehenden Zeitspanne bis zur Prüfung abstimmen,
- Lernpakete (Teilziele) festlegen und gewichten,
- Reihenfolge der Lernpakete festlegen,
- Lernzeiten festlegen (Freizeitausgleich und Störungen einplanen),
- Belohnungen festlegen, z.B. Kinobesuch bei erreichten Teilzielen,
- bei Unklarheiten: Sprechstunden des Fachgebiets wahrnehmen,
- Beantworten der vorhandenen Klausurfragen; Zeitgefühl für die Prüfung entwickeln.

Das Planen rückwärts, ausgehend vom Tag X, ist nicht nur in der Prüfungsvorbereitung, sondern auch bei der Projektplanung (Seminararbeit, Gruppenpräsentation, Extracurriculares) die adäquate Methode. Weitere Informationen zur Projektplanung haben Stickel-Wolf und Wolf zusammengestellt.[29]

7.2.3   Biorhythmus und Pausen

Welche Art von Lernplan man auch immer erstellt, bei keinem soll das körperliche Wohlbefinden zu kurz kommen. Es ist deshalb sinnvoll, in tendenziell stressfreieren Tagen einmal in sich hineinzuhören und herauszufinden, zu welchen Tageszeiten man sich in der besten Arbeitsverfassung befindet. Es gilt, die persönliche Leistungskurve, den eigenen Biorhythmus zu erspüren. Erfahrungsgemäß schwankt die physiologische Leistungsbereitschaft innerhalb eines Tages bei allen Menschen in ähnlichem Ausmaß, wobei es aber Morgen- und Abendmenschen gibt. „Das ist eine Frage der Gewohnheit, des Kreislaufs und der Individualität."[30] Man sollte seinen Biorhythmus beim Erstellen eines Lernplanes mitberücksichtigen und die jeweiligen Aktivitäten so legen, dass die Lerneinheiten in die produktivsten Zeiten fallen. „Schade ist es, wenn Sie Ihre Leistungsspitzen mit unsinni-

---

[28]   Grotian und Beelich 110-113.

[29]   Stickel-Wolf und Wolf 102-111.

[30]   Oppolzer, Ursula, *Super lernen. Tipps & Tricks von A-Z* (München: Humboldt, 1993) 59.

gen Tätigkeiten vertrödeln und dann versuchen, in den Leistungstälern ihr Lernpensum zu erledigen."[31]

Optimiert wird der Lernplan erst mit den oft in ihrer Bedeutung unterschätzten Pausen. Eigentlich wird der Plan durch Pausen erst umsetzbar; sie sind so wichtig wie das sprichwörtliche Salz in der Suppe. Es ist für jeden Lernenden interessant einmal auszuprobieren, wie lange er sich voll konzentrieren kann. Es ist nämlich gar nicht so einfach, nicht einmal für „nur" eine Stunde, wie Steiner ausführt: „In der Regel braucht der Geist alle 20 bis 35 Minuten eine stimulierende Kurzpause (2 bis 5 Minuten): Gähnen Sie, recken Sie sich am Fenster, trinken Sie etwas oder wechseln Sie zumindest die Tätigkeit (z.B. vom Lesen aufs Skizzieren oder Zusammenfassen). Nach eineinhalb bis zwei Stunden benötigt unser Geist jeweils zusätzlich eine Teepause (15 bis 20 Minuten). Trinken, wenig essen, Bewegung, kleine manuelle Arbeiten oder eine Dusche wecken Kopf und Körper. Bei vollen Lerntagen dürfen, ja müssen wir uns zudem nach vier bis fünf Stunden geistiger Arbeit eine große Regenerationspause (…) leisten." (*Erfolgreich lernen* 43; dieselbe Typologie findet man bei Stickel-Wolf und Wolf 303).

Auch Kugemann und Gasch folgen diesem Schema, jedoch fügen sie dem System noch eine vierte Pausenart hinzu, die so betitelte „kurze Unterbrechung": „Legen Sie den Bleistift hin, schauen Sie in die Luft oder zum Fenster hinaus, trinken Sie einen Schluck oder kratzen Sie sich nachdenklich hinter dem Ohr. Solche kurzen Unterbrechungen legt man fast automatisch ein. Sie sollten aber nicht länger als eine Minute dauern und man sollte dabei seinen Arbeitsplatz nicht verlassen (39-40)." Der wesentlichste Unterschied zur Kurzpause nach Steiner ist, dass man keinen Ortswechsel vornehmen soll. Kugemann und Gasch raten bereits nach einem dreistündigen Lernblock zu einer Regenerations- oder Erholungspause.

Folgende Checkliste hilft, Pausen zu gestalten und einzuteilen:

- ■ Der Plan folgt dem eigenen Rhythmus.
- ■ Die Konzentrationsfähigkeit bestimmt die Pausen.
- ■ Kurz-, Tee- und Regenerationspausen sind fester Bestandteil des Plans – das motiviert und erleichtert den Wiedereinstieg nach der Unterbrechung.
- ■ Die lange Regenerationspause liegt im Nachmittagstief (Siesta).
- ■ Ein halber fixer Tag pro Woche bleibt frei.

---

[31] Grotian und Beelich 34.

7.3   Idealtypischer Lernprozess

Nach den beiden Abschnitten zu Grundlagen des Lernens ist nun die Vorgehensweise beim Lernen selbst das Thema. Die folgenden Unterpunkte beziehen sich auf die bereits dargelegten Grundlagen und wollen praxisnah Tipps zur erfolgreichen Auseinandersetzung mit dem Lernstoff geben, denn Lernen muss ein aktiver Prozess sein: „Emphasis on action!" appelliert unter anderen auch Cottrell.[32]

7.3.1   Strukturieren des Lerngegenstandes

Meist setzt sich der Lerngegenstand aus Einzelteilen zusammen, die sich zudem in verschiedenen Medien (Skript, Monographie, Vorlesung, Zeitschriften etc.) befinden. Entscheidend für den langfristigen Lernerfolg ist die Erstellung einer Grobstruktur aus diesen Einzelteilen (z.B. auf Kärtchen oder großen Papierbögen), die sowohl inhaltlich vollständig als auch so einfach wie möglich (aber nicht einfacher) ist. Diese Grobstruktur muss einem als Lernenden so bekannt sein, dass sie immer mühelos wiedergegeben werden kann. Die Struktur eines Lerngegenstands lässt sich in Büchern oder im Skript oft aus dem Inhaltsverzeichnis ableiten. Meist hilft auch der rote Faden der Vorlesung, Wichtiges von weniger Wichtigem zu trennen. Dabei ist es sinnvoll, sich in die Situation des Dozenten hineinzuversetzen: Was möchte er den Studierenden vermitteln? Worauf legt er die Schwerpunkte? Wie hängen die einzelnen Themen zusammen? In welchem größeren Zusammenhang steht der Lesestoff? Welche Aufgaben lassen sich vorbereiten?

Das Strukturieren erweist sich als die Suche nach Ordnung, d.h. nach Oberbegriffen. Damit die Struktur Gestalt annimmt, und das ist der entscheidende Teil der Aufgabe, müssen die gefundenen Begriffe in eine Rangordnung gebracht werden: „Ein System mit mehreren Ebenen von Oberbegriffen, ein ‚hierarchisches' System, macht [...] eine ungeheure Zahl von einzelnen Gegenständen überschaubar und handhabbar."[33] Da diese Oberbegriffe ein theoretisches Konstrukt darstellen und somit frei wählbar sind, können sie für verschiedene Personen völlig unterschiedlich sein. Lernende können, ja müssen sich hierbei sogar mit eigenen Wortschöpfungen behelfen: „Die wenigsten Dinge, die man lernen muss, sind bereits durch ein perfektes System von Oberbegriffen geordnet. Meistens muss man beim Lernen selbst nach Oberbegriffen suchen."[34] Ein nützliches Tool beim Erstellen von Strukturen ist das so genannte Mind Mapping.

---

[32] Cottrell 78.
[33] Kugemann und Gasch 52.
[34] Kugemann und Gasch 53.

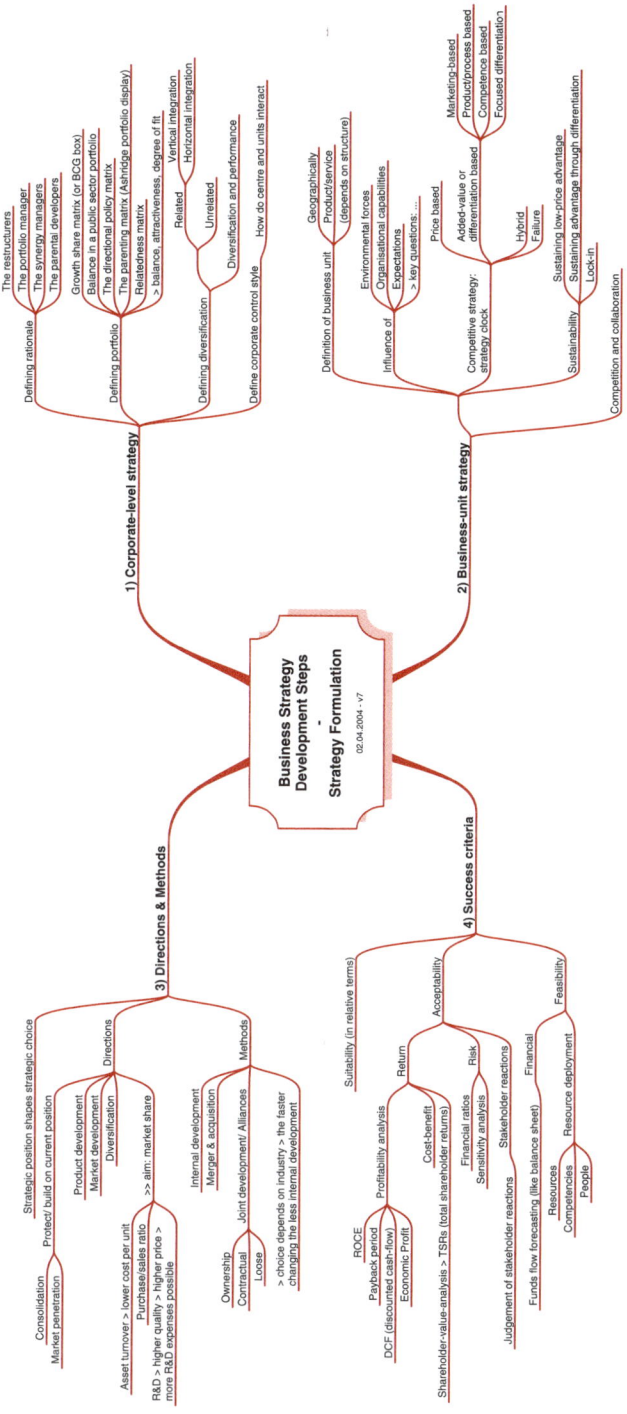

Abbildung 7.2: Mindmap, Beispiel des Studenten Ch. Erk

Weitere Anregungen und Beispiele dazu gibt es bei Schräder-Naef (35), Müller (122) und Metzger (64). Auch Teamarbeit kann bei der Strukturerstellung helfen, weil dabei verschiedene Zugänge und Ansichten argumentativ abgeglichen werden müssen. Dies hilft, das Wesentliche herauszuschälen (vgl. Kapitel 8).

Die herausgearbeitete Grobstruktur muss intensiv gelernt und häufig wiederholt werden. Dieser Lernprozess ist wiederum ein Paradebeispiel für typische Einzelarbeit. Teamarbeit ist hierbei nicht besonders effektiv. Es geht darum, sich mit dem Gegenstand und seiner Struktur so vertraut zu machen, dass man auf ihn und seine Aspekte jederzeit und zusammenhangslos zugreifen kann und auch in Stresssituationen wie Prüfungen in der Lage ist, mit ihm zu spielen, ihn zu variieren und anzuwenden. Wenn auch das Detailwissen noch wackelt und auf unsicheren Füssen steht: Die Grobstruktur muss sitzen! Französisch heißt das „apprendre par cœur", was sehr gut die notwendige emotionale Nähe ausdrückt.

An dieser Stelle noch ein kurzes Plädoyer für das Auswendiglernen: „Diese Lernstrategie wird zu Unrecht als völlig überholt angesehen; sie muss nur in der richtigen Situation angewendet werden. Bei ihr kommt es auf das Strategiemerkmal ‚Lerngegenstand exakt reproduktiv wiedergeben' an, denn Veränderungen stören."[35] Das Auswendiglernen stellt in vielen Fällen eine wichtige Voraussetzung für das darauf aufbauende Lernen durch Strukturieren dar. Beim Strukturieren muss die Anreicherung von Wissen nämlich schon erfolgt sein, um es entsprechend effektiv verarbeiten zu können. Das Ziel beim Lernen durch Strukturieren ist nämlich die „aktive individuelle Auseinandersetzung mit den Problemen".[36]

Oft zeigt ein Gespräch mit Laien, ob man die Grobstruktur des Lerngegenstandes beherrscht, denn ihnen gegenüber muss man den inhaltlichen Kern eines Themengebietes klar und einfach darstellen können. Hat man mit einer einfachen Darstellung Schwierigkeiten, so ist die Grobstruktur noch nicht verinnerlicht; sie muss gegebenenfalls angepasst und wiederholt werden. In diesem Zusammenhang sei auch vor der Einstellung: „Hab ich schon, kann ich schon, weiß ich schon!" gewarnt. Diese Einschätzung, die gelegentlich Absolventen eines Wirtschaftsgymnasiums zu Studienbeginn an den Tag legen, trifft in den seltensten Fällen zu. Es besteht die Gefahr, sich aufgrund gewissen Begriffswissens zurückzulehnen und die neuen Aspekte, namentlich Logik und Struktur, zu übersehen.

7.3.2   Assoziationen und Beispiele

Steht die Grobstruktur, so kann und sollte man beginnen, den Lerngegenstand mit verschiedenen Lebenswelten zu verknüpfen. Dies bedeutet, das bisher Erfasste an konkreten Situationen, Szenen oder Beispielen festzumachen. Hierbei kann auch der Zusammenhang mit bestimmten Erlebnissen, bekannten Situationen in der Familie, literarischen Figuren oder Praktikumserfahrungen etc. hergestellt werden. Ihrer Phantasie sind keine Grenzen gesetzt! Fällt einem diesbezüglich nichts ein, so kann man auch einen artefakten Zusam-

---

[35]   Grotian und Beelich 59.
[36]   Kugemann und Gasch 65.

menhang zwischen den Fachthemen und z.B. den Gegenständen eines Raumes bilden (das Wohnzimmer verkörpert das Fach Marketing, die Lampe das Marketingkonzept, die Glühbirne die Kernbotschaft des Produkts usw.). Diese Memotechnik funktioniert häufig gut. Je breiter und konkreter ein Thema verankert werden kann, desto weniger wird es vergessen.

Entscheidend in dieser Phase ist, dass das Detailwissen um die Grobstruktur herum schrittweise zu den jeweiligen Verknüpfungen hinzugegeben wird. Das Gerüst wird also nun um die Einzelheiten ergänzt. Sicherlich hängt es oft von der verfügbaren Zeit ab (vgl. 7.2), wie viel Detailwissen verarbeitet werden kann. Das Detailwissen ist letztendlich wohl ausschlaggebend für einen guten oder sehr guten Prüfungserfolg. Das Beherrschen der Grobstruktur sichert das Bestehen der Prüfung.

Dem eben beschriebenen „Vernetzen" der einzelnen Lernthemen liegt das „Lernen durch Verknüpfen" zugrunde. In seiner Grundform, nämlich im Einprägen von einfachen Paarbeziehungen, ist diese Art des Lernens die einfachste und grundlegendste Methode. Das klassische Beispiel bildet das wortwörtliche Memorieren von Vokabeln.[37] Das Erlernen jener Paarbeziehungen kann man mit dem Einsatz von Lerntechniken optimieren. Je komplexer und interdependenter der Lernstoff jedoch wird, desto flacher steigt die Lernkurve. Es ist deshalb wichtig, komplizierte Themengebiete auf möglichst einfache, durch Verknüpfungen erfassbare Strukturen herunterzubrechen.[38]

Die exemplarische Betrachtung konkreter Fälle oder, anders gesagt, die Auseinandersetzung mit Beispielen zu einem komplexen Stoffgebiet ist vielfach von Nutzen, um Wesentliches zu erkennen und sich nicht in Einzelheiten zu verlieren.

> „Da die Welt regelhaft ist, brauchen und müssen wir uns nicht jede Einzelheit merken. Hätten Sie jede einzelne Tomate, die Ihnen je begegnete, als jeweils diese oder jene ganz bestimmte Tomate abgespeichert, dann hätten Sie den Kopf voller (einzelner) Tomaten. Dies würde Ihren Kopf nicht nur unnötig füllen, Sie hätten auch nichts von diesem einzelnen Wissen. Nur dadurch, dass wir von Einzelnem abstrahieren, dass wir verallgemeinern und eine allgemeine Vorstellung von einer Tomate aus vielen Einzelbegegnungen mit Tomaten formen, sind wir in der Lage, z.B. die nächste als solche zu erkennen […] Im Hinblick auf das Lernen in der Schule oder an der Universität folgt, dass es nicht darum gehen kann, stumpfsinnig Regeln auswendig zu lernen. Was Kinder brauchen, sind Beispiele […] Auf die Regeln kommen sie dann schon selbst. Jedoch selbst dann, wenn es vermeintlich darum geht, eine Regel zu lernen, sind Beispiele wichtig. Nur dann, wenn die Regel immer wieder angewendet wird, geht sie vom expliziten und sehr flüchtigen Wissen im Arbeitsgedächtnis in Können über, das jederzeit wieder aktualisiert werden kann."[39]

---

[37] Kugemann und Gasch 25.
[38] Kugemann und Gasch 28.
[39] Spitzer 77-78.

7.3.3   Wiederholen

Ist der Lerngegenstand in Grobstruktur und Detailwissen erarbeitet, so ist für den Prüfungserfolg die Anzahl der Wiederholungsrunden ausschlaggebend. Aus Erfahrung sind mindestens drei Wiederholungsrunden für den gesamten Stoff (Grobstruktur und Detailwissen) notwendig, die Grobstruktur kann aber auch bis zu zehnmal wiederholt werden.

Die ersten Wiederholungen sind die härtesten, wenn man den Eindruck gewinnt, schon Gelerntes sei vollkommen weg. Das Selbstvertrauen sinkt dramatisch. Manche Studierende tendieren dann dazu, diese Erfahrung zu verallgemeinern und auf das gesamte Studium und sich selbst anzuwenden nach dem Motto: „Ich kann nichts und ich bin nichts!" Dabei ist es völlig normal, dass man nach drei Wochen von dem bereits Gelernten beinahe nichts mehr weiß. Nahezu jeder Student kennt dieses Problem. Nur wenige besonders begabte Menschen behalten das, was sie einmal gelernt haben, sofort. Doch diese Hochbegabungen gibt es so selten, dass man sie für sich nicht als Maßstab nehmen darf. Das Problem des Vergessens und das damit verbundene Sinken des Selbstwertgefühls kann durch gezielte Wiederholungsrunden vermieden werden. Wichtig hierbei ist, bei anfänglichem Misserfolg sein Selbstwertgefühl zu stärken, indem man sich quasi neben sich selbst stellt und seine Eindrücke relativiert. Derjenige, der sich konsequent durch die Wiederholungsrunden kämpft und nicht aufgibt, wird langfristig mit großer Sicherheit Erfolg haben.

Läuft man, manche würden sagen, quält man sich mit Entschlossenheit und Disziplin durch die Wiederholungsrunden mit allen Höhen und Tiefen, so entsteht ein kritisches Selbstbewusstsein. Das Durchschreiten der Erfahrung mit dem Lerngegenstand und sich selbst führt zur inneren Stabilität. Man lernt sich richtig einzuschätzen und weiß, dass große Aufgaben zu bewältigen sind. Je größer die Anforderungen werden und je öfter man sich durchgekämpft hat, desto höher ist die Steigerung der Leistungsfähigkeit. Das Durchlaufen der Wiederholungsrunden ist nur in klassischer Einzelarbeit sinnvoll. Gerade die Auseinandersetzung mit sich selbst bringt auch einen Persönlichkeitsfortschritt mit sich, dessen Frucht sich in der Entwicklung überfachlicher Kompetenzen zeigt: In der Fähigkeit zur Selbstreflexion und in einem ebenso natürlichen wie begründeten Selbstbewusstsein.

Schafft man es, sich für möglichst viele Wiederholungsrunden zu motivieren, so wird man feststellen, dass man zum Schluss an einem Tag den Stoff wiederholen kann, den man in mehreren Wochen erarbeitet hat. Anzahl der Lernrunden und Behaltensleistung (d.h. Lernerfolg) hängen positiv voneinander ab. Je öfter man den Stoff wiederholt, desto größer ist der Lernerfolg, wobei der Grenzertrag, d.h. der zusätzliche Nutzen aus einer weiteren Wiederholung, ab einer gewissen Zahl Wiederholungsrunden abnimmt. Diese Zahl ist indes häufig höher als zumeist angenommen.

Lernen und damit die Vorbereitung von Prüfungen besteht nach dem erstmaligen Erwerb im Unterricht aus erstens Strukturieren, zweitens Verknüpfen und drittens Memorieren. Es kann nur eindringlich geraten werden, mit diesen drei Arbeitsphasen früh anzufangen und sich nicht durch ein gewisses Verständnis im Unterricht in Sicherheit zu wiegen. In jedem Falle muss man sich selbst frühzeitig Druck mit höchster Verbindlichkeit aufbauen (mit Lernplänen, vgl. 7.2). Aber Achtung: Je mehr Druck man gewohnt ist, desto weniger nimmt man ihn wahr und desto leichter schiebt man die zu erledigenden Arbeitseinheiten von sich weg.

7.4   Literatur

Wie schon zu Beginn des Kapitels erwähnt, gibt es reichhaltige Literatur zum Lernen, auch in Ihrer Bibliothek. Teils sind es allgemeine Werke zum Lernen im Leben eines Menschen (soziologische Perspektive), teils etwas komplexere Bücher zur Lerntheorie (meist psychologische Fachliteratur), teils Ratgeberliteratur. Probieren Sie mutig neue Lerntechniken aus, optimieren Sie Ihr Selbstmanagement und modifizieren Sie das Vorgeschlagene, bis Sie sich Konzepte für Ihren individuellen Lerntyp erarbeitet haben. Erweitern Sie gemäß des hermeneutischen Zirkels ihr Sachverständnis zum Thema Lernen und wenden Sie es auf sich selbst an, so dass Sie danach mit einem dadurch ebenfalls vergrößerten Vor- bzw. Gesamtverständnis an künftige Lernsituationen herangehen können. Beginnen Sie mit dem lebenslangen Lernen.

Empfehlungen: Ganz ausgezeichnet liest und bearbeitet sich Cottrell (allerdings auf Englisch), einen guten Einstieg bietet Steiner (jedoch mit wenigen Handlungsanleitungen), gut sind außerdem Schräder-Naef, Stickel-Wolf und Wolf, Chevalier sowie Metzger. Wer sich zusätzlich zu dieser strikt pragmatischen Literatur noch für den psychologischen Hintergrund interessiert, greift am besten zu den leicht zugänglichen Arbeiten von Spitzer oder Vester oder aber zu Holzkamp oder Seel, wenn es differenzierter sein darf.

Chevalier, Brigitte. *Effektiver Lernen*. Frankfurt am Main: Eichborn, 1999.

Cottrell, Stella. *The Study Skills Handbook*. Houndmills: Palgrave, 1999.

Csikszentmihalyi, Mihaly. *Flow – Das Geheimnis des Glücks*. Stuttgart: Klett-Cotta, 1992.

Csikszentmihalyi, Mihaly und Ulrich Schiefele. „Die Qualität des Erlebens und der Prozeß des Lernens". *Zeitschrift für Pädagogik* 39.2 (1993): 207-221.

Dahmer, Hella. *Effektives Lernen. Didaktische Anleitung zum Selbststudium und zur Gruppenarbeit*. 2. Aufl., Stuttgart/New York: Schattauer, 1979.

Edelmann, Walter. *Lernpsychologie*. 6. Aufl. Weinheim: Beltz, 2000.

Falk-Frühbrodt, Christine. „Lerntypen II". Website des IFLW Berlin, 2003, 24. Feb. 2004, `http://www.iflw.de/wissen/lerntypen_II.htm`.

Grotian, Kristine und Karl Heinz Beelich. *Lernen selbst managen. Effektive Methoden und Techniken für Studium und Praxis*. Berlin/Heidelberg: Springer, 1999.

Holzkamp, Klaus. *Lernen. Subjektivwissenschaftliche Grundlegung*. Frankfurt/New York: Campus, 1995.

Juvenal. *Satiren*, Sammlung Tusculum, Übers. Joachim Adamietz. München: Artemis & Winkler, 1993.

Kretchmer, Norman, J.L. Beard and Steven Carlson. „The role of nutrition in the development of normal cognition". *American Journal of Clinical Nutrition* 63.6 (1996): 997-1001.

Kugemann, Walter F. und Bernd Gasch. *Lerntechniken für Erwachsene*. 17. Aufl. Reinbek bei Hamburg: Rowohlt, 2002.

Leavitt, Harold J., Louis R. Pondy and David M. Boje, Hrsg. *Readings in Managerial Psychology*. Chicago: The University of Chicago Press, 1980.

Metzger, Christoph. *Lern- und Arbeitsstrategien*. 5. Aufl. Aarau: Sauerländer, 2002.

Müller, Andreas. *Lernen steckt an*. Bern: h.e.p., 2001.

Oppolzer, Ursula. *Super lernen. Tips & Tricks von A-Z*. München: Humboldt, 1993.

Schräder-Naef, Regula. *Rationeller Lernen lernen. Ratschläge und Übungen für alle Wissbegierigen*. 18. Aufl. Weinheim und Basel: Beltz, 1994.

Seel, Norbert M. *Psychologie des Lernens*. München: Reinhardt, 2003.

Spitzbarth, Manuela. *Irrelevant Sound Effect. Auswirkungen gruppierter Hintergrundschalle auf die serielle Behaltensleistung*. Hamburg: Kovač, 2001.

Spitzer, Manfred *Lernen. Gehirnforschung und die Schule des Lebens*. Darmstadt: Wissenschaftliche Buchgesellschaft, 2002.

Staw, Barry M. „Intrinsic and Extrinsic Motivation", *Readings in Managerial Psychology*. Eds. Harold J. Leavitt, Louis R. Pondy and David M. Boje. 3rd ed. Chicago: The University of Chicago Press, 1980.

Steiner, Verena. *Erfolgreich lernen heißt … Die besten Lernstrategien für Studium und Karriere*. Zürich/ München: Pendo, 2002.

Steiner, Gerhard. *Lernen. 20 Szenarien aus dem Alltag*. 2. Aufl. Bern/Göttingen/Seattle/ Toronto: Huber, 1996.

Stickel-Wolf, Christine und Joachim Wolf. *Wissenschaftliches Arbeiten und Lerntechniken*. 2. Aufl. Wiesbaden: Gabler, 2002.

Vester, Frederic. *Denken, Lernen, Vergessen: Was geht in unserem Kopf vor, wie lernt das Gehirn, und wann lässt es uns im Stich?* überarb. Ausg. München: Dt. Taschenbuch-Verlag, 2001.

Kapitel

8 Teamarbeit: eine wichtige Arbeitsmethode

Teamarbeit ist keine innovative Arbeitsmethode. Obwohl die Fähigkeit, in Gruppen zu arbeiten immer für wichtig gehalten und gefördert wurde, scheint der Bedarf an guten Teamworkern noch lange nicht gedeckt zu sein. Zur Wertschätzung dieser Arbeitsform trägt bei, dass sie nicht nur ein Mittel zum Zweck, ein Arbeitsinstrument ist, sondern von manchen auch als Selbstzweck angesehen wird, da die gelingende Zusammenarbeit mit anderen Freude und Bestätigung bringen und in gewissem Maße auch zur persönlichen Entwicklung beitragen kann. Darum möchte dieses Kapitel helfen, die Fähigkeit zur Teamarbeit zu verbessern, namentlich Teamarbeiten zu planen, zu betreuen und auszuwerten. Deswegen werden nach der allgemeinen Einführung in die Teamarbeit (8.1) die soziale Arena und die sich daraus ergebenen Teamrollen (8.2) herausgearbeitet. Danach werden die fünf Phasen der Teamarbeit besprochen (8.3), um dann die Voraussetzungen zu beleuchten, Schwierigkeiten und Nachteile bei Teamarbeiten zu erkennen und Maßnahmen einzuleiten, um sie zu vermeiden (8.4).

8.1 Sinn und Zweck der Teamarbeit

Nun sind Sie, ob im Rahmen einer Lehrveranstaltung, im Privat- oder späteren Berufsleben, oftmals vor Probleme oder Aufgaben gestellt, die aufgrund ihrer Komplexität, aufgrund der

Vorgaben oder sonstiger Umstände nur in einem Team gelöst werden können. Sie müssen daher neben der inhaltlichen Bewältigung der Aufgabe auch die Situation der Teamarbeit meistern. Das bringt einige erwähnenswerte Punkte mit sich, derer es sich vorab einmal bewusst zu werden gilt, um den folgenden Arbeitsprozess in der Gruppe besser gestalten zu können:

Arbeiten in Gruppen erfordert – verglichen mit dem individuellen Arbeiten – grundsätzlich gesehen mehr Zeit, weil ein gemeinsames Arbeitsverständnis entwickelt werden muss, bestimmte Abläufe zu koordinieren sind und die Klärung verschiedener Ansichten oft zeitaufwendig ist. Diesen Zusatzaufwand rechtfertigen nur komplizierte und komplexe Aufgabenstellungen, die alleine nicht oder nur unzureichend gelöst werden können. Teamarbeit schafft durch die Zahl der Teilnehmenden und deren Unterschiedlichkeit im Hinblick auf Denkweisen, Kenntnisse und Erfahrungen neue Einsichten und ermöglicht dadurch bessere Problemlösungen.[1] Teams sind flexibel und können auf veränderte Rahmenbedingungen besser reagieren als Einzelkämpfer. Zeitineffizienzen im Vergleich zur individuellen Bearbeitung weichen bei größeren Aufgabenstellungen Effizienzgewinnen, da das Problem besser und häufig in einer kürzeren Zeitspanne erledigt werden kann, die Abstimmungsverluste innerhalb der Gruppe also durch Produktivitätsgewinne aufgewogen werden.[2] Aus diesen Gründen wird Teamarbeit in der Praxis oftmals bei neuartigen oder komplexen Projekten, Grundsatzfragen, Schnittstellenproblemen sowie mittel- bis langfristig zu lösenden Aufgaben bzw. Problemen eingesetzt; diese Art des Einsatzes wird im Studium simuliert.

Unabhängig von der Absicht, ein Problem ökonomisch effizient zu lösen, besteht ein anderer wichtiger Ansporn zur Teamarbeit in der Möglichkeit des persönlichen Wachstums für die Mitglieder der Arbeitsgruppe. Zum einen wachsen wir an und mit den Aufgaben, denen wir uns gegenübersehen, und zum anderen bietet das Format der Teamarbeit auch die Möglichkeit der fruchtbaren Auseinandersetzung und des Erfahrungsgewinns im zielgerichteten Umgang mit anderen Mitstreitern in der Arbeitswelt. Hat man diese enorme Chance einmal entdeckt, so lauten die Schlüsselfragen: In welchen Bereichen kann, soll und will ich wachsen? Es geht also darum, dass sich die einzelnen Teammitglieder noch vor Beginn eines Teamprozesses selbst hinterfragen, persönliche Stärken und Schwächen suchen und sich daraus einen Zielkatalog der persönlichen Entwicklung, die sie während dieser Gruppenarbeit erreichen wollen, erstellen. Nur im Abgleich mit diesen Zielsetzungen ist es möglich, den eigenen Fortschritt durch die Gruppenarbeit zu beurteilen. Beachtet man diese einfachen Hinweise, so bietet die Teamarbeit ein großes Potenzial zur persönlichen Entfaltung – die jedoch nicht die zu erbringende Arbeitsleistung verdrängen sollte.

Zusammenfassend kann man sagen, dass Einzelarbeit methodisch dann überlegen ist, wenn aufgrund der Einfachheit der Aufgabe nur eine einzige Denkweise oder ein einziger Lösungsweg zum Ziel führt, wenn aufgrund sehr unterschiedlichen Könnens nur ein Grup-

---

[1]   So zeigen etwa Johnson und Johnson, dass ein kooperatives Vorgehen dem individuellen, „einzelkämpferischen" überlegen ist: David W. Johnson and Roger T. Johnson, *Learning together and alone: Cooperative, competitive and individualistic learning* (Boston: Allyn & Bacon, 1999).

[2]   Vgl. Rolf Dubs, *Lehrerverhalten. Ein Beitrag zur Interaktion von Lehrenden und Lernenden im Unterricht* (Zürich: SKV, 1995) 304-306.

penmitglied wirklich aktiv arbeitet, während die anderen „eine ruhige Kugel schieben", oder ganz einfach die Aufgabenstellung einen so geringen Umfang hat, dass mehrere Bearbeiter sich bloß behindern würden. Ökonomisch ausgedrückt: Wenn die Transaktionskosten höher sind als die zu erwartenden Produktivitätsgewinne lohnt sich der Einsatz eines Teams nicht. Der Entscheidung zur Gruppenarbeit geht also ein Abwägen der situationsbedingten Vor- und Nachteile voraus.

8.2   Sozialer Bezugspunkt Team

Ein Team ist eine Einheit, in der jeder jeden durch seine Haltung und sein Handeln beeinflusst. Jedes Team besitzt eine **Identität** jenseits der individuellen Identitäten. Die Situation und Kultur eines Teams verändert sich im Lauf der Zeit, wobei ein Teammitglied allein ein Team immer nur begrenzt beeinflussen kann. Das Verhalten in Teams muss inhaltlich, menschlich und zeitlich passen. Idealerweise trägt jeder das Richtige in richtiger Weise zum richtigen Zeitpunkt bei. Was in diesem dreifachen Sinne jeweils „richtig" ist, lässt sich nicht generell festlegen. Vielmehr bestimmen dies die sachlichen und fachlichen Anforderungen, die kulturellen Gegebenheiten (z.B. Schweiz, insbesondere Region St.Gallen, Universität St. Gallen, Studierende, insbesondere zweites Semester, Fachkultur) und der Ablauf der Teamarbeit. Je länger ein Team arbeitet, desto kürzer und gegebenenfalls auch zugespitzter kann die Kommunikation sein, weil die Gefahr der Missverständnisse geringer wird. Gewisse Beiträge sind erst nach bestimmten Phasen möglich und sinnvoll (griech. „*Kairos*", der richtige Zeitpunkt). In jedem Team bilden sich Grenzen des akzeptierten Verhaltens heraus.

Jede soziale Interaktion stärkt die **Produktivität** einer Gruppe bis zu einem bestimmten Punkt. Danach sinkt die Produktivität wieder, wenn die soziale Interaktion zu stark wird, weil dann die Zielorientierung, die Bereitschaft zu Konflikten und die Verbindlichkeit der Tätigkeit verloren gehen können.[3] Dieser Wendepunkt ist gruppen- und aufgabenspezifisch. Gelingt es den Teammitgliedern jedoch, sowohl auf der Sach- als auch auf der Beziehungsebene ohne größere Störungen zu kommunizieren, so entwickelt sich eine erfolgreiche soziale Interaktion und eine fruchtbare Arbeitsatmosphäre.

Im Team nimmt jeder eine **Rolle** ein. Eine Rolle kann man als ein Set von Erwartungen fassen, die andere hinsichtlich des Verhaltens einer Person in einer Position haben. Im optimalen Fall passt die im Team zugedachte Rolle zur Situation und Position, in der man sich selbst sieht.[4] Rollen und vor allem ihre Ausfüllung entwickeln sich durch Feedback und können gewechselt werden. Rollenkonflikte entstehen, wenn es zu Diskrepanzen zwischen Werten, Begabungen und Zielen kommt. Konflikte sind nicht a priori negativ, sondern können über Konfliktlösungsstrategien innerhalb der Gruppe zu neuen Ideen und innovativen Problemlösungen beitragen, weil sie die Reflexion fördern und Handeln erfordern. Ausmaß und Lösung der Konflikte sind für ihre konstruktive oder destruktive Wirkung auf das Team entscheidend.

---

[3] Siehe dazu Donelson R. Forsyth, *Group Dynamics* (London: Brooks Cole, 1999) und Greg L. Stewart, Charles C. Manz and Henry P. Sims, *Team Work and Group Dynamics* (New York: John Wiley, 2000).

Wenn man also zu geeignetem Gruppenverhalten raten will, so besteht dieses aus Engagement für die Sache und die Teammitglieder, Verantwortungsübernahme für die Gruppe als Ganze aus jeder Position heraus, aus offener, aber angemessener Kommunikation, aus integrem Handeln und schließlich aus dem Bewusstsein über das möglicherweise schwierige Zusammenspiel von Rationalität und Emotionalität in einem Team.

8.3   Eigentliche Zusammenarbeit

Im Folgenden soll nun in Form eines fünfgliedrigen Schemas aufgezeigt werden, dass Teamarbeit erlernbar ist und wie sie für die Arbeit produktiv und für das Erleben bereichernd gestaltet werden kann.[5]

8.3.1   Phase I: Teambildung

Wenn Sie sich aufgrund der vermuteten Produktivitätsgewinne entschließen, in einer Gruppe zu lernen oder zu arbeiten oder Ihnen das vorgegeben wird, so investieren Sie als Erstes in das Teambuilding. Teams werden nach Klippert auf drei unterschiedliche Arten gebildet: freiwillige Wahl (1), a priori bestimmte Kriterien (2) und zufällige Zuteilung.[6] Sofern Sie selbst bestimmen können (1), mit wem und eventuell auch mit wie vielen Personen Sie zusammenarbeiten, sollten Sie sich vorher darüber klar werden, wie groß die Gruppe sein soll (Erfahrungen haben gezeigt, dass größere bis große Gruppen eher dazu neigen, in Subteams zu zerfallen, als ein Ganzes zu bilden). Dabei sind zum einen persönliche Faktoren wie Affinität, Sympathie, Gewohnheiten oder gute Erfahrungen aus anderen Gruppensituationen sowie zum anderen technische Faktoren wie Fach-, Problem-

---

[4]   Nach Bales kann man aufgabenbezogene von sozioemotionalen Rollen unterscheiden. Erstere sind lösungsorientiert (Koordination, Organisation), letztere bedürfnisbezogen (Unterhaltung, Advocatus diaboli, Ausgleich). Dabei ist zu beachten, dass sich beide Rollen auf eine oder mehrere Personen vereinen, aber auch auf viele Gruppenmitglieder verteilen können. Vgl. Robert F. Bales, „The Equilibrium Problem in Small Groups", *Small Groups: Studies in Social Interaction*, eds. A. P. Hare, E. F. Borgatta and R. F. Bales (New York: Alfred A. Knopf, 1955) 449-490. Die funktionalen Teamrollen, wie man sie beispielsweise auch bei Belbin findet, werden von der neueren Forschung zunehmend durch kognitive Rollen ergänzt bzw. ersetzt. Siehe z.B. Stephen G. Fisher, WD Keith Macrosson and John Wong, „Cognitive style and team role preference", *Journal of Managerial Psychology* 13.8 (1998): 544-557.

[5]   Ein alternatives, aber in den Grundzügen ähnliches sozialpsychologisches Phasenmodell geht auf Tuckman zurück, der die Phasen Forming, Storming, Norming, Performing und Adjourning/ Informing unterscheidet. Pallasch differenziert darauf aufbauend noch zwischen einer Inhalts- und einer Beziehungsebene in den einzelnen Phasen. Vgl. Bruce W. Tuckman, „Developmental sequence in small groups", *Psychological Bulletin* 63 (1965): 384-399; und Waldemar Pallasch, „Gruppendynamische Hilfen bei der Kleingruppenarbeit", *Handbuch Gruppenunterricht*, Hrsg. Herbert Gudjons (Weinheim: Beltz, 1993) 111-123.

[6]   Heinz Klippert, *Teamentwicklung im Klassenraum* (Weinheim: Beltz, 1998) 48ff.

lösungs- und Entscheidungskompetenz oder infrastrukturelle Faktoren (räumliche und zeitliche Koordination des Teams) zu beachten. Die Kriterien beim Abwägen dieser Faktoren und bei der Auswahl der Beteiligten sind zum einen die Möglichkeit, das Ziel mit diesem Team zu erreichen und zum anderen die Möglichkeit, von den auftretenden Stärken und Schwächen der Beteiligten zu lernen.

Wird Ihnen vorgegeben (2), mit wem zusammen Sie eine Gruppe zu bilden haben, oder stoßen Sie zu einem Team dazu (3), so erfordert das Teambuilding besondere Aufmerksamkeit. Stellen Sie eine menschliche, tragfähige Arbeitsbasis her, die die notwendigen Diskussionen über Ziele und Teilziele, Vorgehen und Arbeitsteilung, eigene und fremde Arbeitsbeiträge, notwendigen und geleisteten Zeiteinsatz sowie Pflicht und Spaß tragen kann. Einigen sie sich auf ein gemeinsames Ziel. Sollten Sie trotz dieses gemeinsamen Zieles immer noch eine Form der Abneigung verspüren, mit gewissen Personen zusammenzuarbeiten, bleibt Ihnen nichts anderes übrig, als diese Gefühle unter Kontrolle zu bringen, sich an die gegebene Situation zu gewöhnen und sich damit der Erreichung des Zieles unterzuordnen. Sowohl die Aufgabe als auch ein gewisses persönliches Interesse, auch mit vermeintlich unangenehmen Situationen zurechtzukommen, erleichtern Ihnen das.

Die gegenseitige Verantwortlichkeit ist der Kitt, der eine Gruppe über den Zwang zur Aufgabenerfüllung hinaus zusammenhält. Keine Gruppe wird ohne diese selbstverständliche Voraussetzung zum Team. Teams entstehen also nicht durch bloße Auswahl oder Zuweisung von Personen zu einer Gruppe, sondern bedürfen zu diesem Zweck weiter gehender Anstrengungen. In ihrem Kern beinhaltet der Aspekt der Verantwortung das Einhalten von Versprechen gegenüber den anderen Teammitgliedern und sich selbst. Eng damit zusammen hängen zwei weitere zentrale Punkte, die bei der Bildung eines Teams von enormer Bedeutung sind: Engagement und Vertrauen. „Vertrauen ist der Anfang von allem", ein bekannter Werbespruch, der genau die Situation zu Beginn eines Teamprozesses trifft. Zuerst muss Vertrauen geschaffen werden, bevor weitere Schritte erfolgreich angegangen werden können. Dieses Vertrauen kann zum einen auf der persönlichen Ebene entstehen, die mit zunehmender gegenseitiger Kenntnis der Teammitglieder immer wichtiger wird, zum andern durch das Setzen von Verhaltensregeln, die ein sozial institutionalisiertes Vertrauen schaffen. Ist diese Verhaltensbasis einmal errichtet, so stellt sich Engagement für die Aufgabe und die Gruppe leicht ein – auch wenn die zu bearbeitende Aufgabe bei einzelnen Beteiligten vielleicht nicht auf allzu große Begeisterung stößt.

Teamarbeit besteht, wie der Begriff schon sagt, zum einen aus Arbeit und zum anderen aus dem Team und damit aus einer kleinen wohldefinierten temporären sozialen Einheit. Ein gemeinsames Ziel gibt die grundsätzliche Richtung vor, motiviert und regt an, aber nur dann, wenn die sozialen Faktoren stimmen. Achten Sie deshalb von Anfang an auf diese Aspekte und versuchen Sie von Beginn des Teamprozesses an, die engagierte Zusammenarbeit und das vertrauensvolle Arbeitsklima zu stärken – egal, ob Sie Ihr Team selbst zusammenstellen dürfen oder mit einer definierten Gruppe arbeiten müssen.

8.3.2   Phase II: Aufgabenanalyse

Vor der eigentlichen Aufgabenerledigung gilt es, diese zu analysieren und zu planen, ein Schritt, der bei größeren Arbeiten viel Zeit in Anspruch nehmen kann. Diskutieren Sie in der Gruppe das Endziel, die Zwischenziele und die dazugehörigen Termine und treffen Sie die entsprechenden Entscheidungen im Hinblick auf Aufgabenstellung bzw. Auftrag. Dazu tragen folgende Leitfragen bei:

- **Inhaltliche Erwartungen klären**: Was wird von uns erwartet (Art, Umfang, Niveau)? Nicht immer gelingt die inhaltliche Erwartungsklärung zu Beginn; man kann und sollte auf sie zurückkommen, wenn man anfangs noch nicht die ganze Höhe der Anforderungen und die Tragweite der Fragen erkennen kann.

- **Abzugebendes Endprodukt quantitativ und qualitativ definieren**: Was (Analyse, Bewertung, Vorschlag) ist in welcher Form (Bericht, Gutachten, Präsentation, Plakat, Vortrag etc.) zu liefern?

- **Zeiterwartung und -rahmen klären**: Wie viel Zeit steht uns für die Erledigung der Aufgabe insgesamt zur Verfügung? Wie viel Zeit benötigen wir für die Erledigung der Aufgabe? Welcher Zeiteinsatz wird erwartet?

Nach der Beantwortung dieser Fragen geht es darum, das Ziel bzw. die Aufgaben in Zwischenziele bzw. kleinere Teilaufgaben zu unterteilen, damit eine sinnvolle Arbeitsteilung möglich wird. Dabei ist die Frage zu beantworten: „Wer macht was bis wann in welcher Form?" Halten Sie diese Entscheidungen in einem Protokoll zumindest stichwortartig schriftlich fest, damit Transparenz über die Zuständigkeiten und Fristen besteht und die getroffenen Abmachungen verbindlich sind.[7]

Bei der Verteilung der Arbeiten auf die einzelnen Gruppenmitglieder sollten Sie zudem folgende Punkte beachten:

1. Die Grundlage jeder Teamarbeit und somit auch bei der Teilaufgabenverteilung unbedingte Voraussetzung ist das Vertrauen, dass die Aufgaben mit vollem Einsatz und nach bestem Wissen und Gewissen rechtzeitig erledigt werden und alle kritischen Punkte sowie wichtige neue Ideen dem Team mitgeteilt werden.

2. Nutzen Sie als Gruppe die Stärken der einzelnen Gruppenmitglieder, indem die Teilaufgaben von den Gruppenmitgliedern so übernommen werden, dass die Aufgaben bestmöglich erledigt werden können. Allerdings sollte der Arbeitsumfang geeignet sein und von allen Gruppenmitgliedern als gerecht empfunden werden. Leistungsschwache Teammitglieder müssen also mehr persönliche Zeit einsetzen als Leistungsstarke, um einen signifikanten Beitrag zur Gesamtleistung zu erbringen. Ein zeitlich gleich bemessener Einsatz ist – wenn er zu verschiedenen Leistungsergebnissen führt – für die Teams selten gerecht und befriedigend.

---

[7]   Einige lineare Modelle der Gruppenformierung betonen in dieser Phase den (potenziellen) Konflikt. Diesem wird aber meist die positive Eigenschaft zugeschrieben, zu frühe Konformität und Einseitigkeit zu verhindern. Siehe beispielsweise Stewart Tubbs, *A systems approach to small group interaction* (New York: McGraw-Hill, 1995).

3. Planen Sie neben der Verteilung der Teilaufgaben auch Sitzungstermine ein, die den Austausch innerhalb der Gruppe fördern und Meilensteine auf der Zeitleiste der Bearbeitung darstellen. Die Erfahrung hat gezeigt, dass das Anlegen eines Mailverteilers respektive das Sammeln und Weitergeben der Telefonnummern aller Beteiligten für kurzfristige Absprachen sinnvoll ist.

4. Planen Sie nicht straff bis auf die letzte Minute, sondern bauen Sie Pufferzeiten mit ein, denn Pannen, Zeitverzögerungen und unvorhergesehene Ereignisse werden trotz guter Planung vorkommen.

5. Teilen Sie im Vorfeld der Gruppenarbeit einzelnen Gruppenmitgliedern gewisse Nebenrollen zu. Beachten Sie hierbei jedoch, dass diese Rollen nur Nebenrollencharakter haben und die eigentliche Aufgabenbearbeitung nicht durch eine zu strikte Rollenfixierung der Teammitglieder beeinträchtigt werden darf.

Gesprächsleitung	Führt die Teamarbeit zielorientiert, erteilt das Wort, fasst bei Bedarf zusammen, gibt Impulse etc.
Arbeitsgruppenmanagement	Sorgt für die Einhaltung bzw. Adaption des Zeitplans, sorgt für Protokollierung aller Ideen und Gruppenbeschlüsse, insbesondere der Verteilung von Teilaufträgen.
Reflexion	Beobachtet laufend den Gruppenprozess, d.h. das Arbeiten und Denken in der Gruppe, achtet darauf, dass für die Teamarbeit vereinbarte Regeln eingehalten werden, und regt bei mangelnder Einhaltung Maßnahmen an.
Qualitätssicherung	Hat darauf zu achten, dass die Qualität der Arbeit stimmt, und gleicht zu diesem Zweck Produkte aus der Gruppenarbeit laufend mit den vorgegebenen Qualitätskriterien ab.

Sobald die Teilziele, die dazugehörenden Termine und die Rollen festgelegt sind, können Sie an die eigentliche Arbeit gehen.

8.3.3 Phase III: Aufgabenbearbeitung

Neben der rein prozessualen Arbeitsgestaltung, über die Sie sich im Verlauf der vorangegangenen Schritte geeinigt haben müssen, ist während der Aufgabenbearbeitung die Kommunikation ein wichtiges Element. Der Ton macht die Musik. Und übertragen auf zwischenmenschliche Teamarbeit bedeutet das: Die Kommunikation prägt das Ergebnis. Eine gute, von allen eingehaltene Gesprächskultur hilft, Konflikte zu vermeiden, und fördert das produktive Arbeiten. Spannungen in der Gruppe sind hemmend und können sich auf das Resultat negativ auswirken. Eine gute Gesprächskultur pflegen heißt:

- sich verständlich ausdrücken,
- den Gesprächspartnern aktiv zuhören,
- den Gruppenmitgliedern zu ihren Arbeiten und ihren Äußerungen Feedback geben.

So wie die Teamarbeit als Ganze in Phasen gegliedert werden kann, so lässt sich auch die eigentliche Aufgabenbearbeitung strukturieren. Sie durchläuft erfahrungsgemäß vier Phasen:

1. **Orientierung** im Fachgebiet: ausloten dessen, was möglich ist.

2. **Positionierung** im Fachgebiet: Ansichten, Ideen, Vorschläge, Lösungen werden in der Gruppe diskutiert und häufig „zerrissen"; langsam schälen sich tragfähige Aspekte einer Lösung heraus.

3. **Lösungsentstehung**: Kernidee wird akzeptiert und ggf. modifiziert, Klarheit über das, was akzeptiert ist, entsteht.

4. **Lösungsbestätigung**: gegenseitige Bestätigung, vor allem um die Leistung nach außen zu tragen.

Entscheidungen werden folglich nicht in der Gruppe gefällt, sondern sie entstehen aus dem Gruppenprozess. Diesen muss man sich als eine Entwicklung vorstellen, in der Ideen getestet und Feedbacks gegeben werden: In einem längeren iterativen und dialektischen Prozess entstehen schließlich eine als tragfähig angesehene Einschätzung der Fragen und möglichen Lösungen. Die Gruppe zum Ziel führen heißt, ihr durch den eigenen Beitrag das Durchlaufen dieser Phasen im Gesamtkontext des Teamprozesses zu ermöglichen, wobei das stetige Entwerfen, Abwägen und Verwerfen von Ideen und Thesen normal ist.[8] Ab wann dieser Vorgang als zu lang empfunden wird, hängt von der Komplexität der Aufgabe, den Zeitressourcen der Teammitglieder und deren sozialer Situation ab, kann also nicht generell, sondern nur situativ beantwortet werden.

8.3.4   Phase IV: Ergebnispräsentation

Weil es eine große Anzahl möglicher Ergebnisformate gibt, lassen sich die wesentlichen Punkte jedes einzelnen dieser Formate an dieser Stelle nicht sinnvoll darstellen. Deshalb sei hier nur auf zwei Punkte verwiesen, die sich erfahrungsgemäß als Fehlerquellen herausgestellt haben und auch für das Erbringen von Prüfungsleistungen Bedeutung haben.

Was den schriftlichen Teil der Ergebnispräsentation angeht, so ist von Anfang an darauf zu achten, dass das Ergebnis eine Einheit darstellt. Erreichen lässt sich diese Stringenz durch eine gemeinsame Struktur, durch Arbeitsleitlinien und eine Endredaktion, in der sich die Gruppe oder eine mit dieser Aufgabe betraute Person nochmals mit der fertigen Arbeit, d.h. mit einer Arbeit, die bereits verschiedene inhaltliche Revisionsrunden bestanden hat, auseinander setzt und sprachliche, stilistische, logische Unebenheiten und andere Fehler korrigiert, um sie schließlich in ein einheitliches Format zu bringen. Dieses Überarbeiten, Redigieren und Feilen am Text wird in der Regel mehrere Runden in Anspruch nehmen und ist sehr zeitaufwendig, selbst für erfahrene und gute Schreiber. Dazu kommt dann noch die graphische Editionsarbeit mittels Computerprogramm.

---

[8]   Für Details siehe Elisabeth Ardelt-Gattinger, Hans Lechner und Walter Schlögl, Hrsg. *Gruppendynamik. Anspruch und Wirklichkeit der Arbeit in Gruppen* (Göttingen: Hogrefe, 1998).

Was die Präsentation als Form der Prüfungsleistung betrifft, so ist darauf zu achten, dass möglichst jedes Gruppenmitglied einen Teil des Ergebnisses präsentiert, wenn der Umfang der Präsentation das zulässt (es soll ja eine Teamarbeit sein, die als solche auch im Ergebnis sichtbar wird). Der Gruppenprozess spiegelt sich für den geübten Beobachter auch in der Darbietung der Präsentation. Sind die zu präsentierenden Abschnitte einmal zugeteilt, ist es hilfreich, einen oder mehrere Probedurchläufe der Präsentation zu machen, um die jeweiligen Zeitlimits zu prüfen, die Rhetorik und Übergänge zum Nachredner zu glätten und sonstige kleine Fehlerquellen auszumerzen. Zudem werden die einzelnen Teilnehmer so mit den eventuellen Animationen einer PowerPoint-Präsentation vertraut. Weitere Ausführungen zum Thema Präsentieren finden Sie in Kapitel 6.

8.3.5   Phase V: Reflexion der Teamarbeit

Im Hinblick auf eine künftige Gruppenarbeit sind Reflexionen über die Zusammenarbeit auch nach Abschluss der Gruppenarbeit sinnvoll. Allgemein geht es um die Frage: „Was wollen wir als Gruppe oder individuell beim nächsten Mal wieder gleich, was können wir besser machen?" Es sollte auf jeden Fall (auch bei positivem Ergebnis) in einem Gespräch geklärt werden, was schlecht und was gut gelaufen ist, wo die Ursachen lagen und insbesondere, was künftig verbessert werden könnte bzw. was beibehalten werden muss. Diese Überlegungen sollte man gemeinsam im Team anstellen und individuell im Abgleich mit den vor der Teamarbeit gesetzten Entwicklungszielen.[9] Diese persönliche Bilanzierung erfolgt meist individuell, kann Teil des Journals werden oder zum Gegenstand in einem Gespräch mit einem Coach oder einer Mentorin.

8.4   Typische Probleme und ihre Gegenmittel

Im Zusammenhang mit Gruppenarbeiten tauchen immer wieder die gleichen oder zumindest ähnliche Probleme und Situationen auf, die Kooperationen und Teamarbeit als unbefriedigend erscheinen lassen:

- Ausschließliche Endproduktorientierung bzw. zeitraubende Prozesse.
- Beteiligte nehmen nur typische Rollen ein: Passive sind passiv, Aktive sind aktiv.
- Gute („Ich bin ja nicht der Depp ...") oder schwache („Kein Bock ...") Beteiligte klinken sich aus.
- Free rider/Trittbrettfahrer: Untätigkeit in Erwartung der Tätigkeit anderer.
- Schwächere Beteiligte erhalten keine Lernchance, weil die Guten lieber gleich selbst tätig werden.
- Begrenzung auf den eigenen kleinen Arbeitsteil.

---

[9]   Weiterführend in diesem Punkt sind u.a. Stumpf, Siegfried und Alexander Thomas, Hrsg. *Teamarbeit und Teamentwicklung* (Göttingen: Hogrefe, 2003).

- Gruppenkonflikte durch unterschiedliche Anschauungen der einzelnen Gruppenmitglieder.
- Prinzipielle Unlust auf Teamarbeit aufgrund schlechter Erfahrungen und in Erwartung unbefriedigender Ergebnisse
- Aufkommende Unlust der Beteiligten durch unfaire Aufgabenverteilung, die über- oder unterfordert.

Wenn man diese Aufzählung mit den gesammelten Erfahrungen von Teilnehmern abgleicht, so ist eine auffällige Beobachtung zu machen: Viele hätten vermieden werden können, wenn sich die Beteiligten vorher das inhärente Gefährdungspotential bewusst gemacht, sich selbst Diziplin auferlegt und es im Team besprochen hätten. Daran zeigt sich wieder einmal, dass die wichtigsten Gegenmittel in der guten Kommunikation und den weichen Faktoren zu finden sind. Sie gehören darum in den Aufmerksamkeitsmittelpunkt einer Gruppe, die sich um das gute Gelingen ihrer Arbeit bemüht.[10]

Die wesentlichen Elemente einer guten Gruppenarbeit, wie sie auf den vorangehenden Seiten vorgestellt wurde, lassen sich abschließend in einer Art Checkliste darstellen. Sie soll ein Bild der praktischen Ausgestaltung von Gruppenarbeit geben und allen Lesenden somit als modellhaft-graphische Zusammenfassung und vereinfachte Orientierungs- und Strukturierungshilfe dienen, um ein möglichst effizientes und gedeihliches Lernen und Arbeiten in einem Team zu ermöglichen, das die eben aufgezählten Probleme von vornherein vermeidet:

Abbildung 8.1: Lernen und Arbeiten im Team

---

[10] Weitere Ausführungen zur Vermeidung und zum Umgang mit Konflikten im Team finden Sie u.a. bei Karl Benien, *Schwierige Gespräche führen* (Reinbek bei Hamburg: Rowohlt, 2003) und Eberhard Stahl, *Dynamik in Gruppen* (Weinheim: Beltz, 2002).

8.5   Literatur

Ardelt-Gattinger, Elisabeth, Lechner, Hans und Schlögl, Walter, Hrsg. *Gruppendynamik. Anspruch und Wirklichkeit der Arbeit in Gruppen*. Göttingen: Hogrefe, 1998.

Bales, Robert F. „The Equilibrium Problem in Small Groups". *Small Groups: Studies in Social Interaction*. Eds. A. P. Hare, E. F. Borgatta and R. F. Bales. New York: Alfred A. Knopf, 1955, 449-490.

Beddoes-Jones, Fiona. *Thinking Styles – Relationship Strategies That Work!* Stainby: BJA Associates, 1997.

Belbin, R. Meredith. *Team Roles at Work*. Oxford: Butterworth-Heinemann, 1993.

Benien, Karl. *Schwierige Gespräche führen*. Reinbek bei Hamburg: Rowohlt, 2003.

Dubs, Rolf. *Lehrerverhalten. Ein Beitrag zur Interaktion von Lehrenden und Lernenden im Unterricht*. Zürich: SKV, 1995.

Fisher, Stephen G., WD Keith Macrosson and John Wong. „Cognitive style and team role preference". *Journal of Managerial Psychology* 13.8 (1998): 544-557.

Forsyth, Donelson R. *Group Dynamics*. London: Brooks Cole, 1999.

Johnson, David W. and Roger T. Johnson. *Learning together and alone: Cooperative, competitive and individualistic learning*. 5th ed. Boston: Allyn & Bacon, 1999.

Klippert, Heinz. *Teamentwicklung im Klassenraum*. Weinheim. Beltz, 1998.

Pallasch, Waldemar. „Gruppendynamische Hilfen bei der Kleingruppenarbeit". *Handbuch Gruppenunterricht*. Hrsg. Herbert Gudjons, Weinheim. Beltz, 1993, 111-123.

Stahl, Eberhard. *Dynamik in Gruppen*. Weinheim: Beltz, 2002.

Stewart, Greg L., Charles C. Manz and Henry P. Sims. *Team Work and Group Dynamics*. New York: John Wiley, 2000.

Stumpf, Siegfried und Alexander Thomas, Hrsg. *Teamarbeit und Teamentwicklung*. Göttingen: Hogrefe, 2003.

Tubbs, Stewart. *A systems approach to small group interaction*. New York: McGraw-Hill, 1995.

Tuckman, Bruce W. „Developmental sequence in small groups". *Psychological Bulletin* 63 (1965): 384-399.

Sachregister

A

Ablaufplan 116, 163
Abstract 112
Abstufungsprinzip 110
Adressatenkreis 86, 136, 148, 164
Agenda 160
Aktualität 87, 105, 145
Allsatz 81
Alltagserfahrung 70
Analysieren 72
Anschlussfähigkeit 44, 61, 86
Arbeitsgruppenmanagement 191
Arbeitshaltung 99
Arbeitsplatz 170, 177
Argument 19, 60, 102, 107, 109, 118
Aufgabenanalyse 190
Aufgabenbearbeitung 191f
Aufgabenerfüllung 189
Aussprache 142

B

Basissatz 82
Beamer 138ff, 143, 163
Begründung 32, 59, 63, 73, 75ff, 89f, 100ff,
    127ff, 146
Beschreiben 72
Beweis 105, 107f
Beweiskraft 105
Bewerten 73
Bewertungskriterien 126, 128ff
Beziehungsebene 187f
Bibliotheksbestand 46
Bildgestaltung 149ff
boolescher Operator 47

C

Choreographie 116
Cluster 93

D

Deckblatt 130
Declamatio 145
Deduktion 73
Deskription 74f
Diskursebene 146
Dispositio 145

E

Eigenbeobachtung 19
Einleitung 45, 111ff, 124, 126, 129, 140,
    146, 163, 167
Einschränkung 59, 102, 106ff, 128
Einstellung 26, 35, 116, 136ff, 143, 162
Elocutio 145
Emotion 146, 171
Empfehlung 13, 95, 116, 141ff, 183
Empiriker 73
Entdeckung 70, 88
Entwurfsphase 119
Erfolg 13, 18, 141, 182
Ergebnispräsentation 192
Erkenntnisgewinn 76, 87
Erkenntnisstreben 74
Erklärung 34, 76f, 169
Ermessensspielraum 104, 127
Ernährung 172f
European Credit Point System (ECTS) 15
Exzerpieren 25, 59

F

Fachterminologie 121, 128
Falsifikation 70, 76, 81f
Flipchart 140, 143
Flow 169f, 183
Formebene 147
Forschergemeinschaft 82, 87

Forschung 35, 38, 43f, 69ff, 106, 118, 126, 133, 188
Forschungsdesign 86, 94
Forschungsfrage 46, 69f, 85ff, 102ff, 127ff
Forschungslogbuch 21
Forschungsproblem 112
Fünf-Punkte-Lesemethode SQ3R 24

G

Geisteswissenschaft 32, 35
Gesamtzusammenhang 63, 75, 117
Gesprächsleitung 191
Gliederung 45, 110, 112, 129, 136, 149
Grammatik 121ff, 130
Grobdisposition 109
Grundannahme 78, 81
Gruppenmitglied 187, 193
Gruppenverhalten 188
Gültigkeit 95, 106
Gültigkeitskriterium 76f
Gütekriterium 95

H

Habitus 11f, 69
Haltung 14, 26, 31, 58f, 70, 100, 141, 163, 187
Häufigkeitsvergleich 153, 157
Hauptteil 111ff, 117, 129, 140, 163
Hermeneutik 23, 31ff, 72ff, 80
Hippocampus 172
Hypothese 76f

I

Indexsuche 46f
Induktion 81
Informationsdatenbank 43, 48, 50ff
Inhaltsebene 146
Interaktion 94, 113, 140, 143, 149, 186f
Interesse 13, 17, 20, 32, 82ff, 102, 104, 112, 117, 135, 137, 168, 189
Internet 23, 39ff, 55f, 62ff, 91, 100, 105, 143, 147, 174

Interpretation 31ff, 71ff, 84, 88, 127, 168
Intersubjektivität 35
Intertextualität 62
Inventio 145

J

Journal 20f, 43, 49, 51, 62ff, 104, 118, 131, 173, 183, 188

K

Kategorisierung 72, 90, 113
Kausalität 76, 88
Klarheit 87, 94, 192
Kommunikationsform 101
Kompilieren 72
Komplexität 72, 185, 192
Konfliktlösungsstrategie 187
Konstruktivismus 83f, 96f, 108
Kontrastieren 72
Konzentration 19, 26, 118, 169ff
Konzeptschaubild 149, 164
Korrelation 76, 95
Kreativitätstechnik 93
Kurzzeitgedächtnis 170

L

Layout 130f, 148, 164
Leerzeit 172
Leistungsbeeinträchtigung 171
Leistungskurve 176
Lerngegenstand 168, 178, 180, 182
Lernmanagement 167
Lernprozess 109, 169, 173, 178ff
Lernstrategie 170, 180
Lernverlauf 168
Leseeinstieg 24
Lesegeschwindigkeit 25ff
Lesen 23
Lesepensum 25
Lesetechnik 24, 27ff
Lichtverhältnis 140
Linienprinzip 110

M

Master 148, 159
Matrix 150
Medienwahl 139, 163
Memoria 145
Memotechnik 181
Methode 9, 13, 28ff, 70ff, 88, 94ff, 100f, 110, 115, 168, 183
Minderheitsmeinung 37
Mindmap 179
Moderation 144
Motivation 15, 17, 20, 32, 112, 117, 119, 137, 168ff, 184

N

Nachbereiten 120
Naturwissenschaft 32, 35, 77ff
Nervosität 135
Niveau 86, 190
Nominalstil 125
Normalwissenschaft 83
Nummerierungssystem 110

O

Objektivität 33ff, 73, 79f, 83
Operationalisierung 95
Orientierungswissen 76
Overheadfolie 140, 142, 163

P

Paradigma 82f, 96, 114
Pause 17, 26, 142, 163, 176f
Perspektive 35, 37, 45, 74, 88, 92, 113, 118, 168, 183
Planerstellung 174
Planungsmethode 167, 173
Portfolio 150
Positionierung 192
Positivismus 34ff, 79f, 83
Positivismusstreit 35, 80, 96f

Präsentation 143
Präsentationsmedium 138
Präsentationsziel 138, 141, 163
Präsentieren 14, 135f, 138, 142, 162, 165, 193
Präzision 105, 158
Problembezogenheit 105
Problemlösung 70, 104, 110
Produktivitätsgewinn 186ff
Pronuntiatio 145
Proposition 76
Prüfungsvorbereitung 25, 31, 172, 174, 176
Publikation 39ff, 44ff, 51ff, 64, 88
Publikationsort 38, 45

Q

Quelle 20, 37f, 40, 43f, 52, 56ff, 65, 72, 88, 105f, 109, 119, 131
Quellenauswertung 57
Quellensuche 46
Quellentyp 40

R

Rangfolgevergleich 153, 156
Rationalismus 63, 81f, 96
Rätsel 70, 113
Raumgröße 140
Realität 13, 84, 95, 106, 114
Recherchieren 37
Reflexion 9, 20, 100, 120, 187, 191, 193
Regelwerk 70
Reichweite 100
Relevanz 13f, 58, 85, 87, 92, 112, 117, 136, 146, 162
Repetieren 173f
Repräsentativität 105
Reputation 41, 44
Revision 100, 119
Rhetorik 145f, 165, 193
Richtigkeit 40, 77
Rolle 168, 187f, 191, 193
Ruhe 118

S

Schlaf 19, 172, 174, 176
Schluss 111, 116f, 124, 129, 131, 140, 146, 163, 182
Schreibfluss 61, 118
Schreibprozess 99f, 118, 120
Schreibstil 120
Schriftart 119, 131, 148, 159, 164
Schule 45, 58, 83
Selbstorganisation 11ff, 19
Selbstreflexion 12, 17, 20, 145, 182
Selbstverantwortung 9, 12f
Selbstvertrauen 141, 163, 182
Sitzordnung 140
Skeptizismus 84
Sophist 145
Spannungskurve 116
Sprachebene 147
Standard 35, 64, 135
Stimmbereich 142, 163
Struktur 25, 45, 70, 82, 87, 93ff, 102, 109, 115ff, 126, 129, 160, 163, 178, 180, 192
Strukturvergleich 153, 155f
Studienplan 17
Suchkategorie 47
Syllogismus 73
Synonym 123
Systematisieren 72

T

Teamarbeit 180, 185ff
Teambuilding 188f
Technik 14
Textlektüre 25
Textschaubild 147
Textstruktur 110f
Texttabelle 158
Textverständnis 27, 30f, 33f, 124
Themenbearbeitung 57
Theoretiker 74, 80
Theorie 73
These 38, 71, 76f, 83, 102ff, 113f, 169
Timing 138, 163

Titel 24, 28, 43, 47, 59, 64, 111, 129ff, 148, 152, 160
Typologisierung 171

U

Überzeugungspräsentation 116, 138
Umgangssprache 122f
Unterschleif 62
Untersuchungsgegenstand 13, 73, 86

V

Valenztheorie 169
Variable 76, 87f, 104, 151, 154, 158
Verantwortung 189
Verfügungswissen 76
Vergleichbarkeit 34, 73
Vergleichen 72
Verhalten 41, 62, 74, 77, 82, 108, 141f, 163, 169, 173, 187
Verlässlichkeit 105, 146
Veröffentlichungskontext 40
Verständlichkeit 87, 117, 147f
Verzeichnis 51, 111, 130, 147
Verzerrung 105
Visualisieren 135, 140, 147, 164
Vollständigkeit 37, 59, 87, 176
Vorverständnis 33, 35

W

Wahrheit 12, 15, 31, 36, 62, 73ff, 81ff
Warum-Frage 74f
Weltbild 22, 74, 94, 102, 107f, 136
Weltsicht 31, 73, 105, 107ff
Werturteilsstreit 35, 79f, 84
Wiederholungsrunde 182
Wie-Frage 74
Wirkungszusammenhang 76
Wissenschaftstheorie 34ff, 44, 70f, 78ff, 96f, 107f

Z

Zeilenschaltung 131
Zeitanalyse 173
Zeitplanung 11, 14, 19
Zeitreihenvergleich 153, 156

Zeitschriftenbestand 46
Zeitschriftenbibliographie 49
Zirkel 33
Zitieren 61
Zitiersystem 62
Zufall 70f, 76, 172

Mikroökonomie

Robert S. Pindyck, Daniel L. Rubinfeld

Zum Buch:

Dieses etablierte Standardwerk vermittelt die Grundlagen und Spezialaspekte der Mikroökonomie in leicht
verständlicher und klarer Sprache. Viele Beispiele und Fallstudien helfen, einerseits
praktische Anwendungen der theoretischen Konzepte zu erkennen und andererseits
die Konzepte besser zu verstehen. Darüber hinaus werden sämtliche Bereiche der
modernen Mikroökonomie abgedeckt, von der konventionellen Angebots-, Nach-
frage-, und Markttheorie über Versicherungs-, Spiel- und Oligopoltheorie, moral
hazard und adverse selection bis hin zur Marktunvollkommenheitstheorie. Das Werk
betont die Relevanz der Mikroökonomie für Managemententscheidungen und politi-
sche Entscheidungen. Ausführliche Beispiele sind direkt in die Darstellung integriert.

Aus dem Inhalt:

1. Einführung
2. Die Grundlagen von Angebot und Nachfrage
3. Das Verbraucherverhalten
4. Die individuelle Nachfrage und die Marktnachfrage
5. Entscheidungen bei Unsicherheit
6. Die Produktion
7. Die Kosten der Produktion
8. Gewinnmaximierung und Wettbewerbsangebot
9. Die Analyse von Wettbewerbsmärkten
10. Marktmacht: Monopol und Monopson
11. Preisbildung bei Marktmacht
12. Monopolistische Konkurrenz und Oligopol
13. Spieltheorie und ettbewerbsstrategie
14. Märkte für Produktionsfaktoren
15. Investitionen, Zeit und Kapitalmärkte
16. Allgemeines Gleichgewicht und ökonomische Effizienz
17. Märkte mit asymmetrischer Information
18. Externalitäten und öffentliche Güter

Über den Autor:

Robert S. Pindyck gehört zu den weltweit angesehensten Mikroökonomen und lehrt
an der renommierten Sloan School of Management des *Massachusetts Institute of
Technology* in *Cambridge, MA.*
Daniel L. Rubinfeld ist Professor für Wirtschaft und Recht an der *University of
California in Berkeley.*

wi volkswirtschaft

ISBN: 3-8273-7164-3
€ 49,95; sFr 51,40
ca. 1000 Seiten

Pearson-Studium-Produkte erhalten Sie im Buchhandel und Fachhandel
Pearson Education Deutschland GmbH • Martin-Kollar-Str. 10 – 12 • D-81829 München
Tel. (089) 46 00 3 - 222 • Fax (089) 46 00 3 - 100 • www.pearson-studium.de